BENN MAXIMILIAN BERGER

Die Vereinbarkeit der ATAD mit europäischem Recht am Beispiel der Hinzurechnungsbesteuerung

Schriften zum Steuerrecht

Band 208

Die Vereinbarkeit der ATAD mit europäischem Recht am Beispiel der Hinzurechnungsbesteuerung

Europarechtskonformität und Anwendungsfragen

Von

Benn Maximilian Berger

Duncker & Humblot · Berlin

Die Juristische Fakultät der Ludwig-Maximilians-Universität München
hat diese Arbeit im Jahre 2025 als Dissertation angenommen.

Bibliografische Information der Deutschen Nationalbibliothek

Die Deutsche Nationalbibliothek verzeichnet diese Publikation in
der Deutschen Nationalbibliografie; detaillierte bibliografische Daten
sind im Internet über http://dnb.d-nb.de abrufbar.

Satz: 3w+p GmbH, Rimpar
Druck: Prime Rate Zrt., Budapest, Ungarn

ISSN 0582-0235
ISBN 978-3-428-19856-6 (Print)
ISBN 978-3-428-59856-4 (E-Book)

Gedruckt auf alterungsbeständigem (säurefreiem) Papier
entsprechend ISO 9706 ♾

Verlagsanschrift: Duncker & Humblot GmbH, Carl-Heinrich-Becker-Weg 9,
12165 Berlin, Germany | E-Mail: info@duncker-humblot.de
Internet: https://www.duncker-humblot.de

Vorwort

Die vorliegende Arbeit wurde im Juli 2025 von der Juristischen Fakultät der Ludwig-Maximilians-Universität München als Dissertation angenommen.

Mein Dank gilt zunächst meinem verstorbenen Doktorvater, Herrn Professor Dr. Jürgen Lüdicke. Er hat diese Arbeit mitgeprägt und ihre Entstehung mit großem Interesse begleitet. Professor Lüdicke stand mir stets für den fachlichen Austausch zur Verfügung. In zahlreichen Gesprächen habe ich von seiner Expertise und seinem scharfen analytischen Blick auf das internationale Steuerrecht profitiert. Was ich in dieser Zeit von ihm lernen durfte, hat mein rechtswissenschaftliches Denken nachhaltig geprägt. Sein plötzlicher Tod hat mich tief erschüttert. Professor Lüdicke war nicht nur ein herausragender Wissenschaftler, sondern auch ein außergewöhnlicher Mensch.

Herrn Professor Dr. Klaus-Dieter Drüen danke ich von Herzen dafür, dass er nach dem Tod von Professor Lüdicke die Betreuung meiner Arbeit übernommen hat. Seine Bereitschaft, sich meiner Dissertation anzunehmen, hat die Fertigstellung dieser Arbeit erst ermöglicht.

Herrn PD Dr. Daniel Dürrschmidt danke ich herzlich für die zügige Erstellung des Zweitgutachtens.

Mein besonderer Dank gilt meinen Eltern, die mich während meines gesamten Studiums und der Promotion unermüdlich unterstützt haben. Ohne ihren Rückhalt wäre diese Arbeit nicht möglich gewesen.

Benjamin Blunck danke ich für das Lesen der Arbeit und seine hilfreichen Anmerkungen.

Schließlich danke ich Stella Benecke für ihre Unterstützung, die mir in der Zeit der Promotion eine große Hilfe war.

Hamburg, im Juni 2026 *Benn Berger*

Inhaltsverzeichnis

A. Einleitung: Gegenstand und Ziel der Arbeit

Die vorliegende Arbeit dient der Untersuchung der Rechtsetzung der Europäischen Union im Bereich des direkten Steuerrechts durch die Anti-Tax-Avoidance-Directive[1] (im Folgenden „ATAD“) am Beispiel der darin enthaltenen Regelungen für die Hinzurechnungsbesteuerung.

Europäische Rechtsetzung und vor allem auch Bestrebungen der Harmonisierung der Rechtsordnungen im Bereich der direkten Steuern haben in den letzten Jahren an Häufigkeit und Relevanz dazugewonnen. Während zu Anfang lediglich wenige Richtlinien für eine Harmonisierung des Steuerrechts im Bereich der direkten Steuern sorgen sollten, werden immer weitergreifende Vorschläge für europäische Regelungen unterbreitet. So wurde die Einführung einer gemeinsamen (konsolidierten) Körperschaftsteuerbemessungsgrundlage[2] vorgeschlagen oder auf OECD-Ebene die Einführung einer globalen Mindestbesteuerung[3]. Im Rahmen des OECD-Projekts gegen „Base Erosion and Profit Shifting“ hat die EU einzelne Punkte des Maßnahmenpakets in einer Richtlinie, der oben bereits genannten ATAD, verbindlich umgesetzt. Die einzelnen Mechanismen dieser Regelung sowie grundsätzliche Fragen zur Rechtmäßigkeit dieser Richtlinie sind bisher jedoch nicht hinreichend untersucht. Ziel der Arbeit ist daher die Untersuchung der Rechtmäßigkeit der ATAD unter verfassungsrechtlichen und europarechtlichen Gesichtspunkten sowie eine Beleuchtung der Auswirkungen derartiger Rechtsetzung. Die Untersuchung erstreckt sich dabei insbesondere auf die Prüfung eines möglichen Kompetenzverstoßes und der Vereinbarkeit der ATAD mit der Niederlassungsfreiheit und der Kapitalverkehrsfreiheit. Die Untersuchung wird auch auf prozessrechtliche Auswirkungen eingehen.

In Deutschland finden sich in den §§ 7 ff. AStG umfangreiche Vorschriften zur Hinzurechnungsbesteuerung. Die derzeitigen Regelungen wurden bereits mehrfach kritisiert.[4] Im Rahmen des OECD-Projekts gegen BEPS wurden zahlreiche Vor-

---

[1] Richtlinie (EU) 2016/1164 des Rates vom 12. Juli 2016 mit Vorschriften zur Bekämpfung von Steuervermeidungspraktiken mit unmittelbaren Auswirkungen auf das Funktionieren des Binnenmarkts, ABl. EU L 193/1.

[2] Vorschlag für eine Richtlinie des Rates über eine Gemeinsame Körperschaftsteuer-Bemessungsgrundlage, COM (2016) 685 final; vgl. dazu auch Krauß, IStR 2017, 479.

[3] Vgl. OECD-Report „Tax Challenges Arising From Digitalisation – Report on the Pillar Two Blueprint“, abrufbar unter: https://www.oecd-ilibrary.org/docserver/abb4c3d1-en.pdf?expires=1604131386&id=id&accname=guest&checksum=EA5E58FAC9084262E05C286DA3326ADD; vgl. dazu auch Hierstetter, IStR 2020, 874; Schwarz, IStR 2021, 158.

[4] Vgl. statt vieler Protzen, in: Kraft, Kommentar zum AStG, 2009, § 7 Rn. 15 ff.

schläge für ein System der Hinzurechnungsbesteuerung ausgearbeitet. Deshalb werden auch in Art. 7 und 8 der ATAD Vorgaben für die Hinzurechnungsbesteuerung gemacht. Für Deutschland besteht ein gewisser Anpassungsbedarf des nationalen Rechts an die Vorgaben der Richtlinie.[5] Dabei müssen sich die ATAD und die auf ihr beruhende deutsche Neuregelung der Hinzurechnungsbesteuerung an den Grundfreiheiten messen lassen.

Gegenstand der Arbeit soll die umfassende Untersuchung der Frage sein, ob eine auf der ATAD basierende Regelung der Hinzurechnungsbesteuerung gegen die Grundfreiheiten verstößt und welche Auswirkungen sich für das deutsche Recht ergeben.

Ziel der Arbeit ist es, die rechtlichen Rahmenbedingungen einer Neuregelung zu bewerten und die Rechtsfolgen herauszuarbeiten.

---

[5] Vgl. z. B. zur Hinzurechnungsbesteuerung Schönfeld, IStR 2017, 721 ff.; Linn, IStR 2016, 645 ff.; zur ATAD allgemein: Dettmeier/Dörr/Neukam/Prodan, NWB 2016, 3082 ff.; Rautenstrauch/Suttner, BB 2016, 2391 ff.

B. Gang der Untersuchung

Die Arbeit gliedert sich im Wesentlichen in vier Schwerpunkte. Im ersten Schwerpunkt wird in die Thematik „Base Erosion and Profit Shifting, sowie die Regelungen der ATAD mit Schwerpunkt auf dem Themenbereich „Hinzurechnungsbesteuerung“ eingeführt. Im zweiten Schwerpunkt wird die formelle Rechtmäßigkeit der ATAD untersucht. Schwerpunkt drei befasst sich mit der materiellen Rechtmäßigkeit und der vierte Schwerpunkt befasst sich mit den Auswirkungen auf das deutsche Recht.

Nach dieser Einleitung (A.) soll eine kurze Einführung in die Problematik erfolgen (D.).

Die Arbeit wird sich in einer kurzen Einführung mit dem OECD-Projekt gegen Base Erosion and Profit Shifting (BEPS) und den daraus resultierenden Richtlinienvorgaben der EU im Rahmen der ATAD beschäftigen um dann insbesondere den Stand der Regelungen im Bereich der Hinzurechnungsbesteuerung zu beleuchten (E.).

Anschließend wird die Rechtmäßigkeit der ATAD selbst überprüft. Ausgehend vom Prinzip der begrenzten Einzelermächtigung wird zunächst erläutert, welche Kompetenzen der EU historisch übertragen wurden. Anschließend wird dargelegt, welche Kompetenzen nach deutschem Verfassungsrecht übertragen werden können und welche Kompetenzen tatsächlich an die EU übertragen wurden. Dazu werden zunächst die Kompetenzen der EU nach den Verträgen selbst untersucht.

Es wird überprüft, ob die EU für den Erlass der ATAD die richtige Ermächtigungsgrundlage gewählt hat und ob die Tatbestandsvoraussetzungen der Ermächtigungsgrundlage vorliegen. Anschließend wird überprüft, ob die Vorschriften der ATAD selbst, insbesondere die Vorschriften über die Hinzurechnungsbesteuerung, gegen europäisches Recht und speziell gegen die Grundfreiheiten verstoßen.

Den Abschluss bildet ein kurzes Fazit.

C. Beispiele

Im Rahmen dieser Arbeit werden zur Verdeutlichung an einigen Stellen Beispiele bemüht. Die Beispiele beruhen auf den folgenden Annahmen:

Die Kapitalgesellschaft H-GmbH hat ihren Sitz und den Ort der Geschäftsleitung in Hochsteuerland H. Der Steuersatz beträgt 30 %. Die Niedrigsteuergrenze (so es sie denn gibt) liegt bei 15 %.

Die Kapitalgesellschaft T-SARL hat ihren Sitz und den Ort der Geschäftsleitung in Land T. Der Steuersatz beträgt 16 %. Die Niedrigsteuergrenze (so es sie denn gibt) liegt bei 8 %.

Die Kapitalgesellschaft N-B.V. hat ihren Sitz und Ort der Geschäftsleitung in Niedrigsteuerland N. Der Steuersatz beträgt 9 %. Die Niedrigsteuergrenze (so es sie denn gibt) beträgt 4,5 %.

H, T und N sind Mitgliedstaaten der Europäischen Union.

Die Kapitalgesellschaft D-Ltd. hat ihren Sitz und Ort der Geschäftsleitung in Drittland D. Der Steuersatz beträgt 5 %.

D. Einführung in die Problemstellung: Stand der Forschung

Das Steuerrecht ist in seiner Gesamtheit eine komplexe Materie, geformt durch viele Einflüsse und Veränderung. Es lässt sich daher fragen, ob es sinnvoll ist, eine weitere Quelle zu eröffnen, die auf möglicherweise wieder eigene Art zusätzliche Regelungen für das ohnehin schon komplexe Normengeflecht herstellt. Diese Quelle ist, in Teilen längst anerkannt und selbstverständlich, das Europäische Recht.[6] In welchem Umfang genau hat Deutschland aber einen Teil seiner Souveränität aufgegeben und auf die EU übertragen? Diese Frage ist bei der Untersuchung der Rechtmäßigkeit von Maßnahmen der EU wie der ATAD entscheidend, bisher aber kaum zufriedenstellend beantwortet. So gibt es einige Werke, die sich mit der Rechtsetzung durch die EU auseinandersetzen, das Steuerrecht dabei aber oft als eher fremde Materie nur anreißen oder gar ganz unberücksichtigt lassen.[7] Andere Werke untersuchen die Rechtsangleichung im Bereich der direkten Steuern.[8] Allerdings gelangen sie zu einem von der hier vertretenen Auffassung abweichenden Ergebnis, welches gewisse Voraussetzungen als gegeben hinnimmt, die tatsächlich einer näheren Untersuchung wert gewesen wären.[9]

Im Rahmen der zunehmenden Globalisierung stehen viele Staaten vor dem Problem, eine faire Besteuerung zu gewährleisten. Fragen nach den Anknüpfungspunkten für eine Besteuerung werden zunehmend komplexer. Die bisherigen Mittel stoßen immer häufiger an ihre Grenzen. Dabei muss der Staat einen Kompromiss finden zwischen seinem Interesse an einer möglichst hohen Einnahmeerzielung und einer fairen Belastung der Steuerpflichtigen. Bei grenzüberschreitenden Tätigkeiten

---

[6] Vgl. auch Mayer/Heidfeld, EuZW 2011, 373. Wetzel kritisiert an Rechtsetzung durch die EU grundsätzlich, dass es häufig an einer vorherigen „Gesetzesfolgenabschätzung" fehle, vgl. Soria, Diskussionsbericht zur Göttinger Seminartagung „Verteilung von Aufgaben und Kompetenzen in der Europäischen Union" am 26. Juni 2001, in: Götz/Soria, Kompetenzverteilung zwischen der Europäischen Union und den Mitgliedstaaten, 79.

[7] Vgl. z.B. Classen, in: von der Groeben/Schwarze/Hatje, Europäisches Unionsrecht, 7. Aufl. 2015, Art. 115 Rn. 16–19; Schröder, in: Streinz, AEUV, 3. Aufl. 2018, Art. 115 Rn. 4; Rossi, in: Vedder/Heintschel von Heinegg, Europäisches Unionsrecht, 2. Aufl. 2018, Art. 115 AEUV, ohne Ausführungen zum Steuerrecht; Leisner mahnt zur Vorsicht bei der Harmonisierung der direkten Steuern, Leisner, Europa als Wettbewerbsgemeinschaft von Staaten, in: FS Vogel, 2000, S. 593, 610. Bock klammert das Steuerrecht von seiner Untersuchung des Umfangs der Binnenmarktkompetenz aus, Bock, Rechtsangleichung und Regulierung im Binnenmarkt, S.69.

[8] Z.B. Braun-Binder, Rechtsangleichung in der EU im Bereich der direkten Steuern, 2017.

[9] Vgl. dazu unten F.I.1.

kommt zusätzlich das Problem auf, dass ggf. zwei oder mehr Staaten auf ein nur einmal vorhandenes Steuersubstrat zugreifen wollen. Das kann zu erheblichen Mehrbelastungen für Steuerpflichtige führen. In der Auflösung dieser Konflikte, z. B. im Rahmen von Doppelbesteuerungsabkommen, kann es aber signifikante Gestaltungsmöglichkeiten für Steuerpflichtige geben, ihre tatsächliche Steuerlast zu minimieren. Zudem ergeben sich durch die Entwicklung neuer Wirtschaftszweige und Geschäftsmodelle neue Möglichkeiten zur Verlagerung von Einkommen. Gerade im Bereich von digitalen Leistungen, aber auch im Bereich von Patenten, Lizenzen und Finanzmitteln, ist eine Bindung an einen bestimmten Ort nicht mehr erforderlich. So stellt sich auch für viele Unternehmen die Frage, warum man damit verbundenes Einkommen in einem Hochsteuerland erzielen soll, wenn man sie ebenso gut in ein Niedrigsteuerland verlagern kann.

Diese Problematik hat auch die OECD erkannt und untersucht. Unter dem Titel BEPS (Base Erosion and Profit Shifting) werden einige der entstehenden Problemfelder weiter untersucht und Vorschläge für Maßnahmen zur Verbesserung getroffen.[10]

Um diesen Vorschlägen Nachdruck zu verleihen hat die EU einen Teil der Vorschläge in eine Richtlinie gegossen: die ATAD. Die ATAD ist bereits seit dem 12. Juni 2016 in Kraft. Die Umsetzungsfrist für die Richtlinie ist bezüglich der Vorgaben zur Hinzurechnungsbesteuerung gem. Art. 11 Abs. 1 ATAD am 31. 12. 2018 abgelaufen. Eine Umsetzung in nationales Recht erfolgte in Deutschland jedoch erst mit dem ATAD-Umsetzungsgesetz vom 25. 06. 2021, verkündet am 30. 06. 2021.[11] Darin enthalten sind nunmehr auch geänderte Vorschriften über die Hinzurechnungsbesteuerung. Bezüglich der verspäteten Umsetzung berief sich das Bundesministerium der Finanzen[12] zunächst darauf, dass bereits ein hinreichender Standard in Deutschland bestehe.

Da es sich bei der Richtlinie erstmalig um eine Richtlinie im Bereich der direkten Steuern handelt, die den Steuerpflichtigen primär keine Entlastung bringt, beschreitet die EU insoweit Neuland. Dementsprechend gibt es einige erste Aufsätze[13], die sich mit dem Thema ATAD und Hinzurechnungsbesteuerung beschäftigt haben, sowie einige kurze Überblicke über den Inhalt der Richtlinie[14]. Dabei werden jedoch regelmäßig nur Fragen aufgeworfen und Bedenken geäußert.

---

[10] Vgl. dazu OECD (2015), Explanatory Statement, OECD/G20 Base Erosion and Profit Shifting Project, OECD. www.oecd.org/tax/beps-explanatory-statement-2015.pdf und auch unten E.I.

[11] BGBl. I 2021, 2035.

[12] Vgl. Referentenentwurf des BMF vom 10. 12. 2019. „Deutschland erfüllt zwar bereits heute weitgehend die von der ATAD vorgegebenen Mindeststandards. Gleichwohl besteht in einigen Bereichen noch Anpassungsbedarf".

[13] Z. B. Schnitger/Nitzschke/Gebhardt, IStR 2016, 960 ff.; Linn, IStR 2016, 645 ff.; Oppel, IStR 2016, 797 ff.; Schönfeld, IStR 2017, 721 ff.

[14] Vgl. Dettmeier/Dörr/Neukam/Prodan, NWB 2016, 3082 ff.; Rautenstrauch/Suttner, BB 2016, 2391 ff.

Eine Reihe von Fragen ist aber noch zu beantworten, z. B.:

Durfte die EU eine Richtlinie wie die ATAD grundsätzlich erlassen?

Ist die Richtlinie selbst europarechtskonform im Sinne einer Vereinbarkeit mit den Grundfreiheiten?

Welche Auswirkungen hat eine solche Richtlinie auf das nationale Recht und einen möglichen Rechtsschutz der Bürger?

Bereits bei der deutschen Hinzurechnungsbesteuerung vor Neufassung durch das ATAD-Umsetzungsgesetz stellten sich, neben einigen grundlegenden Regelungsproblemen, vor allem Fragen der Europarechtskonformität.

So hielten einige Stimmen in der Literatur[15] die deutschen Vorschriften über die Hinzurechnungsbesteuerung, die den Vorgaben der ATAD laut Bundesministerium der Finanzen weitgehend genügen sollte[16], für europarechtswidrig. Auch bezüglich der Vorschriften der ATAD zur Hinzurechnungsbesteuerung wird auf einen möglichen Verstoß gegen die Grundfreiheiten hingewiesen.[17] Eine vertiefende Untersuchung fehlt jedoch.

Auch ist die Maßgabe, dass die Richtlinie lediglich einen Mindeststandard festlegt, noch nicht ausreichend untersucht.[18] Ob im Rahmen der Umsetzung der Richtlinie eine Regelung mehr oder weniger belastend ist, ist im Einzelfall unter Berücksichtigung einer Vielzahl von Möglichkeiten zu beurteilen. Gleichzeitig stellt sich die Frage, ob die EU überhaupt tätig werden muss, wenn überhaupt nur ein Mindeststandard festgesetzt wird.[19] In diesem Fall ist es nämlich fraglich, ob ein Harmonisierungserfolg eintreten kann.

Schließlich ergibt sich eine Frage der gerichtlichen Zuständigkeit bei Umsetzung der Richtlinie.

---

[15] Rehfeld, Die Vereinbarkeit des Außensteuergesetzes mit den Grundfreiheiten des EG-Vertrags. Reissinger, Die Hinzurechnungsbesteuerung gemäß Außensteuergesetz – Grenzen und Möglichkeiten der Gesetzgebung; Schön, IStR Beih. 6/2013, 17; Haarmann, IStR 2011, 567; Wassermeyer, in: Flick/Wassermeyer/Baumhoff, Außensteuerrecht, Losebl. Stand: 97. Lfg. April 2021, Vor §§ 7–14 Rn. 31 ff.

[16] Referentenentwurf des BMF vom 10. 12. 2019.

[17] Vgl. z. B. Schönfeld, IStR 2017, 721, 727; Haase, ISR 2017, 349, 355.

[18] Vgl. z. B. Fehling, in: Schaumburg/Englisch, Europäisches Steuerrecht, 2. Aufl. 2020, ATAD, Rn. 17.31 ff.; Dehne, ISR 2018, 132 ff.; Musil, in: Weber-Grellet/Musil, 1. Aufl. 2019, RL (EU) 2016/1164 Art. 3 Rn. 1 ff. Fehling, DB 2016, 2862 ff.

[19] Vgl. auch Dehne, ISR 2018, 132, 134.

E. Das BEPS-Projekt und seine Umsetzung in der ATAD

I. Einführung in die Thematik Base Erosion and Profit Shifting

1. Was ist Base Erosion and Profit Shifting?

Unterschiede in den jeweiligen Steuersystemen und mangelnde Harmonisierung des Steuerrechts führen dazu, dass bei internationalen Sachverhalten Systeminkongruenzen entstehen können.[20] Während in der Vergangenheit der Fokus regelmäßig auf das Risiko einer dadurch entstehenden Doppelbesteuerung gerichtet wurde, ist in den letzten Jahren auch vermehrt die Möglichkeit einer systematischen Ausnutzung der Inkongruenzen zur Gewinnung steuerlicher Vorteile in den Fokus gerückt. Ausschlag dafür gaben Untersuchungen in den USA über die Geschäftspraktiken u. a. von Microsoft, HP und Apple.[21]

Beispiel:

Die in H ansässige H-GmbH nutzt zur Erzielung von Einkünften ein bestimmtes Patent, welches zu ihrem Betriebsvermögen gehört. Damit werden Gewinne i. H. v. 2 Mio. € erwirtschaftet. In H werden Unternehmensgewinne mit 30 % besteuert. Die H-GmbH hat also eine jährliche Steuerlast von 600.000 €. Die H-GmbH überträgt das Patent an ihre in N ansässige Tochtergesellschaft N-B.V. Für die Nutzung des Patents wird fortan eine jährliche Lizenzgebühr in Höhe von 1 Mio. € gezahlt. Der Gewinn der H-GmbH beträgt daher nur noch 1 Mio. €. Der Gewinn der ausländischen N-B.V. beträgt ebenfalls 1 Mio. €. Der Steuersatz für Lizenzeinkünfte N beträgt 9 %. Die H-GmbH hat damit eine Steuerlast von 300.000 € zu tragen, N-B.V. eine Steuerlast von 90.000 €. Die Gesamtsteuerbelastung im Konzern beträgt damit bei einer Verlagerung der Lizenz(einkünfte) ins Ausland nur noch 390.000 € statt vorher 600.000 €.

2. OECD-Projekt

Nach der Finanzkrise im Jahr 2008 haben die G20-Staaten sich dazu entschieden, verstärkt gegen Steuerhinterziehung und Steuervermeidung vorzugehen.[22] Nach Aussagen der OECD stünden internationale Steuerfragen heute so hoch auf

[20] Vgl. dazu m. w. N. Bannes/Cloer, BB 2016, 1047.

[21] Pinkernell, IStR-LB 2013, 59, mit einer Übersicht zu den Gestaltungsmodellen von Apple.

[22] https://www.oecd.org/tax/beps/about/#history.

der Agenda wie nie zuvor.[23] Durch die Erhöhung der Integration der nationalen Volkswirtschaften und Märkte sei das internationale Steuerregelwerk erheblichen Belastungen ausgesetzt.[24] Da viele Vorschriften vor mehr als einem Jahrhundert konzipiert worden seien, ergäben sich neue Schwächen, die Möglichkeiten für Gewinnverkürzungen und Gewinnverlagerung schaffen würden.[25] So kosteten „BEPS-Praktiken" jedes Jahr 100 bis 240 Milliarden USD an Steuereinnahmen.[26] Um dagegen vorzugehen haben sich über 135 Staaten an der Erarbeitung eines Maßnahmenpakets zur Vermeidung schädlicher Steuerpraktiken beteiligt.

Allerdings stellen die Praktiken, die hinter der Steuervermeidung stehen, keine illegale Handlung dar. Nach Ansicht der OECD erhalten Unternehmen, die sich derartiger aggressiver Steuergestaltungen bedienen, einen ungerechten Steuer- und damit Wettbewerbsvorteil, da sie sich einer gerechten und gleichmäßigen Besteuerung entziehen.[27] Zudem werde das Vertrauen von „normalen Bürgern" in die Steuergerechtigkeit erschüttert.[28]

Im Februar 2013 hat die OECD Untersuchungsergebnisse über Ausmaß und Funktionsweise von „BEPS" veröffentlicht.[29] Im selben Jahr im Juli hat die OECD sodann ihren BEPS-Aktionsplan veröffentlicht.[30] Darin enthalten sind 15 Aktionspunkte, die unterschiedliche Praktiken des „Base Erosion and Profit Shifting" beleuchten und Lösungsvorschläge unterbreiten.

Ziel der Maßnahmen ist, dass eine Besteuerung der Unternehmensgewinne am Ort der tatsächlichen wirtschaftlichen Tätigkeit und Wertschöpfung erfolgt.[31] Im Rahmen des neuen Systems sollen aber auch Mechanismen zur Streitbeilegung eingeführt werden, um das Eintreten von Doppelbesteuerungen auf ein Minimum zu begrenzen.[32]

---

[23] OECD (2015), Erläuterung, OECD/G20 Projekt Gewinnverkürzung und Gewinnverlagerung, OECD. www.oecd.org/tax/beps-explanatory-statement-2015.pdf, Rn. 1.

[24] OECD (2015), Erläuterung, OECD/G20 Projekt Gewinnverkürzung und Gewinnverlagerung, OECD. www.oecd.org/tax/beps-explanatory-statement-2015.pdf, Rn. 1.

[25] OECD (2015), Erläuterung, OECD/G20 Projekt Gewinnverkürzung und Gewinnverlagerung, OECD. www.oecd.org/tax/beps-explanatory-statement-2015.pdf, Rn. 1.

[26] https://www.oecd.org/tax/beps/about/#history.

[27] OECD (2015), Erläuterung, OECD/G20 Projekt Gewinnverkürzung und Gewinnverlagerung, OECD. www.oecd.org/tax/beps-explanatory-statement-2015.pdf, Rn. 3.

[28] OECD (2015), Erläuterung, OECD/G20 Projekt Gewinnverkürzung und Gewinnverlagerung, OECD. www.oecd.org/tax/beps-explanatory-statement-2015.pdf, Rn. 3.

[29] OECD (2013), Addressing Base Erosion and Profit Shifting, OECD Publishing. http://dx.doi.org/10.1787/9789264192744.en.

[30] OECD (2013), Action Plan on Base Erosion and Profit Shifting, OECD Publishing. http://dx.doi.org/10.1787/9789264202719-en.

[31] OECD (2015), Erläuterung, OECD/G20 Projekt Gewinnverkürzung und Gewinnverlagerung, OECD. www.oecd.org/tax/beps-explanatory-statement-2015.pdf, Rn. 7.

[32] OECD (2015), Erläuterung, OECD/G20 Projekt Gewinnverkürzung und Gewinnverlagerung, OECD. www.oecd.org/tax/beps-explanatory-statement-2015.pdf, Rn. 7.

Insgesamt lassen sich die Aktionspunkte in die folgenden vier Oberkategorien einordnen:

- Allgemeine Aktionen
  - Anpassung der Steuergesetzgebung an die Digital Economy (Aktionspunkt 1)
  - Verhinderung der Nichtbesteuerung bei hybriden Gestaltungen (Aktionspunkt 2)
  - Überarbeitung der Regelungen über die Hinzurechnungsbesteuerung (Aktionspunkt 3)
  - Begrenzung der Gewinnverlagerung durch Finanzierungsinstrumente (Aktionspunkt 4)
  - Bekämpfung von schädlichem Steuerwettbewerb durch mehr Substanz und Transparenz (Aktionspunkt 5)
- Transparenz und Offenlegung
  - Neue Methoden zur Informationsgewinnung und -auswertung (Aktionspunkt 11)
  - Offenlegung von Steuerplanung (Aktionspunkt 12)
- Auf DBA gerichtete Aktionen
  - Verhinderung von Abkommensmissbrauch (Aktionspunkt 6)
  - Effiziente Verständigung (Aktionspunkt 14)
  - Entwicklung eines multilateralen Instruments zur Umsetzung der DBA-Anpassungen (Aktionspunkt 15)
- Betriebsstätten und Verrechnungspreise
  - Vorgehen gegen die künstliche Vermeidung von Betriebsstätten (Aktionspunkt 7)
  - Überarbeitung der Regeln zur Verrechnungspreisdokumentation (Aktionspunkt 13)
  - Verrechnungspreise im Einklang mit dem Ort der Wertschöpfung, insbesondere immaterielle Wirtschaftsgüter (Aktionspunkt 8), Risiken und Kapital (Aktionspunkt 9), risikoreiche Transaktionen (Aktionspunkt 10)

Im Folgenden sollen sich die Ausführungen im Wesentlichen auf Aktionspunkt 3, die Überarbeitung der Regelungen über die Hinzurechnungsbesteuerung, beschränken.

Der Aktionsplan zur Bekämpfung von BEPS enthält in Aktionspunkt 3[33] eigene Vorgaben zur Hinzurechnungsbesteuerung. Es geht darum, dass Konzerne oder (gesellschaftsrechtliche) Interessengruppen nicht ansässige Unternehmen gründen (sog. Controlled Foreign Corporations – CFC, also Gesellschaften, die von den inländischen Gesellschaften oder Interessengruppen beherrscht werden), zu denen sie ihre Einkünfte verlagern, wobei die Gründung ausschließlich oder zumindest zum Teil durch steuerrechtliche Gründe motiviert ist und nicht durch nicht-steuerliche andere geschäftliche Gründe.[34] Dabei ist die Steuerlast im Staat der CFC deutlich geringer, sodass durch die Verlagerung dem Konzern ein signifikanter Steuervorteil entsteht. Auf der anderen Seite wird dadurch dem Ansässigkeitsstaat (oder Staaten) des Konzerns Steuersubstrat entzogen. Eine Hinzurechnungsbesteuerung soll dazu dienen, in diesen Fällen ein Besteuerungsrecht des Ansässigkeitsstaats des Konzerns wiederherzustellen.[35]

Der Aktionsplan bleibt dabei in seinen Vorschlägen vage und ungenau. Im Wesentlichen lassen sich aber die folgenden Punkte erkennen:

a) Welche Gesellschaften sollen als CFC qualifiziert werden können?

Es wird zunächst untersucht, welche Rechtsformen unter den Anwendungsbereich der Regelungen fallen sollen. Eine CFC soll zunächst vor allem Körperschaften erfassen – es können aber auch Personen, die keine Körperschaften sind, mit in den Anwendungsbereich einbezogen werden. Die OECD empfiehlt dabei, die Regelungen zur Hinzurechnungsbesteuerung auch auf transparente Personen und Betriebsstätten zu erstrecken.[36]

b) Wann liegt eine Beherrschung („control") vor?

Die Beherrschung soll vorliegen bei rechtlicher und wirtschaftlicher Kontrolle der Muttergesellschaft über die CFC.[37] Dabei ist in einem ersten Punkt zu definie-

---

[33] Vgl. OECD (2015), Designing Effective Controlled Foreign Company Rules, Action 3 – 2015 Final Report, OECD/G20 Base Erosion and Profit Shifting Project, OECD Publishing, Paris. http://dx.doi.org/10.1787/9789264241152-en.

[34] Vgl. OECD (2015), Erläuterung, OECD/G20 Projekt Gewinnverkürzung und Gewinnverlagerung, OECD. www.oecd.org/tax/beps-explanatory-statement-2015.pdf, Rn. 1.

[35] Vgl. OECD (2015), Designing Effective Controlled Foreign Company Rules, Action 3 – 2015 Final Report, OECD/G20 Base Erosion and Profit Shifting Project, OECD Publishing, Paris. http://dx.doi.org/10.1787/9789264241152-en, Rn. 1.

[36] Vgl. OECD (2015), Designing Effective Controlled Foreign Company Rules, Action 3 – 2015 Final Report, OECD/G20 Base Erosion and Profit Shifting Project, OECD Publishing, Paris. http://dx.doi.org/10.1787/9789264241152-en, Rn. 24.

[37] Vgl. OECD (2015), Designing Effective Controlled Foreign Company Rules, Action 3 – 2015 Final Report, OECD/G20 Base Erosion and Profit Shifting Project, OECD Publishing, Paris. http://dx.doi.org/10.1787/9789264241152-en, Rn. 25.

ren, was Kontrolle begründen kann, und in einem zweiten Schritt ist zu prüfen, ob diese Kontrolle tatsächlich vorliegt. Rechtliche Kontrolle in diesem Sinne soll über Stimmrechte vermittelt werden.[38] Wirtschaftliche Kontrolle soll dagegen über die Beteiligung am Gewinn oder Kapital der Gesellschaft vermittelt werden.[39] Zusätzlich könnte auf weitere Faktoren wie tatsächliche Beherrschung aufgrund von sonstigen Einflussnahmemöglichkeiten, z.B. vertragsrechtlicher Natur abgestellt werden.[40] Dabei handele es sich jedoch eher um Missbrauchsvermeidungsregelungen, die nach eigenen Erkenntnissen der OECD zu zusätzlichen Kosten und Unsicherheiten für die Steuerzahler führen könnten.

Die OECD empfiehlt dabei zur Vermeidung von Umgehungsmöglichkeiten bei der Frage nach der Kontrolle jedenfalls wirtschaftliche und rechtliche Kontrolle zu kombinieren.[41]

Kontrolle soll dabei zumindest dann vorliegen, wenn die rechtlichen oder wirtschaftlichen Interessen 50 % überschreiten.[42] Dabei können die einzelnen Länder aber auch andere, niedrigere Schwellen festlegen.[43]

Für das Erreichen dieser Schwelle wird auch die Zusammenrechnung der prozentualen Kontrolle von nahestehenden Personen oder von Personen, die lediglich die gleiche Interessenlage haben, empfohlen.[44] Auch soll sowohl die mittelbare als auch die unmittelbare Kontrolle erfasst werden.[45] Dies soll selbst dann gelten, wenn

---

[38] Vgl. OECD (2015), Designing Effective Controlled Foreign Company Rules, Action 3 – 2015 Final Report, OECD/G20 Base Erosion and Profit Shifting Project, OECD Publishing, Paris. http://dx.doi.org/10.1787/9789264241152-en, Rn. 35.

[39] Vgl. OECD (2015), Designing Effective Controlled Foreign Company Rules, Action 3 – 2015 Final Report, OECD/G20 Base Erosion and Profit Shifting Project, OECD Publishing, Paris. http://dx.doi.org/10.1787/9789264241152-en, Rn. 35.

[40] Vgl. OECD (2015), Designing Effective Controlled Foreign Company Rules, Action 3 – 2015 Final Report, OECD/G20 Base Erosion and Profit Shifting Project, OECD Publishing, Paris. http://dx.doi.org/10.1787/9789264241152-en, Rn. 35.

[41] Vgl. OECD (2015), Designing Effective Controlled Foreign Company Rules, Action 3 – 2015 Final Report, OECD/G20 Base Erosion and Profit Shifting Project, OECD Publishing, Paris. http://dx.doi.org/10.1787/9789264241152-en, Rn. 36.

[42] Vgl. OECD (2015), Designing Effective Controlled Foreign Company Rules, Action 3 – 2015 Final Report, OECD/G20 Base Erosion and Profit Shifting Project, OECD Publishing, Paris. http://dx.doi.org/10.1787/9789264241152-en, Rn. 37.

[43] Vgl. OECD (2015), Designing Effective Controlled Foreign Company Rules, Action 3 – 2015 Final Report, OECD/G20 Base Erosion and Profit Shifting Project, OECD Publishing, Paris. http://dx.doi.org/10.1787/9789264241152-en, Rn. 37.

[44] Vgl. OECD (2015), Designing Effective Controlled Foreign Company Rules, Action 3 – 2015 Final Report, OECD/G20 Base Erosion and Profit Shifting Project, OECD Publishing, Paris. http://dx.doi.org/10.1787/9789264241152-en, Rn. 25.

[45] Vgl. OECD (2015), Designing Effective Controlled Foreign Company Rules, Action 3 – 2015 Final Report, OECD/G20 Base Erosion and Profit Shifting Project, OECD Publishing, Paris. http://dx.doi.org/10.1787/9789264241152-en, Rn. 25.

durchgerechnet eine geringere Kontrolle vorliegt.[46] Die OECD warnt jedoch davor, dass dann ggf. Bedenken bezüglich der Vereinbarkeit der Regelungen mit der EU-Kapitalverkehrsfreiheit bestehen können, wenn die Schwelle tatsächlich unter das Level einer „significant influence“ sinken würde und EU-Mitgliedstaaten involviert sind.[47]

c) Niedrige Besteuerung

Die CFC-Regelungen sollen nur bei einer entsprechend niedrigen Besteuerung im Ausland Anwendung finden.[48] Ob eine Gesellschaft im Ausland niedrig besteuert wird, kann auf verschiedene Weisen bestimmt werden.[49] Der OECD-Bericht nennt dabei drei Methoden um festzustellen, ob eine niedrige Besteuerung vorliegt. Es kann mit einer einzelfallbasierten Berechnung oder mittels „Blacklists“ oder „Whitelists“ gearbeitet werden. Bei einer „Whitelist“ werden CFCs in bestimmten Jurisdiktionen, die ein zum Inland hinreichend vergleichbares Steuersystem und Steuersatz haben, unter gewissen Voraussetzungen von der Anwendung der Hinzurechnungsbesteuerung ausgeschlossen.[50] Bei einer „Blacklist“ werden bestimmte Staaten als grundsätzlich problematisch eingestuft und es wird vermutet, dass Einkünfte in diesen Ländern niedrig besteuert werden.[51] Ob ein Escape möglich ist oder der Nachweis einer tatsächlichen höheren Besteuerung erbracht werden kann mit der Folge der Nichtanwendung der Vorschriften, ist unterschiedlich.[52]

---

[46] Vgl. OECD (2015), Designing Effective Controlled Foreign Company Rules, Action 3–2015 Final Report, OECD/G20 Base Erosion and Profit Shifting Project, OECD Publishing, Paris. http://dx.doi.org/10.1787/9789264241152-en, Rn. 47.

[47] Vgl. OECD (2015), Designing Effective Controlled Foreign Company Rules, Action 3–2015 Final Report, OECD/G20 Base Erosion and Profit Shifting Project, OECD Publishing, Paris. http://dx.doi.org/10.1787/9789264241152-en, Rn. 37 Fn. 4.

[48] Vgl. OECD (2015), Designing Effective Controlled Foreign Company Rules, Action 3–2015 Final Report, OECD/G20 Base Erosion and Profit Shifting Project, OECD Publishing, Paris. http://dx.doi.org/10.1787/9789264241152-en, Rn. 51.

[49] Vgl. OECD (2015), Designing Effective Controlled Foreign Company Rules, Action 3–2015 Final Report, OECD/G20 Base Erosion and Profit Shifting Project, OECD Publishing, Paris. http://dx.doi.org/10.1787/9789264241152-en, Rn. 61 ff.

[50] Vgl. OECD (2015), Designing Effective Controlled Foreign Company Rules, Action 3–2015 Final Report, OECD/G20 Base Erosion and Profit Shifting Project, OECD Publishing, Paris. http://dx.doi.org/10.1787/9789264241152-en, Rn. 62. Ein solches System wird nach dem OECD-Bericht z. B. in Großbritannien angewendet.

[51] Vgl. OECD (2015), Designing Effective Controlled Foreign Company Rules, Action 3–2015 Final Report, OECD/G20 Base Erosion and Profit Shifting Project, OECD Publishing, Paris. http://dx.doi.org/10.1787/9789264241152-en, Rn. 62.

[52] So z. B. in Finnland, wo bei einer Gesellschaft in einem Staat auf der Blacklist vermutet wird, dass sie eine CFC ist. Allerdings erfolgt diese Klassifizierung nicht, wenn die ausländische Gesellschaft 3/5 oder mehr der nationalen Steuern zahlt, so OECD (2015), Designing Effective Controlled Foreign Company Rules, Action 3–2015 Final Report, OECD/G20 Base Erosion and Profit Shifting Project, OECD Publishing, Paris. http://dx.doi.org/10.1787/9789264241152-en, Rn. 62.

Die niedrige Steuergrenze kann auf unterschiedliche Art bestimmt werden. Entweder kann ein fixer Satz bestimmt werden, unter dem eine Besteuerung als niedrig gilt, oder es kann ein gewisser Prozentsatz der nationalen Steuer definiert werden, bei dessen Unterschreiten eine niedrige Besteuerung vorliegt.[53] Als Beispiele führt die OECD die deutsche Niedrigsteuergrenze von 25 % oder die britische Grenze von 75 % der hypothetischen nationalen Besteuerung an.[54] Die OECD empfiehlt dabei, die Schwelle signifikant niedriger als die nationalen Körperschaftsteuersätze zu setzen.[55] Dabei verweist die OECD darauf, dass die meisten Staaten die Grenze bei maximal 75 % der nationalen Steuersätze ziehen.[56] Die Empfehlung lautet also, CFC-Regelungen erst anzuwenden, wenn das ausländische Steuerniveau mindestens 25 % niedriger ist, als das nationale.

Bei der Ermittlung des ausländischen Steuerniveaus empfiehlt die OECD sich am effektiven Steuersatz zu orientieren, nicht am gesetzlichen.[57] Der effektive Steuersatz wird dabei als Verhältnis der tatsächlich gezahlten Steuern zum steuerbaren Einkommen berechnet.[58] Die Berechnung des steuerbaren Einkommens sollte sich dabei entweder nach dem nationalen Recht der Gesellschafter oder nach internationalen Standards wie IFRS richten.[59]

Die OECD räumt dabei jedoch ein, dass im Rahmen der „niedrigen Besteuerung" eine Verlagerung von Hochsteuerländern in Länder mit einem mittleren Steuerniveau nicht verhindert werden kann.[60]

---

[53] Vgl. OECD (2015), Designing Effective Controlled Foreign Company Rules, Action 3 – 2015 Final Report, OECD/G20 Base Erosion and Profit Shifting Project, OECD Publishing, Paris. http://dx.doi.org/10.1787/9789264241152-en, Rn. 63.

[54] Vgl. OECD (2015), Designing Effective Controlled Foreign Company Rules, Action 3 – 2015 Final Report, OECD/G20 Base Erosion and Profit Shifting Project, OECD Publishing, Paris. http://dx.doi.org/10.1787/9789264241152-en, Rn. 64.

[55] Vgl. OECD (2015), Designing Effective Controlled Foreign Company Rules, Action 3 – 2015 Final Report, OECD/G20 Base Erosion and Profit Shifting Project, OECD Publishing, Paris. http://dx.doi.org/10.1787/9789264241152-en, Rn. 64.

[56] Vgl. OECD (2015), Designing Effective Controlled Foreign Company Rules, Action 3 – 2015 Final Report, OECD/G20 Base Erosion and Profit Shifting Project, OECD Publishing, Paris. http://dx.doi.org/10.1787/9789264241152-en, Rn. 64.

[57] Vgl. OECD (2015), Designing Effective Controlled Foreign Company Rules, Action 3 – 2015 Final Report, OECD/G20 Base Erosion and Profit Shifting Project, OECD Publishing, Paris. http://dx.doi.org/10.1787/9789264241152-en, Rn. 65.

[58] Vgl. OECD (2015), Designing Effective Controlled Foreign Company Rules, Action 3 – 2015 Final Report, OECD/G20 Base Erosion and Profit Shifting Project, OECD Publishing, Paris. http://dx.doi.org/10.1787/9789264241152-en, Rn. 66.

[59] Vgl. OECD (2015), Designing Effective Controlled Foreign Company Rules, Action 3 – 2015 Final Report, OECD/G20 Base Erosion and Profit Shifting Project, OECD Publishing, Paris. http://dx.doi.org/10.1787/9789264241152-en, Rn. 66, 69.

[60] Vgl. OECD (2015), Designing Effective Controlled Foreign Company Rules, Action 3 – 2015 Final Report, OECD/G20 Base Erosion and Profit Shifting Project, OECD Publishing, Paris. http://dx.doi.org/10.1787/9789264241152-en, Rn. 61.

d) Beschränkung auf bestimmte Einkommensquellen

Die Hinzurechnungsbesteuerung soll in ihrem Anwendungsbereich auf bestimmte Arten von Einkünften beschränkt werden.[61] Als Empfehlungen werden dabei genannt die Einkünfte von Holding-Gesellschaften, Gesellschaften, die Finanz- und Bankdienstleistungen erbringen, Abrechnungsgesellschaften, Einkünfte aus IP, Einkünfte aus digitalen Dienstleistungen und Versicherungseinkünfte.[62] Als Auslöser für die Anknüpfung an die Hinzurechnungsbesteuerung kommen zahlreiche Aspekte in Betracht wie z.B. Einkommensquelle oder Beweglichkeit der Einkünfte (in dem Sinne, dass die Einkünfte geographisch nicht gebunden sind). Auf jeden Fall wird aber empfohlen, dass die Hinzurechnungsbesteuerung die Finanzierungsrendite, die nach Verrechnungspreisregeln bei einer funktionslosen Cash-Gesellschaft ermittelt würde, erfasst.[63]

e) Berechnung der Einkünfte

Wie auch schon bei der Berechnung des effektiven ausländischen Steuersatzes soll auch die Berechnung der Einkünfte, die den Anteilseignern zugerechnet werden sollen, nach dem Recht des Sitzstaates bzw. des Staates des Orts der Geschäftsleitung des Mutterunternehmens erfolgen.[64] Gewinne und Verluste sollen verrechnet werden können.[65]

f) Zurechnung der Einkünfte

Die Zurechnung der Einkünfte soll dann in fünf Schritten vorgenommen werden.[66] Zuerst soll ermittelt werden, wem die Einkünfte zuzurechnen sind. Der Aktionsplan empfiehlt dabei eine Koppelung an die Beteiligungsgrenzen, die auch im

---

[61] Vgl. OECD (2015), Designing Effective Controlled Foreign Company Rules, Action 3–2015 Final Report, OECD/G20 Base Erosion and Profit Shifting Project, OECD Publishing, Paris. http://dx.doi.org/10.1787/9789264241152-en, Rn. 73.

[62] Vgl. OECD (2015), Designing Effective Controlled Foreign Company Rules, Action 3–2015 Final Report, OECD/G20 Base Erosion and Profit Shifting Project, OECD Publishing, Paris. http://dx.doi.org/10.1787/9789264241152-en, Rn. 74.

[63] Vgl. OECD (2015), Designing Effective Controlled Foreign Company Rules, Action 3–2015 Final Report, OECD/G20 Base Erosion and Profit Shifting Project, OECD Publishing, Paris. http://dx.doi.org/10.1787/9789264241152-en, Rn. 75.

[64] Vgl. OECD (2015), Designing Effective Controlled Foreign Company Rules, Action 3–2015 Final Report, OECD/G20 Base Erosion and Profit Shifting Project, OECD Publishing, Paris. http://dx.doi.org/10.1787/9789264241152-en, Rn. 99.

[65] Vgl. OECD (2015), Designing Effective Controlled Foreign Company Rules, Action 3–2015 Final Report, OECD/G20 Base Erosion and Profit Shifting Project, OECD Publishing, Paris. http://dx.doi.org/10.1787/9789264241152-en, Rn. 99.

[66] Vgl. OECD (2015), Designing Effective Controlled Foreign Company Rules, Action 3–2015 Final Report, OECD/G20 Base Erosion and Profit Shifting Project, OECD Publishing, Paris. http://dx.doi.org/10.1787/9789264241152-en, Rn. 110.

Rahmen der Frage nach der Kontrolle gelten.[67] Dann wird die Höhe des zuzurechnenden Einkommens bestimmt. Die Höhe soll abhängig von der Höhe der Beteiligung sowie der Dauer der Beteiligung berechnet werden.[68] Weiter ist zu fragen, ob eine Einbeziehung in die Steuererklärungen vorgenommen werden soll und wie die Einkünfte zu behandeln sind. Der Aktionsplan empfiehlt, sich insoweit nach den jeweiligen landesrechtlichen Regelungen zu richten.[69]

g) Steuersatz

Schließlich ist zu klären, mit welchem Steuersatz die Einkünfte versteuert werden sollen. Auch hier empfiehlt der Aktionsplan, sich nach dem jeweiligen Landesrecht zu richten.[70]

h) Vermeidung der Doppelbesteuerung

Um eine Doppelbesteuerung zu vermeiden, empfiehlt der Aktionsplan, bereits gezahlte, ausländische Steuern anrechnen zu lassen.[71] Das soll auch die Hinzurechnungsbesteuerung in anderen Ländern auf zwischengeschaltete Gesellschaften erfassen.[72] Weiter soll eine Möglichkeit geschaffen werden, eine Entlastung für Dividenden oder Erträge aus der Veräußerung von Anteilen an einer CFC zu erhalten, wenn das Einkommen der CFC zuvor bereits der Hinzurechnungsbesteuerung unterlag.[73] Die Einzelheiten sollen die Länder entsprechend ihrem jeweiligen Landesrecht festsetzen. Dabei behandelt der OECD-Bericht solche Fälle nicht, in denen die CFC zum Teil schädliche Einkünfte erzielt, zum Teil aber auch aktive

---

[67] Vgl. OECD (2015), Designing Effective Controlled Foreign Company Rules, Action 3–2015 Final Report, OECD/G20 Base Erosion and Profit Shifting Project, OECD Publishing, Paris. http://dx.doi.org/10.1787/9789264241152-en, Rn. 111.

[68] Vgl. OECD (2015), Designing Effective Controlled Foreign Company Rules, Action 3–2015 Final Report, OECD/G20 Base Erosion and Profit Shifting Project, OECD Publishing, Paris. http://dx.doi.org/10.1787/9789264241152-en, Rn. 111.

[69] Vgl. OECD (2015), Designing Effective Controlled Foreign Company Rules, Action 3–2015 Final Report, OECD/G20 Base Erosion and Profit Shifting Project, OECD Publishing, Paris. http://dx.doi.org/10.1787/9789264241152-en, Rn. 111.

[70] Vgl. OECD (2015), Designing Effective Controlled Foreign Company Rules, Action 3–2015 Final Report, OECD/G20 Base Erosion and Profit Shifting Project, OECD Publishing, Paris. http://dx.doi.org/10.1787/9789264241152-en, Rn. 111.

[71] Vgl. OECD (2015), Designing Effective Controlled Foreign Company Rules, Action 3–2015 Final Report, OECD/G20 Base Erosion and Profit Shifting Project, OECD Publishing, Paris. http://dx.doi.org/10.1787/9789264241152-en, Rn. 123.

[72] Vgl. OECD (2015), Designing Effective Controlled Foreign Company Rules, Action 3–2015 Final Report, OECD/G20 Base Erosion and Profit Shifting Project, OECD Publishing, Paris. http://dx.doi.org/10.1787/9789264241152-en, Rn. 123.

[73] Vgl. OECD (2015), Designing Effective Controlled Foreign Company Rules, Action 3–2015 Final Report, OECD/G20 Base Erosion and Profit Shifting Project, OECD Publishing, Paris. http://dx.doi.org/10.1787/9789264241152-en, Rn. 123.

Einkünfte. Ob und inwieweit dann eine Entlastung gewährt werden sollte, wird nicht adressiert.

Der OECD-Bericht geht davon aus, dass im Regelfall bei Dividenden, die zuvor der Hinzurechnungsbesteuerung unterlegen haben, von den jeweiligen Ländern eine Freistellung gewährt wird.[74] Diese sei oftmals an eine gewisse Beteiligungshöhe geknüpft, die schon dadurch erfüllt sein sollte, dass eine solche Beteiligungshöhe bereits im Vorfeld das Tatbestandsmerkmal der Beherrschung erfüllt.

Dabei ergeben sich aber eine Reihe von Folgefragen. Ändert sich z. B. die Beteiligungshöhe, so greift möglicherweise die Freistellung nicht mehr. Ebenfalls wird die Beteiligungshöhe für die Freistellung dann regelmäßig nicht erreicht werden, wenn für die „Kontrolle" eine sog. Inländerbeherrschung ausreicht, es also nicht auf die Beteiligungshöhe eines bestimmten Unternehmens ankommt. Im Rahmen der Freistellung werden solche Szenarien regelmäßig nicht berücksichtigt. Für diese Fälle empfiehlt der Aktionsplan eine eigenständige Regelung zur Freistellung von Dividenden, die bereits der Hinzurechnungsbesteuerung unterlegen haben.[75] Weitere Folgefragen werden vom Aktionsplan zwar kurz angesprochen. Es wird aber keine Empfehlung für eine Beantwortung dieser Fragen ausgesprochen. Darunter sind z. B. die Fälle, in denen auf die Dividenden Quellensteuer erhoben wird. Auch wird das Potential für Doppelbesteuerung durch das Zusammenspiel von Hinzurechnungsbesteuerung und Transfer Pricing angesprochen, aber keiner Lösung zugeführt.[76]

Das OECD-Projekt hat bei der Hinzurechnungsbesteuerung eine Anwendungshierarchie vorgesehen, in der im Rahmen der Hinzurechnungsbesteuerung nur eine Hinzurechnung bei einer unmittelbaren Beteiligung erfolgt.[77] Dabei wird jedoch auch erkannt, dass es so zu Missbräuchen oder Planungen kommen kann. Deshalb wird im Rahmen der Anwendungshierarchie vorgeschlagen, dass zunächst die Regelungen des Staates der am nächsten gelegenen Muttergesellschaft Anwendung

[74] Vgl. OECD (2015), Designing Effective Controlled Foreign Company Rules, Action 3–2015 Final Report, OECD/G20 Base Erosion and Profit Shifting Project, OECD Publishing, Paris. http://dx.doi.org/10.1787/9789264241152-en, Rn. 131.

[75] Vgl. OECD (2015), Designing Effective Controlled Foreign Company Rules, Action 3–2015 Final Report, OECD/G20 Base Erosion and Profit Shifting Project, OECD Publishing, Paris. http://dx.doi.org/10.1787/9789264241152-en, Rn. 131.

[76] Vgl. OECD (2015), Designing Effective Controlled Foreign Company Rules, Action 3–2015 Final Report, OECD/G20 Base Erosion and Profit Shifting Project, OECD Publishing, Paris. http://dx.doi.org/10.1787/9789264241152-en, Rn. 135.

[77] Vgl. OECD (2015), Designing Effective Controlled Foreign Company Rules, Action 3–2015 Final Report, OECD/G20 Base Erosion and Profit Shifting Project, OECD Publishing, Paris. http://dx.doi.org/10.1787/9789264241152-en, Rn. 126 ff. Der Aktionsplan empfiehlt in Rn. 116 auch, dass vorgesehen wird, dass es nicht zu einer Zurechnung von mehr als 100 % kommt. Eine solche Situation kann sich dann ergeben, wenn bei den Merkmalen der Kontrolle oder der Zurechnung auf verschiedene Merkmale wie rechtliche und wirtschaftliche Kontrolle abgestellt wird. Solche Regelungen sollten aber wiederum so gestaltet werden, dass eine Umgehung oder ein Missbrauch ausgeschlossen wird.

finden. Damit kommt es bei nachgelagerten Gesellschaften nur noch zu einer Hinzurechnungsbesteuerung, wenn der Steuersatz der letzten Gesellschaft noch höher ist als die Steuersätze bei den vorgeschalteten Gesellschaften.[78] Begründet wird das damit, dass die Regelungen vor „BEPS“ schützen sollen. Wird bereits bei einer zwischengeschalteten Gesellschaft ein höherer Steuersatz angewendet als bei dieser nachgelagerten Gesellschaft, so liegt es nahe, dass das Steuersubstrat des Landes mit dem höheren Steuersatz erodiert wird und nicht das des Landes der nachgeschalteten Gesellschaft.

i) EU-Recht

Der Aktionsplan geht auch auf die Besonderheiten des EU-Rechts ein und die Problematik, dass für ein internationales gleiches System letztlich wohl auf eine europarechtskonforme Regelung abgestellt werden müsste, da ansonsten die EU-Mitgliedstaaten untereinander unfairerweise besser gestellt wären.[79] Der Aktionsplan schlägt zur Lösung einen Substanz-Test im Sinne der Cadbury-Schweppes-Rechtsprechung des EuGH vor.[80] Als Alternative wird vorgeschlagen, die Hinzurechnungsbesteuerung auch auf inländische Sachverhalte anzuwenden.[81] Die Einkünfte einer beherrschten Gesellschaft würden dann unabhängig von ihrem Sitz oder dem Ort der Geschäftsleitung dem beherrschenden Unternehmen zugerechnet.

j) Beispiel: mögliche Funktionsweise der Hinzurechnungsbesteuerung nach OECD-Plan

Die Funktionsweise der Hinzurechnungsbesteuerung nach den Vorschlägen der OECD lässt sich grob vereinfacht anhand des oben angesprochenen Beispiels[82] zeigen. Handelt es sich bei N-B.V. um eine 100 %ige Tochter der H-GmbH, liegt eine beherrschte Gesellschaft im Sinne der obigen Definition vor. Der ausländische Steuersatz ist dabei um deutlich mehr als 50 % des nationalen Steuersatzes günstiger. Die Einkünfte der N-B.V. werden also niedrig besteuert. Es handelt sich auch

---

[78] Vgl. OECD (2015), Designing Effective Controlled Foreign Company Rules, Action 3 – 2015 Final Report, OECD/G20 Base Erosion and Profit Shifting Project, OECD Publishing, Paris. http://dx.doi.org/10.1787/9789264241152-en, Rn. 129, 130.

[79] Vgl. OECD (2015), Designing Effective Controlled Foreign Company Rules, Action 3 – 2015 Final Report, OECD/G20 Base Erosion and Profit Shifting Project, OECD Publishing, Paris. http://dx.doi.org/10.1787/9789264241152-en, Rn. 19 ff.

[80] Vgl. OECD (2015), Designing Effective Controlled Foreign Company Rules, Action 3 – 2015 Final Report, OECD/G20 Base Erosion and Profit Shifting Project, OECD Publishing, Paris. http://dx.doi.org/10.1787/9789264241152-en, Rn. 22.

[81] Vgl. OECD (2015), Designing Effective Controlled Foreign Company Rules, Action 3 – 2015 Final Report, OECD/G20 Base Erosion and Profit Shifting Project, OECD Publishing, Paris. http://dx.doi.org/10.1787/9789264241152-en, Rn. 22.

[82] Vgl. oben E.I.1. Verlagerung von Lizenzeinkünften i. H. v. 1 Mio. € von der H-GmbH an die N-B.V.

um Lizenzeinkünfte, die grundsätzlich nach den oben dargestellten Kriterien zu den schädlichen Einkünften gerechnet werden sollen. Das Einkommen der N-B.V. wird daher der H-GmbH zugerechnet. Diese erzielt dadurch wieder einen Gewinn von 2 Mio. €. Die in N gezahlten Steuern i. H. v. 90.000 € werden ggf. angerechnet. H-GmbH muss also 510.000 € Steuern zahlen und die N-B.V. 90.000 €, in Summe wieder 600.000 €.

k) Zusammenfassung

Der OECD Aktionspunkt 3 zur Einführung einer Hinzurechnungsbesteuerung reißt viele Punkte an, bleibt in seinen Ausführungen jedoch sehr oberflächlich und vage. Insgesamt lässt sich jedoch eine grobe Vorgabe für eine Hinzurechnungsbesteuerung zusammenfassen. Eine ausländische Kapitalgesellschaft – ggf. auch eine ausländische Personengesellschaft oder Betriebsstätte – wird von einer inländischen natürlichen oder juristischen Person beherrscht. Eine Beherrschung kann dabei gesellschaftsrechtliche, wirtschaftliche oder rein tatsächliche Ursachen haben. Liegt der ausländische effektive Steuersatz der ausländischen Gesellschaft bei lediglich 75 % des inländischen (hypothetischen) effektiven Steuersatzes oder niedriger, werden bestimmte schädliche Einkünfte den Einkünften der inländischen Person hinzugerechnet.

l) Bewertung

Die OECD hat bereits in der Vergangenheit große Beiträge zur Gestaltung des internationalen Steuerrechts geleistet. So dient das OECD-Musterabkommen regelmäßig als Grundlage für tatsächlich abgeschlossene Doppelbesteuerungsabkommen. Teilweise werden die Vorgaben des OECD-MA unverändert übernommen.

Die Vorgaben zur Hinzurechnungsbesteuerung vermögen kein solches Muster darzustellen. Zu unbestimmt und unkonkret sind die Regelungen im Einzelnen. Zu viel Spielraum bleibt bei der Ausgestaltung durch die Länder. Das liegt vor allem an den unterschiedlichen Zielsetzungen der Vorgaben für die Hinzurechnungsbesteuerung im Vergleich z. B. zum OECD-MA. Das OECD-MA soll Doppelbesteuerung (und ggf. auch doppelte Nichtbesteuerung) verhindern. Dabei ist es jedoch zumindest nach deutschem Recht so, dass die DBAs kein Besteuerungsrecht schaffen, wo schon nach deutschem Recht kein Besteuerungsrecht besteht. Das bedeutet, dass weiße Einkünfte auch dann nicht in Deutschland besteuert werden, wenn das DBA für alle nicht im Ausland besteuerten Einkünfte Deutschland das Besteuerungsrecht zuweisen würde. Trotz der Proklamation, auch eine doppelte Nichtbesteuerung zu verhindern, bleibt der Fokus damit auf der Verhinderung der Doppelbesteuerung. Es wird also eine Verbesserung[83] des Zustands für den Steu-

[83] Wobei Verbesserung hierbei für den Steuerpflichtigen eine möglichst niedrige Steuerlast bedeutet.

erpflichtigen angestrebt, die bereits dann entsteht, wenn das Ergebnis durch das DBA minimal besser ist als ohne.

Bei der Hinzurechnungsbesteuerung nach OECD-Aktionsplan ist eine solche Feststellung nicht möglich. Die Zielrichtung ist die Vermeidung der Verlagerung von Steuersubstrat ins niedrig besteuerte Ausland. Die Umsetzung der Vorschläge soll dabei durch Änderungen des nationalen Rechts und der Anwendungspraxis sowie über DBAs und das MLI erfolgen.[84] Einer Verlagerung kann dabei jedoch nur effektiv entgegengewirkt werden, wenn Planungs- und Gestaltungsmöglichkeiten für die Unternehmen minimiert werden. Das ist jedoch nicht der Fall, wenn die Vorgaben der OECD zu unbestimmt sind und die Umsetzung zu verschiedenen Regelungen führt. Die Umsetzung in nationales Recht führt automatisch zu Verwerfungen im internationalen Gesamtsystem, da die nationalen Steuersysteme sich alle unterscheiden.

Im Folgenden sollen ein paar Beispiele einige der Fragestellungen veranschaulichen:

Beispiel: Welche Zusammenrechnung?

Land H und T sind Hochsteuerländer, Land N ist Niedrigsteuerland. Sowohl H als auch T haben dabei eine Beherrschungsschwelle von 50 %, die durch einen kombinierten Ansatz von rechtlicher und wirtschaftlicher Beherrschung erreicht werden kann. Die H-GmbH in H und die T-SARL in T sind an der N-B.V. in N beteiligt. Die N-B.V. hat drei Arten von Gesellschaftsanteilen: Anteile mit Stimmrechten (Class A), Anteile mit Gewinnbeteiligung (Class B) und Anteile mit sowohl Stimmrecht als auch Gewinnbeteiligung (Class C). Insgesamt gibt es von jeder Kategorie 50 Anteile, wobei jeder Anteil 1 % Stimmrecht (Class A) oder 1 % Gewinnbeteiligung (Class B) oder 1 % Stimmrecht und Gewinnbeteiligung (Class C) hat.

Die H-GmbH hält 30 Class A Anteile und 30 Class B Anteile. Sie hält damit 30 % der Stimmrechte und 30 % der Gewinnbeteiligung. Die T-SARL hält 30 Class C Anteile. Sie hält also ebenfalls 30 % der Stimmrechte und 30 % der Gewinnbeteiligung. Die restlichen 20 Class A, 20 Class B und 20 Class C Anteile befinden sich im Streubesitz.

Handelt es sich bei der N-B.V. um eine CFC? Wer hat Kontrolle im Sinne der OECD BEPS Vorgaben? Weder H-GmbH noch T-SARL haben rechtliche oder wirtschaftliche Kontrolle. Allerdings werden nach den Vorschlägen der OECD rechtliche und wirtschaftliche Kontrolle zusammengerechnet. Werden die Anteile von H-GmbH derart zusammengerechnet, dass sich eine Kontrolle von 60 % ergibt, sodass die CFC-Regelungen Anwendung finden? Gilt das auch für die Anteile der T-SARL? Zusammen hätten beide Gesellschaften dann 120 % der für die Bestimmung der Kontrolle relevanten Anteile.

[84] „The BEPS package is designed to be implemented via changes in domestic law and practices, and vie treaty provisions, with negotiations for a multilateral instrument under way and expected to be finalized in 2016". OECD (2015), Designing Effective Controlled Foreign Company Rules, Action 3–2015 Final Report, OECD/G20 Base Erosion and Profit Shifting Project, OECD Publishing, Paris. http://dx.doi.org/10.1787/9789264241152-en, Foreword, S. 3.

Beispiel: Indirekte Beteiligungen

Die H-GmbH in H hält 66 % der Anteile an der niedrigbesteuerten N-B.V. in N. In N kann mit einer 2/3 Mehrheit die Gesellschaft vollkommen kontrolliert werden. Die Beherrschungsschwelle für eine Hinzurechnungsbesteuerung in H liegt bei 50 % der Stimmrechte (rechtliche Kontrolle), nur tatsächliche Kontrolle ist nicht vom Tatbestand erfasst. Mittelbare Beteiligungen werden durchgerechnet. H-GmbH schaltet die T-SARL in T zwischen, an der sie wieder 66 % der Anteile hält. Die T-SARL hält nun die 66 % der Anteile an der N-B.V. Durchgerechnet hält H-GmbH nur 43,5 % an der N-B.V. Die CFC-Regelungen finden keine Anwendung.

Abwandlung: Indirekte Beteiligungen

Land H rechnet nicht durch, sondern lässt eine tatsächliche Kontrolle für eine Beherrschung ausreichen: H-GmbH hat einen beherrschenden Einfluss, auch wenn sie eine ebenfalls beherrschte Gesellschaft in T zwischenschaltet.

Beispiel:

H-GmbH ist zu 100 % an der N-B.V. in N beteiligt. Nach den CFC-Regelungen in H greift eine Hinzurechnungsbesteuerung nur für nicht ausgeschüttete Gewinne. Für Gesellschaften in Ländern, die auf einer Whitelist stehen, erfolgt keine Hinzurechnungsbesteuerung. H-GmbH schaltet die T-SARL in T zwischen. T steht auf der Whitelist. T stellt ausgeschüttete Dividenden bei Beteiligungen von 100 % steuerfrei. N-B.V. schüttet alle Einkünfte an T-SARL aus. Die CFC-Regelungen in H greifen nicht ein, da keine nicht ausgeschütteten Einkünfte vorliegen. Dennoch werden die durch N-B.V. erzielten Einkünfte niedrig besteuert.

m) Ergebnis und Stellungnahme

Die Beispiele zeigen, dass durch die Vorgaben der OECD kein flächendeckender einheitlicher Schutz gewährleistet werden kann. Das liegt bereits an den unterschiedlichen steuer- und gesellschaftsrechtlichen Regelungssystemen der unterschiedlichen Länder. Zwar kann ein Land sehr komplexe Vermeidungsvorschriften aufstellen, die (fast) alle Umgehungsmöglichkeiten im Rahmen der Hinzurechnungsbesteuerung ausschließen. Die Komplexität eines solchen Regelwerks wäre allerdings geeignet, das Land als Standortfaktor für Investitionen besonders unattraktiv zu machen. Insoweit wäre es ggf. sinnvoller, eine globale Mindestbesteuerung für alle Unternehmen mit hinreichendem Nexus zum Inland einzuführen. Eine andere Möglichkeit wäre eine Regelung im Rahmen von Verrechnungspreisen. Auch hier hat die OECD bereits zahlreiche Vorgaben gemacht, die zu international anerkannten Standards geworden sind.

II. ATAD-Regelungsinhalt mit Schwerpunkt Hinzurechnungsbesteuerung

1. Einleitung

Laut OECD-Bericht erfordern die BEPS-Praktiken der Unternehmen „gewagte Züge“ von den Entscheidungsträgern.[85]

Bereits vor Abschluss der OECD-BEPS-Arbeiten veröffentlichte die Kommission eine Mitteilung, wonach im Bemühen um eine faire und effiziente Unternehmensbesteuerung fünf Kernbereiche identifiziert wurden, in denen ein Tätigwerden erforderlich sei.[86] Dabei wurde auf das OECD-BEPS-Projekt Bezug genommen und unter anderem auch eine Verbesserung der Hinzurechnungsbesteuerung gefordert.[87] Nach Abschluss der OECD-BEPS-Arbeiten veröffentlichte der Rat dann am 8. Dezember 2015 ein „konsolidiertes Dokument“.[88] Der Rat sprach sich dabei für eine schnelle Umsetzung der BEPS-Grundsätze auf EU-Ebene mittels Richtlinie (soweit „angemessen“ („appropriate“)) aus.[89] Es sei für ein gutes Funktionieren des Binnenmarktes essentiell, dass die Mitgliedstaaten die BEPS-Vorgaben umsetzten und allgemeine Bemühungen unternähmen, um von Steuervermeidung abzuschrecken.[90] Zudem könnte nur ein gemeinsames Vorgehen eine weitere Fragmentierung des Marktes und weitere Systeminkongruenzen verhindern.[91] Schließlich hätten die Steuerzahler bei einer einheitlichen Umsetzung die rechtliche Sicherheit, dass die Maßnahmen europarechtskonform wären.[92]

Die Kommission erarbeitete auf dieser Grundlage einen „Vorschlag für eine Richtlinie des Rates mit Vorschriften zur Bekämpfung von Steuervermeidungspraktiken mit unmittelbaren Auswirkungen auf das Funktionieren des Binnen-

---

[85] „[…], requiring bold moves by policy makers to restore confidence in the system and ensure that profits are taxed where economic activities take place and value is created“. OECD (2015), Designing Effective Controlled Foreign Company Rules, Action 3–2015 Final Report, OECD/G20 Base Erosion and Profit Shifting Project, OECD Publishing, Paris. http://dx.doi.org/10.1787/9789264241152-en, Foreword, S. 3.

[86] Vgl. Kommission vom 17.06.2015, COM (2015) 302 final. Vgl. dazu auch Linn, IStR 2016, 645.

[87] Vgl. Kommission vom 17.06.2015, COM (2015), 302 final. Vgl. auch Linn, IStR 2016, 645.

[88] Vgl. Council of the European Union, 10426/16 FISC 104, ECOFIN 628, http://data.consilium.europa.eu/doc/document/ST-10426-2016-INIT/en/pdf. Vgl. auch Linn, IStR 2016, 645.

[89] Vgl. Council of the European Union, 10426/16 FISC 104, ECOFIN 628, http://data.consilium.europa.eu/doc/document/ST-10426-2016-INIT/en/pdf, Annex I Rn. 2.

[90] Vgl. Council of the European Union, 10426/16 FISC 104, ECOFIN 628, http://data.consilium.europa.eu/doc/document/ST-10426-2016-INIT/en/pdf, Annex I Rn. 2.

[91] Vgl. Council of the European Union, 10426/16 FISC 104, ECOFIN 628, http://data.consilium.europa.eu/doc/document/ST-10426-2016-INIT/en/pdf, Annex I Rn. 2.

[92] Vgl. Council of the European Union, 10426/16 FISC 104, ECOFIN 628, http://data.consilium.europa.eu/doc/document/ST-10426-2016-INIT/en/pdf, Annex I Rn. 2.

marktes".[93] Am 17. Juni 2016 wurde dann eine Einigung über einen Kompromissvorschlag zu dieser Richtlinie getroffen.[94] Am 19. Juli 2016 wurde die Richtlinie im Amtsblatt veröffentlicht.[95]

Im Folgenden soll der Inhalt sowie die Beweggründe für den Erlass der ATAD dargestellt werden. Erst wenn die Überlegungen, die zum Erlass der Richtlinie geführt haben, sowie der tatsächliche Inhalt der Regelungen dargestellt wurden, kann anhand dieser eine Bewertung der europa- und verfassungsrechtlichen Probleme erfolgen.

2. Überblick

Die ATAD wurde auf Art. 115 AEUV gestützt nach Abschluss der OECD-BEPS-Arbeiten zur Umsetzung dieser erlassen. Die ATAD soll ausweislich des Erwägungsgrundes 1 eine Besteuerung am Ort der Gewinnerwirtschaftung und der Wertschöpfung gewährleisten.[96] Eine eigene Definition, um diesen Ort zu bestimmen, ist in der ATAD jedoch nicht enthalten. Vielmehr enthält die ATAD eine unvollständige Negativdefinition. Danach lassen sich aus den einzelnen Regelungen Anhaltspunkte dafür entnehmen, wo der Ort der Gewinnerwirtschaftung und der Wertschöpfung unter welchen Umständen nach dem Verständnis der ATAD jedenfalls nicht liegen soll.

Die ATAD teilt sich auf in drei Teile. Im ersten Teil (Art. 1–3 ATAD) werden allgemeine Vorschriften geregelt. Die Richtlinie gilt gemäß Art. 1 ATAD nur für körperschaftsteuerpflichtige Unternehmen und erstreckt sich auch auf EU-Betriebsstätten von Drittstaaten-Gesellschaften. Art. 2 ATAD enthält einen Definitionsteil. Art. 3 ATAD legt ein Mindestschutzniveau fest.

Art. 4 bis 9b ATAD regeln die besonderen Vorschriften. Enthalten sind eine Zinsschranke in Art. 4 ATAD (dem deutschen „Vorbild" sehr ähnlich), eine Wegzugs- bzw. Entstrickungsbesteuerung in Art. 5 ATAD, eine generelle Missbrauchsvermeidungsvorschrift in Art. 6 ATAD, Vorschriften über eine Hinzurechnungsbesteuerung in Art. 7 und 8 ATAD sowie Vorschriften zur Anwendung bei hybriden Gestaltungen in Art. 9 ff. ATAD.

In Art. 10 bis 13 ATAD finden sich Schlussbestimmungen wie die Umsetzungsfrist zum 31.12.2018 in Art. 11 ATAD.

---

[93] Vgl. Europäische Kommission vom 28.01.2016, COM (2016) 26 final.

[94] Vgl. Council of the European Union, 10426/16 FISC 104, ECOFIN 628, http://data.consilium.europa.eu/doc/document/ST-10426-2016-INIT/en/pdf.

[95] Vgl. RL (EU)2016/114 (Abl. L 193/1).

[96] Vgl. Richtlinie (EU) 2016/1164 des Rates v. 12.07.2016 mit Vorschriften zur Bekämpfung von Steuervermeidungspraktiken mit unmittelbaren Auswirkungen auf das Funktionieren des Binnenmarkts, ABl. 2016 L 193, Erwägungsgrund 1.

Die ATAD scheint sich im Wesentlichen auf zwei Kernziele zu stützen. Zum einen soll der Aushöhlung der Steuerbemessungsgrundlage und der Verlagerung von Gewinnen in Drittländer entgegengewirkt werden. Dieses Ziel ist sicherlich als der Schwerpunkt der Zielsetzung im Rahmen der Begründung zu betrachten, zumal nur dieses Ziel die Grundlage der OECD-BEPS-Thesen berücksichtigt, die Auslöser der ATAD waren. Erwägungsgrund 16 der ATAD[97] nennt so als wesentliches Ziel der ATAD, die Resilienz des Binnenmarkts insgesamt gegenüber grenzüberschreitenden Steuervermeidungspraktiken zu stärken. Zum anderen soll eine „Fragmentierung des Marktes verhindert und die derzeitigen Inkongruenzen und Marktverzerrungen beseitigt" werden.[98]

Zusätzlich wird vorgeschlagen, dass, wenn die Vorschriften der ATAD zu einer Doppelbesteuerung führen, der Steuerpflichtige im Wege des Abzugs ausländischer Steuern entlastet werden soll. Laut Erwägungsgrund 5 der ATAD[99] soll diese damit auch verhindern, dass Markthemmnisse wie Doppelbesteuerung entstehen.

Im Folgenden soll die vertiefte Darstellung auf drei Bereiche beschränkt werden, auf das Mindestschutzniveau, welches als übergeordnetes Prinzip der ATAD auf alle besonderen Vorschriften Anwendung findet, auf die allgemeine Missbrauchsvermeidungsklausel (GAAR) und auf die Hinzurechnungsbesteuerung. Während auch die anderen besonderen Regelungen wie die Wegzugbesteuerung, die Regelung zu hybriden Gestaltungen und die Vorschriften über die Zinsschranke mit ähnlichen oder eigenen Problemen behaftet sind, würde eine eigenständige Darstellung den Umfang dieser Arbeit sprengen. Für die Untersuchungen der wesentlichen europa- und verfassungsrechtlichen Probleme reicht die Darstellung der drei genannten Bereiche aus.

Das Mindestschutzniveau gilt als allgemeine Vorschrift unabhängig von der Auswahl der jeweiligen besonderen Vorschriften. Die GAAR stellt ebenfalls eine eigenständige Regelung dar, die gewissermaßen als Auffangtatbestand fungieren könnte. Die Hinzurechnungsbesteuerung eignet sich aufgrund ihrer Komplexität und umfangreichen Kritik besonders zur Darlegung der europa- und verfassungsrechtlichen Probleme.

---

[97] Vgl. Richtlinie (EU) 2016/1164 des Rates v. 12.07.2016 mit Vorschriften zur Bekämpfung von Steuervermeidungspraktiken mit unmittelbaren Auswirkungen auf das Funktionieren des Binnenmarkts, ABl. 2016 L 193, Erwägungsgrund 16.

[98] Vgl. Richtlinie (EU) 2016/1164 des Rates v. 12.07.2016 mit Vorschriften zur Bekämpfung von Steuervermeidungspraktiken mit unmittelbaren Auswirkungen auf das Funktionieren des Binnenmarkts, ABl. 2016 L 193, Erwägungsgrund 3.

[99] Vgl. Richtlinie (EU) 2016/1164 des Rates v. 12.07.2016 mit Vorschriften zur Bekämpfung von Steuervermeidungspraktiken mit unmittelbaren Auswirkungen auf das Funktionieren des Binnenmarkts, ABl. 2016 L 193, Erwägungsgrund 5.

3. Das Mindestschutzniveau

Nach Art. 3 ATAD[100] verhindert die Richtlinie nicht die Anwendung nationaler oder vertraglicher Bestimmungen zur Wahrung eines höheren Maßes an Schutz der inländischen Körperschaftsteuer-Bemessungsgrundlagen.

Die genaue Bedeutung und Reichweite der Vorschrift ist unklar, die Bedeutung ist aber, wie zu zeigen sein wird, entscheidend. Bedeutung und Reichweite sind daher durch Auslegung zu ermitteln.

a) Wortlaut

Nach dem Wortlaut verhindert die Vorschrift zunächst nicht die Anwendung nationaler oder vertraglicher Bestimmungen zur Wahrung eines höheren Maßes an Schutz der inländischen Körperschaftsteuer-Bemessungsgrundlage. Im Umkehrschluss muss daraus gefolgert werden, dass sie die Anwendung nationaler oder vertraglicher Bestimmungen verbietet, die einen niedrigeren Schutz der inländischen Körperschaftsteuer-Bemessungsgrundlage als die ATAD erreichen.

Die ATAD regelt damit also einen gewissen „Schutzbereich", den die Mitgliedstaaten zwar erweitern, jedoch nicht unterschreiten dürfen.

Bei diesem Schutzbereich geht es zunächst um den Schutz der inländischen Körperschaftsteuer-Bemessungsgrundlage. Die Steuerbemessungsgrundlage ist dabei der Betrag, auf den ein Steuersatz zur tatsächlichen Berechnung der Steuerlast angewandt wird (in Deutschland nach § 7 KStG das zu versteuernde Einkommen). Mit anderen Worten ist die Körperschaftsteuer-Bemessungsgrundlage die letzte Größe, die darüber entscheidet, wie viel Steuern zu zahlen ist. Der Begriff „Schutz" ist dabei leicht irreführend. Grundsätzlich obliegt nämlich jedem Staat die Entscheidung, ob und in welcher Höhe er eine Steuerbemessungsgrundlage festlegen will. Vor dem Hintergrund der Bekämpfung von BEPS kann der Begriff „Schutz" hier nur so verstanden werden, dass die ATAD den Mitgliedstaaten eine gewisse Höhe einer Steuerbemessungsgrundlage festschreibt, von der lediglich nach oben abgewichen werden darf. Von einem Schutz in Zusammenhang mit dem Begriff „Mindestschutzniveau" kann daher nur dann ausgegangen werden, wenn die Körperschaftsteuer-Bemessungsgrundlage im Mitgliedstaat so hoch oder höher ist als eine unter Anwendung der Vorschriften der ATAD ermittelte Körperschaftsteuer-Bemessungsgrundlage.

[100] „Diese Richtlinie verhindert nicht die Anwendung nationaler oder vertraglicher Bestimmungen zur Wahrung eines höheren Maßes an Schutz der inländischen Körperschaftsteuerbemessungsgrundlage".

b) Telos

Die Begründung der ATAD verhält sich zu diesem Artikel nicht explizit, obwohl ihm eigentlich für die Reichweite der Vorgaben eine entscheidende Rolle zukommt. In Erwägungsgrund 3 der ATAD[101] wird zunächst gefordert, den durchschnittlichen Schutz gegen aggressive Steuerplanung in Europa anzuheben. Die Begründung enthält weiter aber gewissermaßen die eigene Kapitulation vor dieser Aufgabe. Die Begründung erkennt nämlich, dass das Steuerrecht eine hochkomplexe Materie ist, die in jedem Mitgliedstaat anders geregelt wurde. Es wird ausgeführt, dass die genaue Ausgestaltung dieser Anhebung des durchschnittlichen Schutzes gegen aggressive Steuerplanung von den einzelnen Ländern selbst umgesetzt werden sollen. Die ATAD soll nur allgemeine Bestimmungen enthalten aber dennoch die gemeinsame Umsetzung der OECD-Standards koordinieren. Daraus soll folgen, dass in bestimmten Bereichen ein einheitlicher Mindestschutz festgelegt wird.

Weitere Begründungen zum Thema Mindestschutz enthalten die Erwägungsgründe der ATAD nicht.

Die ATAD postuliert aber noch eine Reihe von allgemeinen und grundsätzlichen Zielen. Dazu gehört es, „Gewinnverkürzungen" entgegenzuwirken.[102] Die geforderte wirksame Verhinderung von Gewinnverlagerung kann nur dann erfolgreich umgesetzt werden, wenn ein Unterschreiten der durch die ATAD gesetzten Anforderungen unzulässig ist.

Jedes Abweichen von den Vorgaben der ATAD zugunsten eines Steuerpflichtigen muss danach als Verstoß gegen das Mindestschutzniveau des Art. 3 ATAD gewertet werden.

Daraus ergibt sich die Pflicht bei der nationalen Umsetzung für den Einzelfall zu prüfen, ob die nationale Regelung mindestens zu einem zu versteuernden Einkommen (um bei der deutschen Terminologie zu bleiben) in Höhe des bei Anwendung der ATAD errechneten zu versteuernden Einkommens gelangt.[103]

---

[101] Vgl. Richtlinie (EU) 2016/1164 des Rates v. 12.07.2016 mit Vorschriften zur Bekämpfung von Steuervermeidungspraktiken mit unmittelbaren Auswirkungen auf das Funktionieren des Binnenmarkts, ABl. 2016 L 193, Erwägungsgrund 3.

[102] Vgl. Richtlinie (EU) 2016/1164 des Rates v. 12.07.2016 mit Vorschriften zur Bekämpfung von Steuervermeidungspraktiken mit unmittelbaren Auswirkungen auf das Funktionieren des Binnenmarkts, ABl. 2016 L 193, Erwägungsgrund 5.

[103] Zu den weiteren Problemen die sich aus dieser Prüfung ergeben vgl. unten die Ausführungen zur Hinzurechnungsbesteuerung, E.II.5.b)cc).

c) Systematik

aa) Mindeststandard im Europarecht allgemein

Das Prinzip eines Mindeststandards ist für europäische Richtlinien nicht neu.[104] So gab es z. B. im Bankrecht bereits Richtlinien, die es Mitgliedstaaten ermöglicht haben, strengere als die vorgegebenen Vorschriften zu erlassen.[105] Dabei wurde jedoch zunächst nur in den Begründungserwägungen (und nicht in einem eigenständigen Artikel der Richtlinie) klargestellt, dass die Mitgliedstaaten auch strengere Maßnahmen erlassen könnten.[106] Eine eigene Regelung erhielt das Prinzip der Mindestharmonisierung z. B. im Wertpapierrecht. Art. 1 Abs. 2 der Richtlinie des Rates vom 15. März 1993 über die angemessene Eigenkapitalausstattung von Wertpapierfirmen und Kreditinstituten lautet:

> „Die Mitgliedstaaten können für Wertpapierfirmen und Kreditinstitute, die von ihnen zugelassen werden, zusätzliche oder strengere Vorschriften vorsehen".[107]

Conrad unterscheidet bei der Mindestharmonisierung zwischen zwei Angleichungskonzepten:[108] Zum einen sieht sie eine Mindestharmonisierung, die einen einheitlichen europäischen Standard festlegt, bei dem die Mitgliedstaaten aber im Sinne einer Inländerdiskriminierung schärfere Vorschriften auf nationaler Ebene vorgeben können, die aber auch nur für z. B. im Inland erzeugte Produkte oder für Bürger aus dem jeweiligen Mitgliedstaat gelten (Mindestharmonisierung als Basis Gegenseitiger Anerkennung).[109] Zum anderen Vorschriften, die einen europaweiten, einheitlichen Mindeststandard festlegen, bei dem die Mitgliedstaaten aber schärfere Vorschriften erlassen können, die dann europaweite Geltung beanspruchen (Mindestharmonisierung mit der Möglichkeit der auch im grenzüberschreitenden Rechtsverkehr bindenden Schutzverstärkung).[110] Es besteht damit keine Pflicht zur Anerkennung von Regelungen anderer Mitgliedstaten. Gleichzeitig ist die Anwendung der nationalen Vorschriften nicht auf Inlandssachverhalte beschränkt, sondern gelten auch gegenüber Marktbürgern anderer Mitgliedstaaten.[111]

Das erste Konzept diene der Verwirklichung der Marktfreiheiten.[112] Das zweite Konzept diene lediglich einer Angleichung von Wettbewerbsbedingungen, wobei

---

[104] Vgl. Wagner, Das Konzept der Mindestharmonisierung, 2001.

[105] Vgl. Wagner, Das Konzept der Mindestharmonisierung, 2001, 186 ff. m. w. N.

[106] Vgl. RL 77/780/EWG Abl. 1977, L 322, 30 ff., Erwägungsgrund 8. Vgl. dazu auch Wagner, Das Konzept der Mindestharmonisierung, 2001, 187 ff.

[107] Vgl. RL 93/6/EWG, ABl. 1993, L 141, S. 1 ff., vgl. auch Wagner, Das Konzept der Mindestharmonisierung, 2001, 192 f.

[108] Vgl. Conrad, Das Konzept der Mindestharmonisierung, 81 f.

[109] Vgl. Conrad, Das Konzept der Mindestharmonisierung, 81, 82 ff.

[110] Vgl. Conrad, Das Konzept der Mindestharmonisierung, 82, 167 ff.

[111] Vgl. Conrad, Das Konzept der Mindestharmonisierung, 82.

[112] Vgl. Conrad, Das Konzept der Mindestharmonisierung, 82.

die Ländergrenzen weiterhin ebenfalls die Grenze für die Anwendung der jeweiligen Rechtsordnung darstellen.[113]

bb) Mindeststandard im Bereich des Steuerrechts

Auch im Steuerrecht kam das Konzept der Mindestharmonisierung bereits zur Anwendung, vor allem im Bereich der indirekten Steuern.[114] So wurde gemäß Art. 1 der Richtlinie des Rates vom 19. Oktober 1992 zur Ergänzung des gemeinsamen Mehrwertsteuersystems und zur Änderung der Richtlinie 77/388/EWG (Annäherung der MwSt-Sätze) ein Mindeststeuersatz von 15 % bzw. ein ermäßigter Mindeststeuersatz von 5 % eingeführt.[115]

Bei der Umsatzsteuer und anderen allgemeinen Verbrauchsteuern wichen die Regelungen der einzelnen Mitgliedstaaten teilweise stark voneinander ab.[116] Durch den grenzüberschreitenden Warenverkehr als essenziellem Teil des Binnenmarktes (und einer der Schritte im Rahmen der EU, der umgesetzt wurde) war aber der Bereich der Verbrauchsteuern von enormer täglicher Relevanz. Wenn Einfuhrbeschränkungen abgebaut werden sollten[117], dann gehört dazu auch, entsprechende bürokratische Hindernisse wie Systeminkongruenzen im Bereich der indirekten Steuern abzubauen. Dadurch wurden z. B. im Bereich der Umsatzsteuer einheitliche Regelungen aufgestellt, bei denen lediglich der Steuersatz variabel ist, aber durch einen Mindeststandard, nämlich die oben aufgeführten Sätze, begrenzt ist.

Im Bereich der Energiesteuern wurde durch die Energiesteuerrichtlinie[118], gestützt auf Art. 93 EG (nunmehr Art. 113 AEUV), eine Mindestbesteuerung für elektrischen Strom und Energieerzeugnisse eingeführt. Erhebliche Abweichungen zwischen den nationalen Energiesteuerbeträgen könnten sich nämlich als abträglich für das reibungslose Funktionieren des Binnenmarktes erweisen.[119] Dabei wurde jedoch den Mitgliedstaaten bei der Ausgestaltung weitgehend freie Hand gelassen, solange die Gesamtheit der als indirekte Steuern erhobenen Abgaben die gemeinschaftlichen Mindeststeuerbeträge nicht unterschreite.[120] Dabei geht es jedoch im Wesentlichen nur um die Höhe bestimmter Steuern, nicht um das Vorhandensein bestimmter Regelungsmechanismen. So heißt es in Art. 4 Abs. 1 der Richtlinie:

> „Die Steuerbeträge […] dürfen die in dieser Richtlinie vorgesehenen Mindeststeuerbeträge nicht unterschreiten“.

---

[113] Vgl. Conrad, Das Konzept der Mindestharmonisierung, 82.

[114] Vgl. Wagner, Das Konzept der Mindestharmonisierung, 207 ff.

[115] Vgl. RL 92/77/EWG, Abl. 1992, L 316, 1 ff.

[116] Vgl. Wagner, Das Konzept der Mindestharmonisierung S. 208 m. w. N.

[117] Vgl. z. B. bereits Vertrag über die Europäische Union (92/C 191/01), Amtsblatt Nr. C 191 vom 29/07/1992 S. 0001–0110, Art. 3 Buchst. a.

[118] Vgl. RL 2003/96/EG vom 27. 10. 2003, Abl 2003, L 283/51.

[119] Vgl. RL 2003/96/EG vom 27. 10. 2003, Abl 2003, L 283/51, Erwägungsgrund 3.

[120] Vgl. RL 2003/96/EG vom 27. 10. 2003, Abl 2003, L 283/51, Erwägungsgrund 10.

cc) Bewertung und Anwendung

Die bisherigen Mindestharmonisierungsmaßnahmen im Bereich des Steuerrechts führen in ihrem jeweiligen Bereich dazu, dass Leistungen oder Prozesse mindestens mit einem bestimmten einheitlichen Satz belastet werden. Zusätzlich werden die Anwendungsvorschriften vereinheitlicht, sodass es einen grundsätzlich einheitlichen Standard gibt.

Das würde für die ATAD bedeuten, dass das Mindestschutzniveau einen bestimmten Steuerbetrag fordert, der nicht unterschritten werden darf.

Das Mindestschutzniveau der ATAD ist jedoch aus mehreren Gründen nur begrenzt mit den anderen Mindestharmonisierungsmaßnahmen vergleichbar. So stellt z. B. die MwStSystRL ein in sich (ab)geschlossenes System dar. Die ATAD gibt hingegen in fünf Bereichen punktuelle Regelungen vor. Jede dieser Regelungen hat einen anderen Anwendungsbereich und eine andere Funktionsweise. Lediglich gemein ist, dass sie einen Einfluss auf die Körperschaftsteuer-Bemessungsgrundlage haben können.

Weiter dient die Mindestharmonisierung regelmäßig als Vereinheitlichung von bestehenden Vorschriften. Die ATAD gibt den Mitgliedstaaten jedoch teilweise die Einführung von für manche Staaten völlig neuen Besteuerungskonzepten vor (so fehlte es z. B. in Tschechien vor der ATAD an Vorschriften über eine Hinzurechnungsbesteuerung).

Einen Steuersatz gibt die ATAD dagegen im Unterschied zu anderen steuerrechtlichen Mindestharmonisierungsvorschriften nicht vor.

Darüber hinaus dient ein Mindeststandard oftmals der direkten Verwirklichung der Grundfreiheiten.[121] Das ist bei der ATAD nicht der Fall. Damit handelt es sich bei der ATAD nach der Unterteilung von Conrad eher um den Fall der Angleichung von Wettbewerbsbedingungen. In dem Falle muss der Mindeststandard dafür sorgen, dass für alle Marktteilnehmer ein gleicher Schutz bzw. eine gleiche Belastung erreicht wird.

Es kommt also darauf an, dass die nationalen Vorschriften nicht zu einer niedrigeren Steuerbemessungsgrundlage führen als unter Anwendung der Vorschriften der ATAD. Dabei steht es den Mitgliedstaaten unter Berücksichtigung des Mindeststandards jedoch frei, einen beliebig niedrigen Steuersatz festzusetzen, der dann zu einer entsprechend niedrigen Steuerlast führt.

d) Historie

Da die ATAD in mehreren Punkten ein Novum ist, bestehen kaum Anhaltspunkte für eine historische Auslegung. Es wurden zwar bereits mehrfach Initia-

---

[121] Vgl. dazu oben E.II.3.c)aa).

tiven ergriffen und Vorschläge erarbeitet, um eine weitgehende Harmonisierung im Bereich der direkten Steuern zu erreichen, wie z. B. im Rahmen der Vorschläge für eine „Gemeinsame Konsolidierte Körperschaftsteuer-Bemessungsgrundlage" (GKKB).[122] Diese können aber mangels tatsächlicher Rechtskraft nur bedingt zur Auslegung herangezogen werden.

Innerhalb der Genese der ATAD selbst lautete der Entwurf der Mindeststandardklausel zunächst wie folgt:

> „This directive sets out minimum standards and shall not preclude the application of domestic or agreement-based provisions aimed at preventing base erosion and profit shifting".[123]

In der Begründung zu diesem Vorschlag[124] heißt es dazu, dass die Vorschrift angelehnt sei an den früheren Abs. 4 der GAAR in Art. 5 der Richtlinie. Danach sollte ein Mindeststandard von einheitlichen Anti-BEPS-Vorschriften auf Basis der OECD-Empfehlungen eingeführt werden. Wichtiger sei daran aber, dass die Mitgliedstaaten über diesen Standard hinausgehen könnten und/oder einfach ihre bisherigen Regelungen beibehalten könnten, solange sie über dieses Minimum hinausgingen.

Der Richtlinienvorschlag vom 28.01.2016 enthielt dann die folgende Formulierung:

> „Diese Richtlinie berührt nicht die Anwendung einzelstaatlicher oder vertraglicher Bestimmungen zur Gewährleistung eines höheren Maßes an Schutz der inländischen Körperschaftsteuer-Bemessungsgrundlagen."[125]

Ausführungen oder eine Begründung für den Wechsel der Formulierung fehlen. In der Begründung wird in Erwägungsgrund 3[126] angeführt, dass das Ziel zur Anhebung des durchschnittlichen Schutzniveaus gegen aggressive Steuerplanung im Binnenmarkt über die Gewährleistung eines EU-weiten Mindestschutzes für die nationalen Körperschaftsteuersysteme erreicht werden könnte. Es bedürfe einer Koordinierung des Vorgehens der Mitgliedstaaten bei der Umsetzung der Ergeb-

---

[122] Vgl. KOM (2011) 121, Vorschlag für eine Richtlinie des Rates über eine Gemeinsame Konsolidierte Körperschaftsteuer-Bemessungsgrundlage (GKKB).

[123] Vgl. Art. 2, Richtlinienvorschlag für eine CCCTB vom 02.12.2015, 14544/15.

[124] Vgl. Proposal for a Council Directive on a Common Consolidated Corporate Tax Base (CCCTB) – Explanatory notes vom 02.12.2015, 14544/15 ADD 1.

[125] Vgl. Art. 3, Vorschlag für eine Richtlinie des Rates mit Vorschriften zur Bekämpfung von Steuervermeidungspraktiken mit unmittelbaren Auswirkungen auf das Funktionieren des Binnenmarktes vom 28.01.2016, COM(2016) 26 final.

[126] Vgl. Vorschlag für eine Richtlinie des Rates mit Vorschriften zur Bekämpfung von Steuervermeidungspraktiken mit unmittelbaren Auswirkungen auf das Funktionieren des Binnenmarktes vom 28.01.2016, COM(2016) 26 final.

nisse der 15 BEPS-Aktionspunkte für eine wirksamere Bekämpfung von Steuervermeidungspraktiken im Binnenmarkt als Ganzem.[127]

In den vorgehenden Ausführungen heißt es dazu noch, dass die Richtlinie über einen Mindestschutz für die Körperschaftsteuersysteme aller Mitgliedstaaten gleiche Ausgangbedingungen schaffen solle.[128]

Die ursprüngliche Formulierung war aufgrund ihrer Ungenauigkeit deutlich „weicher". Die Art, wie „BEPS" verhindert wird, kann nämlich vielschichtig und vom Einzelfall abhängig sein. So mag eine Regelung in einem Drittel der Fälle einen geringeren Schutz, in zwei Dritteln der Fälle aber einen deutlich höheren Schutz bieten. Eine solche Vorschrift könnte nach der ursprünglichen Formulierung grundsätzlich weiter Anwendung finden.

Die Körperschaftsteuer-Bemessungsgrundlage ist hingegen ein bezifferbarer Wert, an dem genau erkennbar ist, ob eine Maßnahme zu einem höheren oder niedrigeren Schutz, mit anderen Worten einer höheren oder niedrigeren Zahl führt.

e) Zusammenfassung

Fraglich ist, ob es bei der Vorschrift wirklich geboten oder erlaubt ist, eine derartig genaue Analyse vorzunehmen. Wie in den Versionen und den einzelnen Begründungen anklingt, sollte überhaupt ein gewisses Schutzniveau geschaffen werden.[129] Dann würde es ausreichen, dass in einer Gesamtschau aller Fälle ein höherer Schutz der Körperschaftsteuer-Bemessungsgrundlage erreicht wird.

Wie den Ausführungen aber auch zu entnehmen ist, soll eine Fragmentierung der mitgliedstaatlichen Regelungen verhindert werden und insbesondere auch die Möglichkeit, Inkongruenzen auszunutzen, ausgeschlossen werden. Auch wenn eine bestimmte Maßnahme in ihrer Gesamtschau sogar ein höheres Maß an Schutz bietet, in Einzelfällen aber ein geringeres Maß an Schutz aufweist, würde genau dieses Szenario eintreten können.

Letztlich kann es nur auf den Einzelfall ankommen. Denn ob eine Maßnahme in ihrer Gesamtschau einen höheren oder niedrigeren Schutz bietet, kann vom Zufall abhängen und sich von Jahr zu Jahr unterscheiden. So könnte eine Vorschrift im ersten Jahr zu einer deutlich höheren Körperschaftsteuer-Bemessungsgrundlage führen, durch Umstände wie z. B. Umstrukturierungen bei den Unternehmen oder Änderungen der aktuellen Wirtschaftslage, im zweiten Jahr aber zu einer deutlich

---

[127] Vgl. Erwägungsgrund 3, Vorschlag für eine Richtlinie des Rates mit Vorschriften zur Bekämpfung von Steuervermeidungspraktiken mit unmittelbaren Auswirkungen auf das Funktionieren des Binnenmarktes vom 28.01.2016, COM(2016) 26 final.

[128] Vgl. Vorschlag für eine Richtlinie des Rates mit Vorschriften zur Bekämpfung von Steuervermeidungspraktiken mit unmittelbaren Auswirkungen auf das Funktionieren des Binnenmarktes vom 28.01.2016, COM(2016) 26 final, S. 4.

[129] Vgl. dazu oben E.II.3.b).

niedrigeren. Ohne eine Änderung der Regelung selbst würde diese dann im ersten Jahr nicht gegen Art. 3 ATAD verstoßen, im zweiten Jahr hingegen schon. Das kann nicht sein.

Vor diesem Hintergrund ist dem Mindestschutz eine wesentliche Bedeutung beizumessen, die dazu führt, dass jede Maßnahme, die im Einzelfall bei der Berechnung zu einer geringeren Körperschaftsteuer-Bemessungsgrundlage führen könnte, nicht richtlinienkonform ist.

f) Ergebnis

Der Mindeststandard in Art. 3 der ATAD ist dahingehend auszulegen, dass er nationale Vorschriften verbietet, die (im Einzelfall) bei ihrer Anwendung eine geringere Körperschaftsteuerbemessungsgrundlage ergeben, als sich bei Anwendung der Vorschriften der ATAD ergeben hätte.

4. Allgemeine Missbrauchsvermeidungsklausel

Nach Art. 6 ATAD werden unangemessene Gestaltungen, bei denen der wesentliche Zweck oder einer der wesentlichen Zwecke darin besteht, einen steuerlichen Vorteil zu erlangen, der dem Ziel oder Zweck des geltenden Steuerrechts zuwiderläuft, bei der Berechnung der Körperschaftsteuerschuld nicht berücksichtigt. Der Tatbestand enthält damit objektive und subjektive Merkmale. Objektiv ist zu ermitteln, ob eine Gestaltung unangemessen ist. Subjektiv ist der Zweck der Gestaltung zu ermitteln.

Die allgemeine Vorschrift zur Verhinderung von Missbrauch soll dabei für Fälle gelten, in denen noch keine besonderen Missbrauchsvermeidungsvorschriften bestehen, und soll nur zur Verhinderung von Missbrauch mittels unangemessener Gestaltungen anzuwenden sein.[130] Darüber hinaus soll „der Steuerpflichtige das Recht haben, die steuereffizienteste Struktur für seine geschäftlichen Angelegenheiten zu wählen".[131]

Die Vorschriften sollen gleichermaßen im Inland, innerhalb der EU und gegenüber Drittländern angewandt werden.[132] Danach wäre die Anwendung nicht auf

[130] Vgl. Richtlinie (EU) 2016/1164 des Rates v. 12.07.2016 mit Vorschriften zur Bekämpfung von Steuervermeidungspraktiken mit unmittelbaren Auswirkungen auf das Funktionieren des Binnenmarkts, ABl. 2016 L 193, Erwägungsgrund 11.

[131] Vgl. Richtlinie (EU) 2016/1164 des Rates v. 12.07.2016 mit Vorschriften zur Bekämpfung von Steuervermeidungspraktiken mit unmittelbaren Auswirkungen auf das Funktionieren des Binnenmarkts, ABl. 2016 L 193, Erwägungsgrund 11.

[132] Vgl. Richtlinie (EU) 2016/1164 des Rates v. 12.07.2016 mit Vorschriften zur Bekämpfung von Steuervermeidungspraktiken mit unmittelbaren Auswirkungen auf das Funktionieren des Binnenmarkts, ABl. 2016 L 193, Erwägungsgrund 11.

grenzüberschreitende Sachverhalte beschränkt und die Vorschrift könnte bei reinen Inlandssachverhalten anzuwenden sein.[133]

Unklar ist, wann eine Gestaltung als unangemessen zu betrachten ist. Nach den Erwägungsgründen haben die Mitgliedstaaten die Möglichkeit, alle triftigen wirtschaftlichen Gründe, einschließlich finanzieller Tätigkeiten, zu berücksichtigen. Ob auch eine Verpflichtung zur Berücksichtigung besteht, ist unklar. Art. 6 Abs. 2 ATAD sieht eine Gestaltung oder Abfolge von Gestaltungen in dem Umfang als unangemessen, als sie nicht aus triftigen wirtschaftlichen Gründen vorgenommen wurde, die die wirtschaftliche Realität widerspiegeln.

Der EuGH hat bisher eine Missbrauchsabwehr nur dann als zulässig erachtet, wenn sie der Abwehr rein künstlicher, jeder wirtschaftlichen Realität barer Gestaltungen dient, deren Zweck ist, der Steuer zu entgehen, die normalerweise für solche Tätigkeiten im Inland geschuldet wird.[134] Der Wortlaut des Art. 6 ATAD geht damit über die Formel des EuGH hinaus.

Wann ein wirtschaftlicher Grund triftig ist, ist ebenfalls unklar und wird anhand von Einzelfällen zu beurteilen sein. Wie die Handhabung der Vorschrift in den einzelnen Mitgliedstaaten tatsächlich erfolgt, bleibt abzuwarten.

Zusätzlich muss der wesentliche oder einer der wesentlichen Zwecke darin liegen, einen steuerlichen Vorteil zu erlangen, der dem Ziel oder Zweck des geltenden Steuerrechts zuwiderläuft. Es ist unklar, welches das geltende Steuerrecht sein soll. Gerade bei unangemessenen Abfolgen von Gestaltungen kann es sein, dass mehrere Steuerrechtsordnungen betroffen sind und der Vorteil sich überhaupt erst aus dem Gesamtspiel von zwei oder mehr Steuerrechtssystemen ergibt. Dabei kann es aber auch sein, dass Teile der Gestaltung innerhalb des jeweiligen geltenden Steuerrechts den Zielen oder Zwecken dieses Steuerrechts gar nicht zuwiderlaufen.

Unklar ist damit auch, ob die Vorschrift Doppelbesteuerung verhindern kann. Wenn eine Gestaltung oder Abfolge von Gestaltungen von allen Mitgliedstaaten nicht berücksichtigt wird, kommt es im Zweifel nicht zu einer Doppelbesteuerung. Wenn die Gestaltung aber in manchen Mitgliedstaaten steuerwirksam und in anderen Mitgliedstaaten nicht berücksichtigt wird, so kommt es zu einer Doppelbesteuerung.

---

[133] Vgl. dazu kritisch auch Musil, in: Musil/Weber-Grellet, Europäisches Steuerrecht, 2019, Art. 6 ATAD Rn. 16.

[134] Vgl. EuGH, Urteil vom 12.09.2006 – Rs- C-196/04 – Cadburry Schweppes, Slg. 2006 I-07995, Rn. 55.

Beispiel:
Die H-GmbH setzt eine Gestaltung auf, die ihre Steuerlast in H von 300.000 € auf 150.000 € senkt, dadurch, dass Gewinne in Höhe von 500.000 nunmehr in N erzielt werden (und dort mit 9 % versteuert werden, Steuerlast 45.000 €). Insgesamt beträgt die Steuerlast 195.000 €. Die Gestaltung wird in H nicht anerkannt, in N allerdings schon. Die Steuerlast beträgt dann 300.000 € in H und 45.000 € in N, insgesamt 345.000 €.

5. Hinzurechnungsbesteuerung

Art. 7 und 8 ATAD enthalten Vorschriften für eine Hinzurechnungsbesteuerung. Bezeichnend ist bereits, dass diese Regelung (wohlgemerkt immer noch unzureichend) zwei Artikel erfordert. Im Folgenden wird zunächst der Tatbestand der Vorschrift dargestellt und die unterschiedlichen Rechtsfolgen erläutert und – soweit erforderlich – einer kurzen Auslegung unterzogen. Anschließend wird auf die Funktionsweise der Hinzurechnung eingegangen und ein kurzes Fazit gezogen.

a) Tatbestand

Gem. Art. 7 Abs. 2 ATAD bezieht ein Mitgliedstaat gewisse Einkünfte von beherrschten ausländischen Unternehmen in die Steuerbemessungsgrundlage eines inländischen Steuerpflichtigen ein. Nach Art. 7 Abs. 1 ATAD kann ein beherrschtes ausländisches Unternehmen i. S. d. Vorschrift nur vorliegen, wenn es im Mitgliedstaat nicht der Steuer unterliegt oder steuerbefreit ist.

Ein beherrschtes ausländisches Unternehmen liegt vor, wenn kumulativ eine Beherrschung sowie eine niedrige Besteuerung vorliegen. Ein beherrschtes ausländisches Unternehmen kann aber auch vorliegen bei einer lediglich niedrig besteuerten Betriebsstätte.

aa) Beherrschung

Der im Mitgliedstaat Steuerpflichtige hält selbst oder zusammen mit seinen verbundenen Unternehmen unmittelbar oder mittelbar mehr als 50 % der Stimmrechte oder hält unmittelbar oder mittelbar mehr als 50 % des Kapitals oder hat Anspruch auf mehr als 50 % der Gewinne des Unternehmens.

Aus dem Wortlaut „selbst oder zusammen mit“ folgt zunächst, dass der Steuerpflichtige selbst eine Beteiligung an dem ausländischen Unternehmen halten muss.[135] Allerdings reicht es aus, wenn diese Beteiligung mittelbar besteht. Dabei

[135] Unklar insoweit Musil, in: Musil/Weber-Grellet, Europäisches Steuerrecht, 2019, Art. 7 ATAD Rn. 6: „er [der Steuerpflichtige] zusammen mit“ spricht ebenfalls dafür, dass der Steuerpflichtige eine eigene (mittelbare) Beteiligung haben muss. Musil geht aber insoweit davon aus, dass es ggf. ausreicht, wenn lediglich eine dem Steuerpflichtigen nahestehende

reicht die kleinstmögliche Beteiligung insoweit aus. Die Anteile einer Schwester- oder Muttergesellschaft reichen für die Begründung der eigenen Beteiligung nicht aus.

Die Höhe der Beteiligung muss 50 % betragen. Dabei werden jedoch die Beteiligungen von verbundenen Unternehmen hinzugerechnet. Verbundene Unternehmen sind nach der Definition in Art. 2 Abs. 4 ATAD Mutter-, Tochter- und Schwestergesellschaften, bei denen ein Beteiligungszusammenhang von mittelbar oder unmittelbar 25 % an Stimmrechten, Kapital oder Gewinnansprüchen besteht.

Dieses Beherrschungskriterium gilt dem Wortlaut nach nicht für Betriebsstätten.

bb) Niedrige Besteuerung

Eine niedrige Besteuerung liegt vor, wenn die Differenz aus der im Inland hypothetisch entrichteten Körperschaftsteuer und der im Ausland entrichteten Körperschaftsteuer höher ist als die im Ausland entrichtete Körperschaftsteuer. Das ist ab einem Steuerniveau von 50 % des inländischen Steuerniveaus oder geringer der Fall. Relevant ist dabei nur die Körperschaftsteuer. Andere Steuerarten werden in die Berechnung nicht mit einbezogen. Dabei kommt es nicht auf die gesetzlichen Steuersätze, sondern auf die tatsächlich entrichtete Steuer an.

cc) Betriebsstätten

Unklar ist die Behandlung von Betriebsstätten nach der ATAD. Das Tatbestandsmerkmal „Beherrschung“ ist hier nicht anzuwenden (die Ausführungen zur Beherrschung in Art. 7 Abs. 1 Buchst a. ATAD gelten nur für „Unternehmen“). Das könnte daran liegen, dass eine Betriebsstätte regelmäßig keine rechtlich-eigenständige Einheit ist, an der unterschiedliche Personen beteiligt sein könnten. Weiter stellt sich aber die Frage, ob nur unmittelbare Betriebsstätten oder auch mittelbare Betriebsstätten erfasst sind.

Interessant ist die Unterscheidung nämlich für die Ausnahme bei der Berechnung der tatsächlich entrichteten Körperschaftsteuer. In Art. 7 Abs. 1 UAbs. 2 ATAD wird nämlich bei der Berechnung der Niedrigsteuergrenze die Betriebsstätte eines beherrschten ausländischen Unternehmens, die im Steuergebiet des beherrschten ausländischen Unternehmens nicht der Steuer unterliegt oder steuerbefreit ist, nicht berücksichtigt. Der Grund für diese Regelung ist nicht ganz klar. Sollte eine mittelbare Betriebsstätte nicht erfasst sein, wäre es möglich, der Hinzurechnungsbesteuerung zu entgehen, indem Einkünfte in eine Betriebsstätte in einem Niedrigsteuerland einer Tochtergesellschaft in einem Hochsteuerland verlagert werden,

Person beteiligt ist. Das mag nach deutschem Vorbild in Deutschland so umgesetzt werden, entspricht jedoch nicht den Vorgaben des Art. 7 Abs. 1 ATAD.

wobei in diesem Hochsteuerland ausländische Betriebsstätteneinkünfte steuerfrei gestellt werden.

Grundsätzlich ist es im deutschen Steuerrecht so, dass ohne weitere Ausführungen nur direkte Beteiligungen erfasst sind.[136] Das würde dafürsprechen, dass nur ausländische Betriebsstätten inländischer Steuerpflichtiger erfasst werden. Diese Regelung würde aber ebenfalls zu merkwürdigen Konsequenzen führen, da sie einen verdeckten Treaty-Override darstellen könnte, der jedenfalls nach deutschem Recht unzulässig wäre.[137] Denn angenommen, das Hochsteuerland schließt mit einem Niedrigsteuerland ein DBA, in dem das Besteuerungsrecht für Betriebsstätteneinkünfte dem anderen Staat zusteht, würde durch diese Regelung zur Hinzurechnungsbesteuerung dennoch eine Besteuerung im Hochsteuerland ausgelöst, obwohl das DBA eigentlich die Freistellung der Betriebsstätteneinkünfte vorsieht.

Beispiel:

H-GmbH im Hochsteuerland H hat eine Betriebsstätte in Niedrigsteuerland N. Das DBA zwischen H und N weist das Besteuerungsrecht für Betriebsstätteneinkünfte auch dem Betriebsstättenstaat zu und vermeidet die Doppelbesteuerung durch Freistellung im Sitzstaat. Allerdings werden die Betriebsstätteneinkünfte in N niedrig besteuert. H stellt die Betriebsstätteneinkünfte in N steuerfrei. Die Betriebsstätte erzielt lediglich passive Einkünfte. Die Einkünfte der Betriebsstätte werden also gem. Art. 7 Abs. 2 ATAD in die Steuerbemessungsgrundlage der H-GmbH in H einbezogen.[138]

Ebenfalls unklar ist die Behandlung von ausländischen Personengesellschaften, wenn man diese nicht als „Unternehmen“ sondern als anteilige Betriebsstätten der Gesellschafter versteht.[139] Gebhardt/Krüger würden in dem Fall dann den Beherrschungstatbestand prüfen. Diese Einschätzung ist abzulehnen. Aus der Systematik,

---

[136] Vgl. z.B. zur Vorschrift des § 138 Abs. 2 Satz 1 Nr. 1 AO Schnitger/Krüger/Berger, DStR 2020, 144, 146. Auch der BFH hat entschieden, dass mittelbare Vorgänge von einer Vorschrift nicht erfasst werden, wenn sie nicht ausdrücklich im Wortlaut benannt werden, BFH, Urteil vom 20.08.2003 – I R 61/01, BStBl. II 2004, 616.

[137] Auch wenn *treaty overrides* im Grundsatz verfassungsrechtlich zulässig sein mögen (BVerfG v. 15.12.2015 – 2 BvL 1/12, BVerfGE 141, 1), ist im Hinblick auf den in § 2 Abs. 1 AO geregelten Vorrang des Abkommensrechts nach wie vor zu verlangen, dass der Gesetzgeber eine abkommensüberschreibende Wirkung nach außen hin kenntlich macht (z.B. BFH v. 23.06.2010 – I R 71/09, BStBl. II 2011, 129) oder der „Durchbrechungswille“ jedenfalls auf andere Weise unmissverständlich zum Ausdruck kommt (vgl. Gosch, ISR 2018, 289, 296 m.w.N.). Fehlt es hieran oder verbleiben Zweifel, gebietet schon der Grundsatz der völkerrechtskonformen Auslegung, eine Regelung nach Möglichkeit dahingehend auszulegen, dass sie keinen *treaty override* darstellt. Vgl. zum Thema Treaty Override auch Gebhardt, Deutsches Tax Treaty Overriding.

[138] In Deutschland ist eine solche Gestaltung weniger relevant, da nach Art. 22 DE-VG für Betriebsstätteneinkünfte aus passiven Einkünften das Anrechnungsverfahren besteht, Art. 22 Abs. 1 lit. d) DE-VG. Dadurch kommt es bereits zu keiner Anwendung der Vorschriften über die Hinzurechnungsbesteuerung, da keine niedrige Besteuerung mehr vorliegt.

[139] Vgl. Gebhardt/Krüger u.a., in: Hagemann/Kahlenberg, ATAD Kommentar, 2018, Art. 7 Rn. 21; so auch Haase, ISR 2017, 349, 354.

den Beherrschungstatbestand grundsätzlich nicht bei Betriebsstätten anzuwenden, folgt, dass immer eine volle Zurechnung der Betriebsstätte erfolgen soll. Dies wäre auch bei einer Aufteilung bei einer ausländischen Personengesellschaft möglich. Jedem Gesellschafter würde dann, unabhängig von der Frage der Beherrschung, seine anteilige Betriebsstätte voll zugerechnet werden. Da aber die ATAD grundsätzlich nur auf körperschaftsteuerpflichtige Unternehmen und Betriebstätten anzuwenden ist, gebietet die Vorschrift hier keine Einbeziehung der Einkünfte von Personengesellschaften als Betriebsstätten. Sollte es insoweit durch eine unterschiedliche Qualifizierung des Unternehmens als transparent oder intransparent zur Besteuerungslücken kommen, wäre dies eine Frage der Vorschriften zur Anwendung bei hybriden Gestaltungen in Art. 9 ff. ATAD. Im Übrigen hätte es einer expliziten Regelung in Art. 7 f. ATAD bedurft, um eine solche Behandlung von Personengesellschaften vorzuschreiben.

b) Rechtsfolge

aa) Hinzurechnung bestimmter Einkünfte

Liegt eine niedrig besteuerte ausländische Betriebsstätte oder ein niedrig besteuertes ausländisches Unternehmen vor, werden nach Art. 7 Abs. 2 ATAD bestimmte Einkünfte des ausländischen Unternehmens oder der Betriebsstätte im Mitgliedstaat des Steuerpflichtigen in die Steuerbemessungsgrundlage einbezogen. Die Mitgliedstaaten haben dabei eine Wahlmöglichkeit, wie die hinzuzurechnenden Einkünfte bestimmt werden. Entweder können sie nicht ausgeschüttete Einkünfte aus einem Passivkatalog hinzurechnen (dazu (a)) oder sie rechnen nicht ausgeschüttete Einkünfte aus unangemessenen Gestaltungen (dazu (b)) hinzu. Beide Alternativen verfügen anschließend über unterschiedliche Escape-Klauseln.

Beiden Alternativen ist ebenfalls gemein, dass sie nur bei nicht ausgeschütteten Einkünften greifen. Damit findet die Hinzurechnungsbesteuerung bereits dann keine Anwendung, wenn das ausländische Unternehmen die erzielten Einkünfte an seine Muttergesellschaft ausschüttet und der Sitzstaat der Muttergesellschaft Dividenden von der Besteuerung freistellt.

Art. 22 DE-VG stellt Dividendeneinkünfte ab einer 10 %igen Mindestbeteiligung von der Besteuerung in Deutschland frei. Nach Art. 4 Abs. 1 der Mutter-Tochter-Richtlinie[140] werden Dividenden innerhalb der EU im Empfängerstaat ebenfalls freigestellt. Damit besteht innerhalb der EU nur ein begrenzter Anwendungsbereich für thesaurierte Einkünfte und Einzelfälle, in denen das Beherrschungsmerkmal über die Beteiligungskette der Großmuttergesellschaften vermittelt wird.

---

[140] Richtlinie 90/435/EWG des Rates vom 23. Juli 1990 über das gemeinsame Steuersystem der Mutter- und Tochtergesellschaften verschiedener Mitgliedstaaten, Abl. 1990, L 255, 6–9.

Beispiel:

Die H-GmbH hält 1 % der Stimmrechte an der niedrigbesteuerten N-B.V. Gesellschafter der H-GmbH sind zu jeweils 25 % die A-KapGes, B-KapGes C-KapGes und D-KapGes. Die A-KapGes hält 49 % der Stimmrechte der N-BV. Die B-KapGes hält 28 % der Stimmrechte der Z-BV. Die C-KapGes hält 21 % der Stimmrechte der N-BV, die D-KapGes hält 75 % der Gewinnanteile der N-BV.

Die Stimmrechte der A, B und C werden der H-GmbH für das Beherrschungskriterium zugerechnet, sodass die N-B.V. eine beherrschte ausländische Gesellschaft ist. Solange die N-B.V. ihre Gewinne ausschüttet, finden die Vorschriften der ATAD keine Anwendung. Allerdings werden die Dividenden an die H-GmbH mangels Erreichens der 10 %igen Beteiligungsschwelle nicht freigestellt.

Eine Vermeidung der Hinzurechnungsbesteuerung durch Dividendenzahlung funktioniert allerdings nur, wenn die Dividende im laufenden Jahr gezahlt wird. Das folgt aus der Regelung des Art. 8 Abs. 5 ATAD, der eine Regelung für eine spätere Ausschüttung enthält.

(1) Passivkatalog

Nach Art. 7 Abs. 2 lit. a) ATAD beziehen die Mitgliedstaaten nicht ausgeschüttete Einkünfte aus einem „Passivkatalog“ in die inländische Steuerbemessungsgrundlage mit ein.

Die ATAD definiert in diesem „Passivkatalog“ gewissermaßen die Einkünfte, für welche der Ort der Gewinnerwirtschaftung und der Wertschöpfung nicht im Ausland gesehen werden kann. Erfasst werden sechs Kategorien von Einkünften:

1. Zinsen oder sonstige Einkünfte aus Finanzanlagevermögen (Art. 7 Abs. 2 lit. a) i) ATAD),
2. Lizenzgebühren oder sonstige Einkünfte aus geistigem Eigentum (Art. 7 Abs. 2 lit. a) ii) ATAD),
3. Dividenden und Einkünfte aus der Veräußerung von Anteilen (Art. 7 Abs. 2 lit. a) iii) ATAD),
4. Einkünfte aus Finanzierungsleasing (Art. 7 Abs. 2 lit. a) iv) ATAD),
5. Einkünfte von Versicherungen und Banken und aus anderen finanziellen Tätigkeiten (Art. 7 Abs. 2 lit. a) v) ATAD) sowie
6. Einkünfte von Abrechnungsunternehmen, die Einkünfte aus dem Verkauf von Waren und der Erbringung von Dienstleistungen erzielen, die von verbundenen Unternehmen erworben oder an diese verkauft werden und keinen oder nur geringen wirtschaftlichen Mehrwert bringen (Art. 7 Abs. 2 lit. a) vi) ATAD).

Damit folgt der Katalog im Wesentlichen den Empfehlungen des OECD-Aktionsplans. Die ATAD erfasst allerdings Einkünfte von Abrechnungsunternehmen nur dann als schädlich, wenn es um den Verkauf von Waren und die Erbringung von Dienstleistungen an verbundene Unternehmen geht.

Die Festlegung eines „Passivkatalogs“ bedeutet im Umkehrschluss, dass alle nicht aufgelisteten Einkünfte aktiv sind und nicht der Hinzurechnungsbesteuerung unterliegen.

Die Vorschrift enthält allerdings eine Ausnahmeregelung. Danach findet die Vorschrift keine Anwendung, wenn das beherrschte ausländische Unternehmen gestützt auf Personal, Ausstattung, Vermögenswerte und Räumlichkeiten eine wesentliche wirtschaftliche Tätigkeit ausübt, was durch relevante Fakten und Umstände nachgewiesen werden muss. Der Begriff ausländisches Unternehmen umfasst dabei sowohl Unternehmen als auch Betriebsstätten.

Für die Ausnahme wird den Mitgliedstaaten eine Rückausnahme für den Fall geboten, dass das ausländische Unternehmen in einem Drittland ansässig oder belegen ist, das keine Vertragspartei des EWR-Abkommens ist, Art. 7 Abs. 2 Buchst. a a. E. ATAD.

Das bedeutet im Umkehrschluss aber, dass die Ausnahme innerhalb des EWR-Raumes verpflichtend ist und entgegen dem grundsätzlichen Postulat des Mindeststandards hier keine schärfere Regelung durch die Mitgliedstaaten erfolgen darf. Es handelt sich insoweit um ein lex specialis. Diese Regelung fußt sicherlich auf der Tatsache, dass der tatsächliche Ort der Wertschöpfung und Gewinnerwirtschaftung bei hinreichender Substanz tatsächlich im Ausland liegt, sodass kein Bedürfnis für die Anwendung von Hinzurechnungsbesteuerungsvorschriften besteht. Darüber hinaus wäre ansonsten ein Verstoß gegen die EU-Grundfreiheiten naheliegend (dazu im Einzelnen unten). Die Formulierung ist insoweit an die Rechtsprechung des EuGH – Cadbury Schweppes[141] angepasst. Ob diese Ausnahme auch für Betriebsstätten zwingend war, ist jedoch fraglich.[142]

Problematisch an dem Substanz-Escape ist seine Ungenauigkeit. Ob eine hinreichende Substanz besteht wird immer von den Umständen des Einzelfalls abhängen. Das ist auch abhängig von der Art der Einkünfte und der Art des Unternehmens. Weitere Faktoren können der aktuelle Stand gesellschaftlicher Arbeit sein. So ist es möglicherweise in Zukunft nicht mehr erforderlich eigene Geschäftsräume aufzuweisen, wenn die Arbeit von hinreichend vielen Arbeitskräften aus dem „Home Office“ erledigt werden kann. In der Rechtsprechung des EuGH wurden jedenfalls keine allzu hohen Anforderungen an die Substanz gestellt.[143]

---

[141] Vgl. EuGH, Urteil vom 12.09.2006 – Rs. C-196/04 – Cadbury Schweppes.

[142] Vgl. insoweit EuGH, Urteil vom 06.12.2007 – Rs. C-298/05 – Columbus Container, wonach eine Switch-over-Klausel die einen Wechsel von Freistellung zu Anrechnung als keinen Verstoß gegen die Grundfreiheiten angesehen hat.

[143] Vgl. EuGH, Urteil v. 03.10.2013 – Rs. C-504/16 und C-613/06 – Deister und Juhler Holding Rn. 63 ff., wonach die Regelung „nicht mit einem für ihren Geschäftszweck angemessen eingerichteten Geschäftsbetrieb am allgemeinen wirtschaftlichen Verkehr teilnimmt, wobei organisatorische, wirtschaftliche oder sonst beachtliche Merkmale der Unternehmen,

Vor diesem Hintergrund ist es auch unklar, ob der Escape im Rahmen einer Gesamtbetrachtung oder getrennt für jede Einkunftsart zu beurteilen ist. Beides kann im Einzelfall zu einer höheren oder niedrigeren Steuerbemessungsgrundlage führen.

> Beispiel:
>
> Ein Unternehmen hat Einkünfte aus Lizenzen und Finanzierungsleasing. Insgesamt verfügt es über ausreichend Substanz, nicht jedoch für die Lizenzeinkünfte für sich genommen. Bei einer Gesamtbetrachtung werden beide Einkünfte nicht als passiv bezeichnet, sodass die Hinzurechnungsbesteuerung nicht anzuwenden ist. Bei einer Einzelbetrachtung sind lediglich die Einkünfte aus Finanzierungsleasing nicht als passiv anzusehen. Die Lizenzeinkünfte unterliegen der Hinzurechnungsbesteuerung.

> Beispiel:
>
> Wie oben, das Unternehmen verfügt zwar bzgl. des Finanzierungsleasings über ausreichend Substanz, aber nicht insgesamt. Bei einer Gesamtbetrachtung sind beide Einkünfte als passiv der Hinzurechnungsbesteuerung zu unterwerfen. Bei einer Einzelbetrachtung unterliegen nur die Lizenzeinkünfte der Hinzurechnungsbesteuerung.

Der Wortlaut der Vorschrift „wenn“ im Gegensatz zu „soweit“ spricht dabei für eine Gesamtbetrachtung. Allerdings ist es fraglich, ob diese Auslegung mit den Grundfreiheiten vereinbar ist. Es erscheint nämlich fraglich, ob eine teilweise Verschiebung von passiven Einkünften zu einer Gesamtpönalisierung auch substanzieller passiver Einkünfte führen sollte.[144] Es würde gewissermaßen zu einer Infektion der substanziellen passiven Einkünfte kommen.

Die Vorschrift enthält auch eine Beweislastregelung zu Lasten des Steuerpflichtigen. Unklar sind dabei die genauen Anforderungen an das Beweismaß. So heißt es in Erwägungsgrund 12 der Richtlinie:

> „Es ist wichtig, dass die Finanzbehörden und die Steuerpflichtigen zusammenarbeiten, um die relevanten Fakten und Umstände im Hinblick auf die Bestimmung der Anwendbarkeit der Ausnahmeregelung zusammenzutragen.“

Nach den Vorgaben des Art. 7 Abs. 2 lit. a) ATAD bleibt damit unklar, wann die passiven Einkünfte mangels Substanz zugerechnet werden und wie der Steuerpflichtige eine hinreichende Substanz nachweisen kann.

---

die der gebietsfremden Muttergesellschaft nahestehen, außer Betracht bleiben. An einer eigenen Wirtschaftstätigkeit der gebietsfremden Muttergesellschaft fehlt es, wenn sie ihre Bruttoerträge aus der Verwaltung von Wirtschaftsgütern erzielt oder ihre wesentlichen Geschäftstätigkeiten auf Dritte überträgt“ zu weit ist, weil sie nicht auf rein künstliche Konstruktionen beschränkt ist.

[144] Vgl. dazu unten F.II.2.d)bb)(6)(j)(aa).

(2) Principal Purpose Test

Art. 7 Abs. 2 lit. b) ATAD enthält die zweite Alternative für die Hinzurechnung von Einkünften, nämlich den sog. Principal Purpose Test. Danach beziehen die Mitgliedstaaten die nicht ausgeschütteten Einkünfte des Unternehmens oder der Betriebsstätte aus unangemessenen Gestaltungen, deren wesentlicher Zweck darin besteht, einen steuerlichen Vorteil zu erlangen, in die Bemessungsgrundlage mit ein.

Entscheidet sich ein Mitgliedstaat für die Implementierung des Principal Purpose Tests, bedeutet das, dass es keine Unterscheidung zwischen aktiven und passiven Einkünften gibt. Sämtliche Einkünfte könnten erfasst werden, solange nach dem Test ein Missbrauchsfall vorliegt.

Der genaue Anwendungsbereich der Vorschrift ist aber unklar und bedarf einer näheren Auslegung:

(a) Gestaltung

Der Wortlaut der Vorschrift spricht von einer Gestaltung. Die Gestaltung könnte sich sowohl auf eine bestimmte gesellschaftsrechtliche Struktur als auch auf einen bestimmten Geschäftsvorfall beziehen. Ähnlich wie beim Passivkatalog könnte sich daraus eine Betrachtung ergeben, die sich auf die Gesellschaft und damit auf die gesamten Einkünfte oder aber auf einen bestimmten Vorgang und damit nur auf einen Teil der Einkünfte bezieht. Vor dem Hintergrund, dass die Vorschrift grundsätzlich eine Vielzahl von möglichen schädlichen Vorfällen erfassen soll ist aber auch eine weite Auslegung denkbar, die sowohl zustands- bzw. strukturbezogen als auch vorfallbezogen anzuwenden ist.[145]

Beispiel:

Übertragung von Vermögenswerten: Die Übertragung könnte als Vorfall unangemessen sein (vorfallbezogen). Es könnte unangemessen sein, dass der Vermögenswert sich anschließend woanders befindet (zustandsbezogen). Es könnte unangemessen sein, dass gerade eine bestimmte Gesellschaft an eine bestimmte andere Gesellschaft übertragen hat oder eine bestimmte Gesellschaft an der Gesellschaft beteiligt ist, die nun die Vermögenswerte hält (strukturbezogen).

(b) Unangemessenheit

Eine Gestaltung (oder Abfolge von Gestaltungen) gilt nach Art. 7 Abs. 2 lit. b) UAbs. 2 ATAD dann als unangemessen, wenn das Unternehmen oder die Betriebsstätte nicht selbst Eigentümer der Vermögenswerte wäre oder die Risiken, aus denen seine gesamten Einkünfte oder Teile davon erzielt werden, nicht eingegangen wäre, wenn es nicht von einer Gesellschaft beherrscht würde, deren Entschei-

[145] So auch Gebhardt/Krüger u. a., in: Hagemann/Kahlenberg, ATAD Kommentar, 2018, Art. 7 Rn. 213.

dungsträger die für diese Vermögenswerte relevanten Aufgaben ausführen, die für die Erzielung der Einkünfte des beherrschten Unternehmens ausschlaggebend sind.

Diese Formulierung erinnert an Formulierungen im Zusammenhang mit Fremdvergleichsgrundsätzen.[146] Es kommt dabei zunächst darauf an, ob Vermögenswerte oder Risiken so nur aufgrund des Beherrschungsverhältnisses bestehen bzw. eingegangen wurden. Das wird bereits schon wegen des Beherrschungstatbestands der Hinzurechnungsbesteuerung in der Regel bejaht werden können.

In einem zweiten Schritt kommt es aber darauf an, ob die damit verbundenen Personalfunktionen („deren Entscheidungsträger die relevanten Aufgaben ausführen", Art. 7 Abs. 2 lit. b) UAbs. 2 ATAD) vom beherrschenden Unternehmen ausgeführt werden.

Letzteres wäre z.B. dann der Fall, wenn die für die Verwaltung und Nutzung von Lizenzen erforderlichen Tätigkeiten von der beherrschenden Gesellschaft ausgeführt werden, während die CFC die Lizenzeinkünfte ohne weitere eigene Tätigkeiten erzielt. Erfasst werden damit letztlich Gestaltungen, bei denen es dem ausländischen Unternehmen oder der Betriebsstätte an „Substanz" fehlt. Der „Substanztest" im Rahmen des „Principal Purpose Tests" ist jedoch insofern weiter, als er primär nur die fehlende Substanz bei der Personalausstattung als substanzlos erfasst. Wäre also ausreichend Personal im o.g. Beispiel vorhanden, das allerdings von zu Hause arbeitet, so wäre möglicherweise ausreichend Substanz im Rahmen des „Principal Purpose Tests" vorhanden, nicht jedoch im Rahmen eines Substanztest nach Art. 7 Abs. 2 lit. a) ATAD.

Unklar ist jedoch die Reichweite der Vorschrift. Kommt es darauf an, dass das direkt beherrschende Unternehmen die Personalfunktionen ausführt oder reicht es aus, dass die Tätigkeiten von irgendeiner Gesellschaft in einer Beteiligungskette ausgeübt werden? Da auch eine Abfolge von Gestaltungen unangemessen sein kann, wird es nicht ausreichen, eine Zwischenholding zwischen das beherrschende und das beherrschte Unternehmen einzuziehen. Allerdings könnte man die Personalfunktionen auf eine Schwester-, Tochter- oder Muttergesellschaft des beherrschenden Unternehmens verlagern. Eine Schwestergesellschaft, die selbst weder unmittelbar noch mittelbar an der CFC beteiligt ist, ist jedoch kein beherrschendes Unternehmen.[147] Gleiches gilt für eine andere Tochtergesellschaft. Nach dem Wortlaut der Vorschrift gilt eine solche Gestaltung dann nicht mehr als unangemessen, weil die Personalfunktionen nicht von der beherrschenden Gesellschaft ausgeführt werden.

---

[146] Wie z.B. hier: „Auf Grundlage der Funktions- und Risikoanalyse werden die Betriebsstätte und das übrige Unternehmen so behandelt, als wären sie verbundene Unternehmen, die Funktionen ausüben, über Vermögenswerte verfügen, Risiken übernehmen sowie miteinander und mit anderen verbundenen und fremden Unternehmen Geschäfte tätigen." BMF-Schreiben vom 22.12.2016, BStBl. I 2017, 182 ff. – BMF IV B 5 – S 1341/12/10001 – 03 Nr. 2.1.1. Rn. 26.

[147] Vgl. dazu oben E.II.5.a)aa).

Verlagert man die Personalfunktionen auf eine Muttergesellschaft, so wird eine Zurechnung jedenfalls auf dieser Ebene erfolgen können, da auch sie als beherrschendes Unternehmen anzusehen ist.[148] Eine Hinzurechnung kann dann auf mehreren Ebenen erfolgen. Der Wortlaut verlangt nämlich nicht, dass die Personalfunktionen von einem bestimmten beherrschenden Unternehmen ausgeübt werden. Für die Frage der Unangemessenheit ist es ausreichend, dass die Personalfunktionen von einem beherrschenden Unternehmen ausgeübt werden.

Interessant sind an dieser Stelle auch die Auswirkungen bzw. die Wechselwirkungen mit Vorschriften wie dem AOA[149]. Denn nach den Grundsätzen des AOA bzw. nach Fremdvergleichsgrundsätzen könnte im Fall einer solchen unangemessenen Gestaltung bei einer Betriebsstätte auch nach den AOA-Grundsätzen eine Einkünftekorrektur vorzunehmen sein.[150] Dann lägen aber keine „nicht ausgeschütteten Einkünfte der Betriebsstätte" vor, sodass die ATAD-Vorschriften keine Anwendung fänden.

Unter diesen Voraussetzungen ist unklar, welchen Mehrwert die Formulierung im Rahmen der ATAD haben soll, da sie dann nur noch rein künstliche Gestaltungen erfassen kann, bei denen die Einkünfte eigentlich nicht der Betriebsstätte zugerechnet werden sollten.

Auch bei den ausländischen Unternehmen beschränkt sich der Anwendungsbereich von Art. 7 Abs. 2 lit. b) ATAD im Wesentlichen auf rein künstliche Gestaltungen.[151]

Eine Gestaltung wird daher wohl jedenfalls dann als unangemessen zu bewerten sein, wenn sie rein künstlich ist.

(c) Wesentlicher Zweck

Der Zweck einer Gestaltung ist ein subjektives Element des Gestaltenden. Es kommt also auf das vom Steuerpflichtigen mit der Gestaltung Gewollte an. In der Praxis wird das kaum nachweisbar sein. Lediglich anhand von objektiven Indizien wird auf eine Einstellung des Steuerpflichtigen geschlossen werden können. Die Vorschrift enthält allerdings keine Beweislastumkehr wie Art. 7 Abs. 2 lit. a) ATAD. Nach der Formulierung handelt es sich um ein steuerbegründendes Tatbestandsmerkmal, sodass die Finanzverwaltung insoweit grundsätzlich die Feststellungslast trägt.

---

[148] Vgl. dazu oben E.II.5.a)aa).

[149] Vgl. zur Abgrenzung bei Betriebsstätten Glatz, Abgrenzungsmaßstäbe im Abkommensrecht.

[150] Vgl. zur Aufteilung von Gewinnen bei Betriebsstätten in Deutschland BMF-Schreiben vom 22.12.2016, BStBl. I 2017, 182 ff. – BMF IV B 5 – S 1341/12/10001 – 03.

[151] Im Ergebnis so auch Gebhardt/Krüger u.a., in: Hagemann/Kahlenberg, ATAD Kommentar, 2018, Art. 7 Rn. 218.

Nach der Rechtsprechung des EuGH muss die Finanzbehörde einen konkreten Anfangsbeweis für die Annahme eines Missbrauchs erbringen, bevor der Steuerpflichtige zusätzliche eigene Beweise vorbringen muss.[152]

Der Wortlaut spricht von „dem" wesentlichen Zweck, nicht von „einem" wesentlichen Zweck. Das bedeutet, dass bereits ein weiterer außersteuerlicher wesentlicher Zweck die Anwendung der Hinzurechnungsbesteuerung ausschließt.

Allerdings ist fraglich, ob diese Auslegung im Einklang mit der Rechtsprechung des EuGH steht. Nach der Rechtsprechung des EuGH[153] ist nämlich das Bestreben, eine möglichst niedrige Steuer zu zahlen, an sich noch nicht verwerflich. Tatsächlich wird der Vorstand oder Geschäftsführer den Gesellschaftern gegenüber regelmäßig dazu verpflichtet sein, Gestaltungen zu wählen, bei denen das Unternehmen eine möglichst geringe Steuerlast tragen muss.[154]

(d) Steuerlicher Vorteil

Ob eine Gestaltung einen steuerlichen Vorteil verursacht, muss anhand eines Vergleichs mit einer vergleichbaren Alternative ermittelt werden. Die Bestimmung eines Vergleichspaares ist dabei schwierig. Jedenfalls ist das bloße Hinwegdenken der Gestaltung nicht notwendigerweise das richtige Vergleichspaar, wenn es für den Steuerpflichtigen andere wirtschaftliche Folgen oder Voraussetzungen mitsichbringen würde.

Der steuerliche Vorteil liegt danach nur dann vor, wenn die vergleichbare Alternative zu einer höheren Steuer geführt hätte und nicht allein deshalb, weil das Hinwegdenken der Gestaltung zu einer höheren Steuer führen würde.

(e) Sonstiges

Bemerkenswert ist, dass der Principal Purpose Test auch im Drittstaatenfall Anwendung finden soll, während im Rahmen des Passivkatalogs der Substanztest nach Wahl der Mitgliedstaaten im Drittstaatenfall nicht anzuwenden ist. Es fehlt dadurch an einer Formulierung, die den Mitgliedstaaten verbieten würde, strengere

[152] Vgl. EuGH, Urteile vom 07.09.2017 – Rs. C-6/16 – Eqiom, Rn. 32; vom 20.12.2017 – verb. Rs. C-504/16 und C-613/16 – Deister und Juhler Holding, Rn. 62; vom 08.03.2017 – Rs. C-14/16 – Euro Park Service, Rn. 55 f. So auch Gebhardt/Krüger u. a., in: Hagemann/Kahlenberg, ATAD Kommentar, 2018, Art. 7 Rn. 215.

[153] Vgl. EuGH, Urteile vom 21.02.2006 – Rs. C-255/02 – Halifax plc, Slg. 2006, I-01609, Rn. 73; vom 21.11.2002 – Rs. C-436/00 – X und Y, Slg. 2002, I-10829, Rn. 44 f.; Urteil vom 12.09.2006 – Rs. C-196/04 – Cadbury Schweppes, Slg. 2006, I-07995, Rn. 49 m. w. N.; vgl. auch Böing, EWS 2007, 55, 56; Seer/Thulfaut/Müller, EWS 2007, 289, 302.

[154] So hat der Vorstand einer AG die Sorgfalt eines ordentlichen und gewissenhaften Geschäftsleiters anzuwenden, § 93 Abs. 1 Satz 1 AktG. Vgl. dazu auch Schrage, Aktienrechtliche Pflichten und Haftung von Vorstand und Aufsichtsrat in Bezug auf Steuergestaltungen, S. 216; vgl. auch Gebhardt/Krüger u. a., in: Hagemann/Kahlenberg, ATAD Kommentar, 2018, Art. 7 Rn. 216.

Maßnahmen als durch die ATAD vorgegeben anzuwenden. Es bestünde also die Möglichkeit, einen strengeren Principal Purpose Test zu implementieren.

Dabei ist fraglich, ob der wesentliche Zweck einer Gestaltung in der Erlangung eines steuerlichen Vorteils liegen kann, wenn die ausländische Gesellschaft eine hinreichende Substanz aufweist. Dies wird man insoweit bejahen müssen, als die Substanz selbst lediglich zur Erlangung steuerlicher Vorteile angereichert wird. Allerdings ist zweifelhaft, ob diese Auslegung mit den Grundfreiheiten vereinbar wäre.[155]

Die in die Steuerbemessungsgrundlage einzubeziehenden Einkünfte sind auf Beträge begrenzt, die durch Vermögenswerte und Risiken erzielt werden, die mit den Aufgaben von Entscheidungsträgern zusammenhängen, die von der beherrschten Gesellschaft ausgeführt werden. Die Zurechnung der Einkünfte eines beherrschten ausländischen Unternehmens erfolgt nach dem Fremdvergleichsgrundsatz.

Auch interessant ist, dass diese Vorschrift keine Regelung zur Beweislast enthält. Danach liegt als steuerbegründende Tatsachen die Beweislast für das Vorliegen einer Gestaltung, deren wesentlicher Zweck darin besteht, einen steuerlichen Vorteil zu erlangen, beim Finanzamt.

bb) Escape-Klauseln

Die Vorgaben der ATAD enthalten verschiedene weitere Möglichkeiten für die Mitgliedstaaten, die Vorschriften zur Hinzurechnungsbesteuerung nicht anzuwenden. Dabei gibt es unterschiedliche Escape-Möglichkeiten für den Passivkatalog und den Principal Purpose Test.

Im Rahmen des Passivkatalogs kann ein Mitgliedstaat ein Unternehmen als nicht beherrschtes Unternehmen behandeln, wenn lediglich ein Drittel der Einkünfte des Unternehmens oder weniger zu den passiven Einkünften des Katalogs zählen. Auch kann ein Mitgliedstaat ein Finanzunternehmen nicht als beherrschtes Unternehmen behandeln, wenn ein Drittel oder weniger der passiven Einkünfte aus Transaktionen mit dem Steuerpflichtigen oder seinen verbundenen Unternehmen stammen.

Im Rahmen des Principal Purpose Tests können die Mitgliedstaaten Unternehmen oder Betriebsstätten von der Hinzurechnungsbesteuerung ausnehmen, wenn entweder die Buchgewinne 750.000 € und die nichtkommerziellen Einkünfte 75.000 € nicht übersteigen oder die Buchgewinne nicht mehr als 10 % der betrieblichen Aufwendungen für den Steuerzeitraum ausmachen. Die betrieblichen Aufwendungen dürfen weder die Kosten der Waren, die im Ausland verkauft wurden, noch die Zahlungen an verbundene Unternehmen einschließen.

---

[155] Vgl. dazu unten F.II.2.d).

cc) Hinzurechnungsmodalitäten

Art. 8 ATAD regelt die Hinzurechnungsmodalitäten. Dabei werden unterschiedliche Vorgaben bezüglich „passiv-Katalog“ und „Principal-Purpose-Test“ gemacht.

(1) Höhe des Hinzurechnungsbetrags

Nach Art. 8 Abs. 1 ATAD wird bei der Hinzurechnung von passiven Einkünften die Höhe der Einkünfte nach dem nationalen Steuerrecht des hinzurechnenden Staates berechnet. Verluste werden nicht in die Bemessungsgrundlage einbezogen (also im Entstehungsjahr nicht hinzugerechnet), sondern können vorgetragen und in späteren Veranlagungszeiträumen verrechnet werden.

Die Berechnung nach nationalem Steuerrecht kann zu Verwerfungen führen, wenn z.B. nach nationalem Recht zu bilanzieren wäre, während im Ausland eine Einnahme-Überschuss-Rechnung ausreicht.

Nach Art. 8 Abs. 2 ATAD werden im Rahmen des Principal Purpose Tests nur die Einkünfte hinzugerechnet, bei denen die wesentlichen Personalfunktionen beim beherrschenden Unternehmen ausgeführt werden. Die Hinzurechnung erfolgt dann nach dem Fremdvergleichsgrundsatz.

Art. 8 Abs. 2 ATAD verweist dabei nicht auf die Anwendung des nationalen Körperschaftsteuerrechts zur Berechnung der Einkünfte. Fraglich ist dann, ob vor dem Hintergrund des Mindeststandards in Art. 3 ATAD der hinzurechnende Staat die Höhe der Einkünfte nach ausländischem Steuerrecht berechnen müsste, wenn es dann zu einer höheren nationalen Körperschaftsteuer-Bemessungsgrundlage käme. Das wird man wohl mit der Begründung ablehnen können, dass es nach ausländischem Recht teilweise zu einer höheren oder aber auch niedrigeren Steuerbemessungsgrundlage kommen könnte. Eine unterschiedliche Ermittlung nach nationalem oder ausländischem Recht abhängig vom Einzelfall kann jedoch nicht gewollt sein. Auch im Rahmen des Art. 8 Abs. 2 ATAD kann daher das nationale Recht angewendet werden.[156]

Die Berechnung der Einkünfte nach dem Fremdvergleichsgrundsatz wird sich unter Bezugnahme auf internationale Reglungen wie dem Art. 9 OECD-MA[157] an dem Gewinn orientieren müssen, der bei fremdüblicher Verteilung der Personalfunktionen erzielt worden wäre. Im Unterschied zur 100 %igen Zurechnung von passiven Einkünften kann es dabei aber zu einem geringeren Hinzurechnungsbetrag kommen. Werden z.B. 80 % der Personalfunktionen bzgl. einer Einkunftsquelle von der Muttergesellschaft ausgeübt und nur 20 % vom beherrschten ausländischen

---

[156] I.E. so auch Gebhardt/Krüger u.a., in: Hagemann/Kahlenberg, ATAD Kommentar, 2018, Art. 8 Rn. 15.

[157] So Gebhardt/Krüger u.a., in: Hagemann/Kahlenberg, ATAD Kommentar, 2018, Art. 8 Rn. 15.

Unternehmen, wären nach Fremdvergleichsgrundsätzen auch nur 80 % der Gewinne aus dieser Quelle dem Mutterunternehmen hinzuzurechnen.

(2) Anteilige Zurechnung

Eine Zurechnung der Einkünfte erfolgt nur anteilig im Verhältnis der Beteiligung i. S. d. Art. 7 Abs. 1 lit. a ATAD, Art. 8 Abs. 3 ATAD. Bei unvoreingenommener Lesart bedeutet das immer eine Zurechnung von mindestens 50 %. Andernfalls ist Art. 7 Abs. 1 lit. a ATAD nicht anwendbar. Allerdings sieht Art. 7 Abs. 1 lit. a) ATAD drei Arten der 50 %igen Beteiligung vor. Im unwahrscheinlichen Extremfall, dass ein Steuerpflichtiger 100 % der Stimmrechte hält, ein weiterer Steuerpflichtiger 100 % des Kapitals hält und ein weiterer Dritter einen Anspruch auf 100 % des Gewinns hat, werden nach dem Wortlaut des Art. 8 Abs. 3 ATAD 300 % der Einkünfte verteilt.

Sinnvoller wäre dagegen eine Auslegung, die im Rahmen der Zurechnung eine bestimmte Art der Beherrschung bevorzugt. So könnte man vor dem Hintergrund der gewollten Besteuerung von Unternehmensgewinnen auf die Beteiligung am Gewinn abstellen. Andererseits könnte man vor dem Hintergrund der Anwendbarkeit auf beherrschte Unternehmen auch auf die Beteiligungshöhe nach Stimmrechten abstellen.

Eine solche Auslegung verkennt aber, dass es bewusst nach Art. 7 Abs. 1 ATAD mehrere Arten der Beherrschung geben kann. Legt man sich auf eine Art der Beherrschung fest, so würde sich erneuter Planungsspielraum für Unternehmen ergeben. Kommt es nämlich auf die Beteiligung am Unternehmensgewinn an, könnte man Anteile mit Gewinnbeteiligung an Dritte oder ggf. andere verbundene Unternehmen ausgeben, um die eigene Hinzurechnung zu mindern. Art. 8 Abs. 3 ATAD bezieht sich auf die vom Steuerpflichtigen an dem Unternehmen gehaltene Beteiligung i. S. d. Art. 7 Abs. 1 lit. a ATAD. Letzterer verweist aber auf allein oder zusammen mit verbundenen Unternehmen gehaltenen Beteiligungen. In diesem Rahmen kann eine Beteiligung auch durch Beteiligungen eines Mutterunternehmens vermittelt werden. Darauf kann es bei der Zurechnung nach Art. 8 Abs. 3 ATAD aber nicht ankommen. Denn dann wäre es möglich, mit einer bloßen eigenen Beteiligung von 1 % einer Hinzurechnungsbesteuerung von 100 % unterworfen zu werden. Insgesamt könnte es dann sogar zu Hinzurechnungen von über 1.000 % kommen. Das kann nicht sein.

> Beispiel:
>
> Muttergesellschaft N-B.V. mit Sitz im Ausland hat im Inland 100 Tochterunternehmen, die jeweils 1 % and der niedrigbesteuerten D-Ltd. in einem Drittland halten. Es liegt zwar eine 100 %ige Beherrschung nach Art. 7 Abs. 1 lit. a ATAD vor. Es kann aber nicht jedem der Tochterunternehmen ein Betrag von 100 % hinzugerechnet werden.

Sinnvoll wäre daher eine Auslegung, nach der eine Zurechnung nur anteilig zur eigenen Beteiligungshöhe erfolgt. Wenn es mehrere Arten der Beteiligung gibt, werden alle Anteilsarten zusammengerechnet. Die maximale Zusammenrechnung ergibt dabei einen Wert von 100 %. Im oben genannten Extremfall bilden also die „300 %-Anteile" die maximale Summe der Beteiligungen und stellen damit für Zwecke der Hinzurechnungsbesteuerung 100 % der Anteile dar. Es erfolgt dann für jede Kategorie (Gewinn, Stimmrechte und Kapital) nur noch eine Zurechnung von einem Drittel der Einkünfte.

(3) Zeitpunkt der Einbeziehung

Nach Art. 8 Abs. 4 ATAD werden die Einkünfte in den Steuerzeitraum des Steuerpflichtigen einbezogen, in dem das Steuerjahr des Unternehmens endet. Das Steuerjahr des Unternehmens kann sich dabei auf das Wirtschaftsjahr oder den Veranlagungszeitraum des Unternehmens beziehen. Der Steuerzeitraum ist nach Art. 2 Abs. 3 ATAD ein Steuerjahr, Kalenderjahr oder jeder andere sachdienliche Zeitraum für steuerliche Zwecke (z. B. der Veranlagungszeitraum[158]).

(4) Vermeidung der Doppelbesteuerung

Art. 8 ATAD enthält in den Absätzen 5 bis 7 verschieden Regelungen zur Vermeidung einer Doppelbesteuerung. Abs. 5 enthält eine Regelung für nachfolgende Gewinnausschüttungen, Abs. 6 enthält eine Regelung für nachfolgende Veräußerungen, Abs. 7 Vorschriften für den Abzug ausländischer Steuern.

(a) Spätere Ausschüttung von Gewinnen

Die Vorschrift kann sich nur auf Ausschüttungen in späteren (Veranlagungs-) Zeiträumen beziehen, da andernfalls die Tatbestandsvoraussetzungen des Art. 7 Abs. 2 ATAD („nicht ausgeschüttete Einkünfte") bereits nicht vorliegen. Erfolgt eine spätere Ausschüttung, die in die Steuerbemessungsgrundlage des Steuerpflichtigen einbezogen wird, so werden die Einkünfte, die bereits zuvor nach Art. 7 ATAD in die Steuerbemessungsgrundlage einbezogen wurden, bei der Berechnung des Betrags der auf die ausgeschütteten Gewinne zu erhebenden Steuer von der Bemessungsgrundlage abgezogen, um eine Doppelbesteuerung auszuschließen, Art. 8 Abs. 5 ATAD.

Das bedeutet, dass Art. 8 Abs. 5 ATAD zunächst keine Anwendung findet, wenn Dividenden steuerbefreit sind. Dabei kann es jedoch nicht auf die grundsätzliche Steuerbefreiung ankommen, sondern auf die konkrete Steuerbefreiung im Einzelfall. Damit ist Art. 8 Abs. 5 ATAD auch dann anzuwenden, wenn zwar Dividenden an sich steuerbefreit sind, im Einzelfall aber für bestimmte Dividenden (z. B. Streubesitzdividenden) eine Ausnahme von diesem Grundsatz gemacht wird.

Dem Telos lediglich Doppelbesteuerungen zu vermeiden entsprechend, kann dabei ein Abzug von der Steuerbemessungsgrundlage nur in Höhe der tatsächlichen

[158] So auch Gebhardt/Krüger u. a., in: Hagemann/Kahlenberg, ATAD Kommentar, 2018, Art. 8 Rn. 21.

Ausschüttung erfolgen. Wenn also zuvor Beiträge in Höhe von 100 der Hinzurechnungsbesteuerung unterlegen haben und nunmehr 50 ausgeschüttet werden, kann auch ein Abzug nur in Höhe von 50 erfolgen. Der verbleibende Hinzurechnungsbetrag kann bei späteren Ausschüttungen abgezogen werden.

Bei mittelbaren Beteiligungen kann es jedoch zu Verwerfungen kommen.

Beispiel:

Die H-GmbH ist zu 100 % an der ausländischen T-SARL beteiligt, die zu 100 % an der ausländischen N-B.V. beteiligt ist. Auf Ebene der T-SARL fehlt es an einer Besteuerung der Einkünfte der N-B.V. Die passiven, nicht ausgeschütteten Einkünfte der N-B.V. werden bei der H-GmbH der Hinzurechnungsbesteuerung unterworfen. Zwei Jahre später schüttet die N-B.V. die entsprechenden Einkünfte an die T-SARL aus. Art. 8 Abs. 5 ATAD läuft ins Leere.

Abwandlung:

T-SARL schüttet die Einkünfte später an die H-GmbH aus. Hier kann Art. 8 Abs. 5 ATAD nunmehr angewandt werden.

Abwandlung:

H-GmbH ist zu 30 % an der niedrig besteuerten ausländischen N-B.V. beteiligt. Sie ist ebenfalls zu 100 % an der ausländischen T-SARL beteiligt, die ebenfalls zu 30 % an der N-B.V. beteiligt ist. Im Jahr 01 erzielt die N-B.V. passive Einkünfte i. H. v. 100, die i. H. v. 60 % bei der H-GmbH der Hinzurechnungsbesteuerung unterworfen werden. Im Jahr 03 schüttet die N-B.V. 200 aus. Davon erhält die H-GmbH 60 und die T-SARL 60. Kann die H-GmbH nunmehr 60 von der Bemessungsgrundlage abziehen? Das müsste abhängig sein von der späteren Behandlung einer potenziellen Ausschüttung von der T-SARL an die H-GmbH. Zwar stehen den hinzugerechneten 60 hier Ausschüttungen i. H. v. 60 gegenüber, davon entstammen aber nur 30 passiven Einkünften. Es wäre daher möglich, hier zunächst nur einen Abzug von 30 zuzulassen und einen weiteren Abzug von 30 bei einer späteren Ausschüttung der T-SARL an die H-GmbH. Oder man könnte einen vollständigen Abzug zulassen und später keinen weiteren Abzug für Ausschüttungen der T-SARL gewähren.

Die Vorschrift gibt den betragsmäßigen Abzug von der Steuerbemessungsgrundlage unabhängig vom Steuersatz vor. Das bedeutet, dass durch spätere Änderungen der Steuersätze Vor- oder Nachteile für den Steuerpflichtigen entstehen können.

Nach dem Wortlaut gilt die Vorschrift nicht für Betriebsstätten. Betriebsstätten können keine Ausschüttungen vornehmen.

(b) Spätere Veräußerung der Anteile

Die Regelung für die Veräußerung der Beteiligung an dem Unternehmen entspricht der Regelung zu ausgeschütteten Gewinnen.

Darüber hinaus regelt die Vorschrift die Veräußerung einer von der Betriebsstätte des Steuerpflichtigen ausgeübten Geschäftstätigkeit. Auch hier wird ein zuvor gemäß Art. 7 ATAD in die Steuerbemessungsgrundlage einbezogener Teil des Erlöses von der Steuerbemessungsgrundlage abgezogen.

Die Vorschrift setzt zunächst eine Veräußerung voraus. Als Veräußerung ist dabei die entgeltliche Übertragung an einen anderen Rechtsträger zu verstehen. Nicht geregelt sind ähnliche Übertragungsvorgänge, die möglicherweise ohne eine Realisierung der Gewinne vollzogen werden.

Fraglich ist aber, ob nur unmittelbare Veräußerungen oder auch mittelbare Veräußerungen erfasst sind sowie die Auswirkung der Veräußerung mittelbarer Beteiligungen. Nach dem Wortlaut „seine Beteiligung" könnte nur die Veräußerung von unmittelbaren Beteiligungen erfasst sein. Auch dabei könnte jedoch über die Veräußerung einer Mittelgesellschaft eine Untergesellschaft veräußert werden, deren Einkünfte zuvor der Hinzurechnungsbesteuerung unterlegen haben. Für die Erfassung mittelbarer Beteiligungen könnte der Telos der Norm sprechen sowie der systematische Gleichlauf mit den grundsätzlichen Tatbestandsvoraussetzungen der Regelung. Wird lediglich eine mittelbare Beteiligung veräußert, wird es jedoch schwierig die bisherigen Hinzurechnungsbeträge von einer Bemessungsgrundlage abzuziehen, wenn auf Ebene des Steuerpflichtigen noch kein steuerbarer Vorgang vorliegt. Allerdings könnte bei einer späteren Veräußerung der Mittelgesellschaft eine Berücksichtigung erfolgen. Letztlich gibt es verschiedene Möglichkeiten die Vorschrift auszulegen und sodann umzusetzen. Je nach gewählter Umsetzungsmöglichkeit bestehen aber Risiken einer Definitivbesteuerung. In einem solchen Fall könnte entsprechend den Grundsätzen zur Berücksichtigung von finalen Verlusten eine Berücksichtigung erforderlich sein.[159]

(c) Abzug ausländischer Steuern

Darüber hinaus ist nach Art. 8 Abs. 7 ATAD ein Abzug der vom Unternehmen oder Betriebsstätte entrichteten Steuer von der Steuerschuld des Steuerpflichtigen im Mitgliedstaat zuzulassen. Der Abzug soll nach den nationalen Rechtsvorschriften berechnet werden.

Zunächst kommt es dabei auf die vom ausländischen Unternehmen tatsächlich entrichteten Steuern an. Fraglich ist aber, was bei mittelbaren Beteiligungen mit Steuern der zwischengeschalteten Gesellschaft (z.B. wenn diese selbst eine Hinzurechnungsbesteuerung vornimmt) ist, bzw. ob die Hinzurechnungsbesteuerung einer höher geschalteten Gesellschaft berücksichtigt werden kann. Nach dem Wortlaut ist eine solche Anrechnung nicht vorgesehen. Nach dem Telos der Vorschrift, eine Doppelbesteuerung zu vermeiden, müsste es jedoch möglich sein.

Betriebsstätten entrichten keine eigenen Steuern. Insoweit kann es entgegen dem Wortlaut nur auf für die Betriebsstätteneinkünfte im Ausland durch den Steuerpflichtigen entrichtete Steuern ankommen.

---

[159] Vgl. dazu unten F.II.2.d)bb)(6)(k).

Unklar ist dabei, wie genau das Abzugsverfahren ausgestaltet werden kann. Nach dem Wortlaut des Art. 8 Abs. 7 ATAD ist ein Abzug der ausländischen Steuer von der Steuerschuld im Inland vorgesehen.

Beispiel: Die H-GmbH ist zu 100 % an der D-Ltd. beteiligt. Die D-Ltd. erzielt passive Einkünfte i. H. v. 100, die mit 5 % besteuert werden. Die passiven Einkünfte werden der H-GmbH zugerechnet, die diese mit 30 % versteuern muss. Der Abzug von der Steuerschuld würde bedeuten, dass die gezahlten Steuern in D i. H. v. 5 von den in H gezahlten Steuern i. H. v. 30 abzuziehen sind und somit eine Steuer- und Zahllast i. H. v. 25 verbleibt. Diese wäre jedoch als Anrechnungsverfahren oder Anrechnungsmethode zu bezeichnen. Abzugsverfahren oder Abzugsmethode bedeutet bei der Vermeidung der Doppelbesteuerung jedoch regelmäßig, dass die ausländische Steuer bei der Ermittlung der inländischen Einkünfte wie Werbungskosten abgezogen werden kann.[160] Das würde dazu führen, dass der H-GmbH nur Einkünfte i. H. v. 95 zugerechnet werden. Werden diese mit 30 % versteuert, ergibt sich eine Zahllast von 28,5. Insgesamt ergibt sich dann eine Belastung von 33,5 statt 30. Da die ATAD nur einen Mindeststandard vorgibt, wäre es möglich, insoweit zu Lasten des Steuerpflichtigen von den Vorgaben des Art. 8 Abs. 7 ATAD abzuweichen.

(d) Bewertung

Die Vorschriften zur Vermeidung von Doppelbesteuerung ermöglichen den Mitgliedstaaten verschiedene Umsetzungsarten. Fraglich ist dabei, ob die Mitgliedstaaten auch hier im Sinne des bloßen Mindeststandards „schärfere“ Vorschriften erlassen können. Regelmäßig bestünde bei Vorschriften, die im Ergebnis keine 100 %ige Vermeidung der Doppelbesteuerung ermöglichen, Bedenken in Bezug auf die Grundfreiheiten.[161] Allerdings sind auch Regelungen denkbar, die zwar langfristig eine 100 %ige Verrechnung ermöglichen, jedoch ähnlich wie bei der Zinsschranke jährlich auf einen gewissen prozentualen Betrag begrenzt sind oder eine jährliche gewisse Mindestbesteuerung vorsehen (ähnlich wie im Rahmen des § 10d Abs. 2 EStG).

Bei der Vermeidung der Doppelbesteuerung durch Anrechnung der „Steuern des Unternehmens“ fehlt es an einer vernünftigen „Vorfahrtsregelung“ für tiefergestaffelte Beteiligungen, die mehrfach der Hinzurechnungsbesteuerung unterliegen.

c) Ausländische Unternehmen

Während beim Lesen der Vorschrift eigentlich kein Zweifel entstehen sollte, dass die Vorschrift bei ausländischen Unternehmen und ausländischen Betriebs-

---

[160] Vgl. dazu auch Kußmaul/Berens, StB 2016, 136, 138 f.; in Deutschland ist die Abzugsmethode in § 34c Abs. 2 und 3 EStG geregelt, vgl. dazu Geurts, in: Frotscher/Geurts, EStG, Losebl. Stand: Januar 2020, § 34c EStG Rn. 100 ff.

[161] Vgl. dazu unten F.II.2.d).

stätten greift, ist dies bei genauem Lesen nicht notwendigerweise der Fall. Die Vorschrift gibt lediglich vor, wie Unternehmen oder Betriebsstätten zu behandeln sind, deren Gewinne im Mitgliedstaat nicht der Steuer unterliegen oder steuerbefreit sind. Diese werden dann „als beherrschtes ausländisches Unternehmen" behandelt, was nicht bedeuten muss, dass es sich tatsächlich um ein ausländisches Unternehmen handelt. Bei einer teleologischen Auslegung soll die Verlagerung von Steuersubstrat ins Ausland bekämpft werden, sodass man die Anwendung auch auf ausländische Gesellschaften und Betriebsstätten beschränken könnte. Auch eine Auslegung anhand des Wortlauts wäre jedoch möglich, sodass ggf. reine Inlandssachverhalte der Hinzurechnungsbesteuerung unterworfen werden.

d) Fazit

Gerade bei den verfahrensrechtlichen Vorschriften sowie den Vorschriften zur Vermeidung von Doppelbesteuerung bestehen erhebliche Rechtsunsicherheiten. Diese werden durch das Gebot des Mindestschutzniveaus noch verstärkt. Die Vorschriften des Art. 8 ATAD stehen dabei teilweise in einem Widerspruch zwischen dem Mindestschutz der Körperschaftsteuer-Bemessungsgrundlage und dem vorgeblichen Ziel der ATAD, auch Doppelbesteuerung zu verhindern. Insgesamt kann es unter Berücksichtigung des Mindestschutzniveaus nicht sein, dass unter Verweis auf die Vermeidung von Doppelbesteuerung für einen Steuerpflichtigen günstigere Vorschriften geschaffen werden. Auch im Rahmen der verfahrensrechtlichen Vorschriften darf eine Umgehung der Vorgaben der Hinzurechnungsbesteuerung nicht ermöglicht werden. Damit können die Mitgliedstaaten von den Vorgaben nur zu Lasten der Steuerpflichtigen abweichen. Insgesamt werden den Mitgliedstaaten aber eine Vielzahl von Umsetzungsmöglichkeiten überlassen. Der Mitgliedstaat kann also jedes mögliche Wahlrecht maximal günstig für den Steuerpflichtigen ausüben. Dadurch kann es zu einer Vielzahl hochkomplexer Regelungen kommen, die neue Gestaltungsspielräume für die Steuerpflichtigen eröffnen.

F. Europarechtskonformität der ATAD

Die ATAD ist eine Richtlinie i. S. d. Art. 288 AEUV und damit europäisches Sekundärrecht. Der AEUV sieht in Art. 263 AEUV die Möglichkeit, die Rechtmäßigkeit einer Richtlinie durch den EuGH überprüfen zu lassen. Gemäß Art. 263 Abs. 2 AEUV erstreckt sich der Prüfungsmaßstab dabei auf die „Unzuständigkeit, Verletzung wesentlicher Formvorschriften, Verletzung der Verträge oder einer bei seiner Durchführung anzuwendenden Rechtsnorm oder […] Ermessensmissbrauch". Im Ergebnis ist damit der Prüfungsrahmen von formeller und materieller Rechtmäßigkeit abgesteckt.[162] Im Rahmen der formellen Rechtmäßigkeit ist vor allem die Zuständigkeit zu prüfen, neben der sonstigen Verletzung wesentlicher Formvorschriften. In der Prüfung der materiellen Rechtmäßigkeit ist vor allem die Vereinbarkeit mit den europäischen Verträgen und hier insbesondere die Vereinbarkeit mit dem Subsidiaritätsprinzip und den Grundfreiheiten sowie die Verhältnismäßigkeit der Richtlinie zu prüfen.

I. Formelle Rechtmäßigkeit

Es ist fraglich, ob die ATAD formell rechtmäßig ist. Anlass zu Zweifeln bietet vor allem die Frage der Zuständigkeit der EU für Regelungen im Bereich des direkten Steuerrechts. Die ATAD müsste sich auf eine Rechtsgrundlage stützen können, die es den Organen der EU erlaubt eine entsprechende Regelung im Bereich des direkten Steuerrechts zu treffen.

1. Zuständigkeit

Die ATAD wurde vom Rat der Europäischen Union „gestützt auf den Vertrag über die Arbeitsweise der Europäischen Union, insbesondere auf Art. 115" AEUV erlassen. Nach Art. 115 AEUV erlässt der Rat Richtlinien für die Angleichung derjenigen Rechts- und Verwaltungsvorschriften der Mitgliedstaaten, die sich unmittelbar auf die Errichtung oder das Funktionieren des Binnenmarktes auswirken, in einem besonderen Gesetzgebungsverfahren.

---

[162] Gaitanides, in: von der Groeben/Schwarze/Hatje, 7. Aufl. 2015, AEUV Art. 263 Rn. 114; Dörr, in: Grabitz/Hilf/Nettesheim, Das Recht der Europäischen Union, Losebl. Stand: 73. EL Mai 2021, Art. 263 AEUV, Rn. 160.

Der Rat wäre danach dann zuständig, wenn Art. 115 AEUV die richtige Rechtsgrundlage für den Erlass der ATAD wäre. Es ist daher zunächst zu untersuchen, ob der Europäischen Union eine Rechtsgrundlage für den Erlass von Richtlinien im Bereich des direkten Steuerrechts zusteht (dazu unter a)). Sodann ist fraglich, welche dieser Rechtsgrundlagen die richtige für den Erlass der ATAD wäre und ob die Tatbestandsvoraussetzungen dieser Ermächtigungsgrundlagen vorliegen (dazu unter b)).

a) Rechtsgrundlagen für den Erlass von Maßnahmen im Bereich des direkten Steuerrechts

Wie oben bereits angeführt, stellt eine Richtlinie wie die ATAD ein gewisses Novum dar. Insoweit erstaunt es nicht, dass auch die Frage der Deckung durch die Ermächtigungsgrundlage in der Literatur aufgeworfen wurde.[163]

Im Gegensatz zu dem Bereich der indirekten Steuern (dort Art. 113 AEUV) fehlt es im AEUV an einer ausdrücklichen Erwähnung des Bereichs der direkten Steuern. Jedenfalls fallen diese als „Steuern" nicht unter die Ermächtigung des Art. 114 AEUV, wie der Absatz 2 der Vorschrift ausdrücklich klarstellt.

Dass das Europäische Recht auch Einfluss auf den Bereich der direkten Steuern nehmen kann und darf, dürfte mittlerweile unstreitig sein.[164]

Der EuGH formuliert dazu in Urteilen zum direkten Steuerrecht wie folgt aus:

> „zwar [fällt] der Bereich der direkten Steuern als solcher beim gegenwärtigen Stand des Gemeinschaftsrechts nicht in die Zuständigkeit der Gemeinschaft [...], die Mitgliedstaaten [müssen jedoch] die ihnen verbleibenden Befugnisse [...] unter Wahrung des Gemeinschaftsrechts ausüben [...]."[165]

Er geht also davon aus, dass zwar trotz fehlender Kompetenz der EU zur Rechtsetzung eine Überprüfung von nationalem direkten Steuerrecht anhand der Grundfreiheiten dennoch möglich ist. Entscheidend für die vorliegende Untersuchung ist aber wohl, dass der EuGH davon ausgeht, dass grundsätzlich das direkte Steuerrecht nicht in den Kompetenzbereich der EU fällt.

Dennoch wurden bisher einige wenige und inhaltlich stark begrenzte Harmonisierungsmaßnahmen im Bereich des direkten Steuerrechts auf Art. 115 AEUV ge-

---

[163] Vgl. z. B. Haase, ISR 2017, 349 ff.; Schnitger/Nitschke/Gebhardt, IStR 2016, 960, 961; Desens, IStR 2014, 825, 827 f.; Lüdicke/Oppel, DB 2016, 549, 550.

[164] Vgl. z. B. Musil, in: Musil/Weber-Grellet, Europäisches Steuerrecht, 2019, AEUV vor Art. 18 Rn. 16 f.; Englisch, in: Tipke/Lang, Steuerrecht, 24. Aufl. 2020, Europäisches Steuerrecht, Rn. 4.1, 4.30 ff., 4.68; Schaumburg, in: Schaumburg/Englisch, Europäisches Steuerrecht, 2. Aufl. 2020, Dimension des Europäischen Steuerrechts, Rn. 1.1 ff.

[165] EuGH, Urteil vom 14. 02. 1995 – Rs. C-279/93 – Schumacker Rn. 21; bestätigt durch EuGH, Urteil vom 11. 03. 2004 – C-9/02 – Lasteyrie du Saillant, Rn. 44 mit Verweis auf seine insoweit ständige Rechtsprechung.

stützt.[166] Bei den so erlassenen Richtlinien (Mutter-Tochter-Richtlinie, Fusionsrichtlinie, Zinsrichtlinie und Zins- und Lizenzgebührenrichtlinie) handelt es sich vor allem um Regelungen für grenzüberschreitende Konzerntätigkeiten[167], die der Verwirklichung der Grundfreiheiten (z.B. der Niederlassungsfreiheit bei der Mutter-Tochter-Richtlinie) dienen. Ein Entwurf einer Richtlinie für eine „gemeinsame Körperschaftsteuer-Bemessungsgrundlage" gestützt auf Art. 115 AEUV wurde immer wieder (auch aktuell) diskutiert[168], bisher jedoch ohne ernsthafte Aussichten auf Verabschiedung.[169]

aa) Das Prinzip der begrenzten Einzelermächtigung oder die Übertragung von Kompetenzen

Grundsätzlich gilt für Rechtsakte der EU das Prinzip der begrenzten Einzelermächtigung, Art. 5 Abs. 1 Satz 1 EUV. Diese Regelung ist Teil der europarechtlichen Schrankentrias, die für jede Kompetenzausübung in der EU gelten.[170] Ergänzt wird das Prinzip der begrenzten Einzelermächtigung vom Subsidiaritätsprinzip (dazu unter II.1.) und vom Verhältnismäßigkeitsgrundsatz (dazu unter II.2.).

Das Prinzip der begrenzten Einzelermächtigung regelt dabei die Frage, ob die EU in einem bestimmten Bereich überhaupt tätig werden konnte.

„Nach dem Grundsatz der begrenzten Einzelermächtigung wird die Union nur innerhalb der Grenzen der Zuständigkeiten tätig, die die Mitgliedstaaten ihr in den Verträgen zur Verwirklichung der darin niedergelegten Ziele übertragen haben. Alle der Union nicht in den Verträgen übertragenen Zuständigkeiten verbleiben bei den Mitgliedstaaten", Art. 5 Abs. 2 EUV.

[166] Vgl. Englisch, in: Tipke/Lang, Steuerrecht, 24. Aufl. 2020, Europäisches Steuerrecht, Rn. 4.1, 4.30 ff., 4.68 ff.; Kokott, in: Das Steuerrecht der Europäischen Union, 2018, § 1 Rn. 28; Musil, in: Musil/Weber-Grellet, Europäisches Steuerrecht, 2019, AEUV vor Art. 18 Rn. 16.

[167] Vgl. Kokott, in: Das Steuerrecht der Europäischen Union, 2018, § 1 Rn. 28.

[168] Vgl. Vorschlag über eine Richtlinie des Rates über eine Gemeinsame konsolidierte Körperschaftsteuer-Bemessungsgrundlage (GKKB) vom 16.03.2011, KOM(2011) 121 endgültig; Vorschlag für eine Richtlinie des Rates über eine Gemeinsame Körperschaftsteuer-Bemessungsgrundlage vom 25.10.2016, COM(2016) 685 final; Vorschlag für eine Richtlinie des Rates über eine Gemeinsame konsolidierte Körperschaftsteuer-Bemessungsgrundlage (GKKB), COM(2016) 683 final; Kokott, in: Das Steuerrecht der Europäischen Union, 2018, § 1 Rn. 28; Schober, in: Musil/Weber-Grellet, Europäisches Steuerrecht, 2019, KStG § 14 Rn. 41; Spengel/Stutzenberger, IStR 2018, 37, 39 f.; Krauß, IStR 2017, 479; Thörmer, DStR 2020, 527, 258; Fehling, IStR 2020, 438, 441.

[169] Vgl. Thörmer, DStR 2020, 527, 258; Musil, in: Musil/Weber-Grellet, Europäisches Steuerrecht, 2019, AEUV vor Art. 18 Rn. 150; Fehling, IStR 2020, 438, 442; Altenburg/Geberth/Gebhardt/Holle/Oertel, DStR 2019, 2451, 2453, 2456.

[170] Vgl. dazu Calliess, in: König/Uwer, Grenzen Europäischer Normgebung, S. 15; Calliess, in: Calliess/Ruffert, EUV, 5. Aufl. 2016, Art. 5 Rn. 5.

Zuständigkeit (oder „Kompetenz“) kann definiert werden, als „die staatlichen Stellen und Organen der drei Staats‚funktionen‘ eingeräumte und zugeteilte Handlungsmacht, in Verfolgung des staatlichen Gemeinwohlauftrags und in Erfüllung zugewiesener staatlicher Aufgabe(n) hoheitliche Akte festgelegter und genau bezeichneter Art zu setzen“.[171]

Calliess führt dazu aus, dass durch die Neuformulierung des Prinzips im Zuge des Vertrags von Lissabon noch deutlicher als zuvor herausgestellt werde, dass die EU nur über jene Zuständigkeiten verfüge, die ihr von den Mitgliedstaaten in den Verträgen EUV und AEUV übertragen worden seien.[172]

Soweit die Übertragung einer Zuständigkeit nicht klar umrissen ist, stellt sich die Frage, welche Maßstäbe bei der Auslegung von unbestimmten Zuständigkeiten anzulegen sind. Der EuGH hat insoweit entschieden, dass im Rahmen der Übertragung von Kompetenzen an die EU eine eher restriktive Auslegung geboten ist, ob und inwieweit eine Kompetenz übertragen wurde.[173] „Diesen Artikel [den heutigen Art. 114 AEUV] dahin auszulegen, dass er dem Gemeinschaftsgesetzgeber eine allgemeine Kompetenz zur Regelung des Binnenmarktes gewährte, widerspräche nicht nur dem Wortlaut der genannten Bestimmungen, sondern wäre auch unvereinbar mit dem [...] niedergelegten Grundsatz, dass die Befugnisse der Gemeinschaft auf Einzelermächtigungen beruhen.“[174]

Die Art. 4 Abs. 1 und Art. 5 Abs. 2 Satz 2 EUV stellen eine Zuständigkeitsvermutung zugunsten der Mitgliedstaaten auf. Calliess folgert daraus, dass es einer besonderen Begründung bedarf, warum die EU zuständig sei, bzw. eine Kompetenz habe, bei der die Begründungslast umso höher sei, je unbestimmter eine Kompetenznorm ist.[175] Calliess konkretisiert diese Anforderungen nicht weiter, führt aber aus, dass, wenn eine Begründung nicht hinreichend gelingt, im Zweifel einer Auslegung zugunsten der mitgliedstaatlichen Kompetenzen der Vorzug gegeben werden muss.[176] Auch hier bleibt er eine Erklärung schuldig, was die Folge einer solchen Auslegung wäre.

Das Prinzip der begrenzten Einzelermächtigung findet weiter Erwähnung in Art. 3 Abs. 6 EUV und Art. 7 AEUV. Calliess sieht in der oftmaligen Betonung

---

[171] Stettner, Grundfragen einer Kompetenzlehre, S. 35; sich anschließend Trüe, Das System der Rechtsetzungskompetenzen der Europäischen Gemeinschaft und der Europäischen Union, S. 61; Jürgens, Die Kompetenzabgrenzung zwischen der Europäischen Union und den Mitgliedstaaten, S. 6.

[172] Calliess, in: König/Uwer, Grenzen Europäischer Normgebung, S. 16.

[173] Dies leite sich auch aus dem Prinzip der begrenzten Einzelermächtigung ab, vgl. EuGH, Urteil vom 05.10.2000 – C-376/98 – Deutschland. Vgl. auch zu Art. 114 AEUV Franz/Ehlenz, EuZW 2011, 623 ff.

[174] EuGH, Urteil vom 05.10.2000 – C-376/98 – Deutschland Rn. 83.

[175] Calliess, Subsidiaritäts- und Solidaritätsprinzip in der Europäischen Union, S. 335, 337; bestätigt, in: König/Uwer, Grenzen Europäischer Normgebung, S. 16 Fn. 20.

[176] Calliess, in: König/Uwer, Grenzen Europäischer Normgebung, S. 16.

dieses Prinzips ein Indiz dafür, dass einer generösen Zuordnung von Zuständigkeiten an die EU für die Zukunft Grenzen gesetzt werden sollen,[177] und bezeichnet diese Wiederholung als „Kompetenzangst“[178].[179] In diesem Zusammenhang fordert Calliess, genau darauf zu achten, welche Kompetenzgrundlage angewandt wird, da im Einzelfall deutliche Unterschiede an die Anforderungen für die Ausübung der Kompetenz gestellt werden.[180]

Härtel relativiert die Bedeutung des Prinzips der begrenzten Einzelermächtigung, welche durch weitreichende Kompetenzgrundlagen wie den Harmonisierungskompetenzen relativiert werde.[181] Dabei verweist Härtel vor allem auch auf Art. 308 EGV (dem heutigen Art. 352 AEUV), der es dem Rat gestattet, die geeigneten Vorschriften zu erlassen, wenn ein Tätigwerden der Gemeinschaften erforderlich erscheint um im Rahmen des gemeinsamen Marktes[182] eines ihrer Ziele zu verwirklichen, die erforderlichen Befugnisse hierfür aber nicht vorgesehen sind. Dem Schutz der Mitgliedstaaten diene das Prinzip der Einstimmigkeit. Der Art. 308 EGV habe aber an Bedeutung verloren.[183]

Einer solchen Auslegung hat das BVerfG allerdings in seiner Lissabon Entscheidungen eine Absage erteilt. Das BVerfG hält den Anwendungsbereich des Art. 352 AEUV für verfassungsrechtlich bedenklich wegen des Verbots zur Übertragung von Blankettermächtigungen oder Kompetenz-Kompetenzen.[184] Daher fordert es die Ratifikation durch Bundestag und Bundesrat auf Grundlage von Art. 23 Abs. 1 Satz 2 und 3 GG.[185] Eine Regelung im Rahmen des Art. 352 AEUV käme damit einer Vertragsänderung gleich[186] und ist auch anhand der entsprechenden Vorschriften und Voraussetzungen für eine Vertragsänderung zu messen. Das Einstimmigkeitserfordernis auf europäischer Ebene hat vor diesem Hintergrund keine nähere Bedeutung. Bei anderen „weitreichenden Kompetenzgrundlagen“ muss zunächst bestimmt werden, wie weit die Kompetenz tatsächlich reicht.

Um zu untersuchen, ob nach diesem Grundsatz der EU eine Kompetenz zum Erlass von Richtlinien im Bereich des direkten Steuerrechts übertragen wurde, ist zunächst zu prüfen, unter welchen Voraussetzungen eine solche Kompetenz hätte

---

[177] Vgl. Classen, GYIL 2003, 323, 341.

[178] Vgl. dazu Mayer, ZaöRV 2007, 1141, 1163 ff.

[179] Calliess, in: König/Uwer, Grenzen Europäischer Normgebung, S. 16.

[180] Calliess, in: König/Uwer, Grenzen Europäischer Normgebung, S. 17.

[181] Härtel, Handbuch Europäische Rechtsetzung, 2006, § 4 S. 55.

[182] Art. 352 AEUV stellt nicht mehr auf den „Gemeinsamen Markt“ ab, sondern darauf, ob ein Tätigwerden der Union im Rahmen der in den Verträgen festgelegten Politikbereichen erforderlich ist, um einer der Ziele der Verträge zu verwirklichen.

[183] Härtel, Handbuch Europäische Rechtsetzung, 2006, § 4 S. 56.

[184] BVerfG, Urteil vom 30. 06. 2009 – 2 BvE 2/08 u. a. BVerfGE 123, 267, Rn. 328.

[185] BVerfG, Urteil vom 30. 06. 2009 – 2 BvE 2/08 u. a. BVerfGE 123, 267, Rn. 328.

[186] Vgl. dazu unten F.I.1.b)cc)(3).

übertragen werden können. Anschließend ist zu prüfen, ob eine solche Kompetenz tatsächlich übertragen wurde.

(1) Übertragung von Kompetenzen nach deutschem Verfassungsrecht

Nach Art. 23 Abs. 1 Satz 1 GG wirkt die Bundesrepublik Deutschland bei der Entwicklung der Europäischen Union mit. Art. 23 Abs. 1 Satz 2 GG ermöglich die Kompetenzübertragung auf die EU. Ein solche Übertragung oder die Änderung bedarf einer Mehrheit von zwei Dritteln der Mitglieder des Bundestages und der Stimmen des Bundesrates, Art. 23 Abs. 1 Satz 2 GG i. V. m. Art. 79 Abs. 2 GG.

Dabei ist anhand der Entscheidungen des BVerfG „Maastricht“[187] und „Lissabon“[188] zu untersuchen, in welchem Ausmaß welche Kompetenzen überhaupt übertragen werden können.

Ob eine Kompetenz der EU in einem Bereich dann tatsächlich besteht, lässt sich aus zwei Richtungen untersuchen. Zum einen können die Verträge an sich ausgelegt werden, zum anderen kann überprüft werden, welche Kompetenzen ein Mitgliedstaat (hier Deutschland) tatsächlich an die EU übertragen hat. Dafür ist zunächst der Maßstab der Auslegung von europäischen Kompetenzen darzustellen.

(a) Möglichkeit und Umfang der Übertragung von Kompetenzen nach BVerfG

(aa) Allgemeine Grundsätze

In welchem Rahmen eine Kompetenzübertragung nach Art. 23 Abs. 1 Satz 2 GG möglich ist, hat das BVerfG in seinen Maastricht- und Lissabon-Entscheidungen konkretisiert.

Wichtige Grundsätze folgen dabei nach BVerfG aus dem Demokratieprinzip, welches gebietet, dass der Bürger durch Abstimmungen und Wahlen die öffentliche Gewalt personell und sachlich bestimmen kann.[189] Soweit im öffentlichen Raum verbindliche Entscheidungen für die Bürger getroffen werden, insbesondere über Eingriffe in Grundrechte, müsse diese Entscheidung auf einen frei gebildeten Mehrheitswillen des Volkes zurückreichen.[190] Die Bürger seien keiner politischen Gewalt unterworfen, der sie nicht ausweichen könnten und die sie nicht prinzipiell personell und sachlich zu gleichem Anteil in Freiheit zu bestimmen vermögen.[191]

Bei der grundsätzlich zulässigen weitreichenden Übertragung von Hoheitsrechten auf die Europäische Union stehe diese Ermächtigung unter der Bedingung, dass

---

[187] BVerfG, Urteil vom 12. 10. 1993 – 2 BvR 2134/92 u. a. BVerfGE 89, 155.

[188] BVerfG, Urteil vom 30. 06. 2009 – 2 BvE 2/08 u. a. BVerfGE 123, 267.

[189] BVerfG, Urteil vom 30. 06. 2009 – 2 BvE 2/08 u. a. BVerfGE 123, 267, Rn. 211; vgl. auch Scholz, in: Dürig/Herzog/Scholz, GG, Losebl. Stand: 92. Lfg. August 2020, Art. 23 Rn. 73 ff.

[190] BVerfG, Urteil vom 30. 06. 2009 – 2 BvE 2/08 u. a. BVerfGE 123, 267, Rn. 212.

[191] BVerfG, Urteil vom 30. 06. 2009 – 2 BvE 2/08 u. a. BVerfGE 123, 267, Rn. 212.

die souveräne Verfassungsstaatlichkeit auf der Grundlage eines Integrationsprogramms nach dem Prinzip der begrenzten Einzelermächtigung und unter Achtung der verfassungsrechtlichen Identität als Mitgliedstaat gewahrt bleibe und zugleich die Mitgliedstaaten ihre Fähigkeiten zu selbstverantwortlicher politischer und sozialer Gestaltung der Lebensverhältnisse nicht verlieren.[192]

Der Bundesrepublik Deutschland müssen für zentrale Regelungs- und Lebensbereiche substanzielle innerstaatliche Gestaltungsmöglichkeiten verbleiben.[193]

Der Bundestag müsse Aufgaben und Befugnisse von substantiellem politischen Gewicht behalten oder die ihm verantwortliche Bundesregierung muss maßgeblichen Einfluss auf die europäischen Entscheidungsverfahren auszuüben vermögen.[194] Das Demokratieprinzip begrenzt die Übertragung von Hoheitsrechten im Bereich der Unverfügbarkeit der verfassungsgebenden Gewalt und der staatlichen Souveränität.[195]

Zu *wesentlichen Bereichen demokratischer Gestaltung* gehören laut BVerfG unter anderem die Staatsbürgerschaft, das zivile und militärische Gewaltmonopol, *Einnahmen und Ausgaben* einschließlich der Kreditaufnahme sowie die für die Grundrechtsverwirklichung maßgeblichen Eingriffstatbestände, vor allem bei intensiven Grundrechtseingriffen wie dem Freiheitsentzug in der Strafrechtspflege oder bei Unterbringungsmaßnahmen.[196]

Zu den Bereichen, die *besonders sensibel für die demokratische Selbstgestaltungsfreiheit eines Verfassungsstaates* sind, zählt das BVerfG Entscheidungen über das materielle und formale Strafrecht, die Verfügung über das Gewaltmonopol polizeilich nach innen und militärisch nach außen, die sozialstaatliche Gestaltung von Lebensverhältnissen, kulturell besonders bedeutsame Entscheidungen und *die fiskalischen Grundentscheidungen über Einnahmen und* (gerade auch sozialpolitisch motivierte) *Ausgaben* der öffentlichen Hand.[197]

Eine Übertragung von Kompetenzen in diesen Bereichen und damit auch im Bereich des Steuerrechts als Teil der staatlichen Einnahmen ist daher eher schwierig.

Allerdings führt das BVerfG auch aus, dass es keine von vorneherein bestimmbare Summe oder Arten von Hoheitsrechten gibt, die in der Hand des Staates ver-

---

[192] BVerfG, Urteil vom 30.06.2009 – 2 BvE 2/08 u.a. BVerfGE 123, 267, Rn. 226.

[193] Vgl. dazu unten F.I.1.a)aa)(1)(a)(bb).

[194] BVerfG, Urteil vom 30.06.2009 – 2 BvE 2/08 u.a. BVerfGE 123, 267, Rn. 246.

[195] BVerfG, Urteil vom 30.06.2009 – 2 BvE 2/08 u.a. BVerfGE 123, 267, Rn. 247.

[196] BVerfG, Urteil vom 30.06.2009 – 2 BvE 2/08 u.a. BVerfGE 123, 267, Rn. 249. Zu diesen bedeutsamen Sachbereichen gehören auch kulturelle Fragen wie die Verfügung über die Sprache, die Gestaltung der Familien- und Bildungsverhältnisse, die Ordnung der Meinungs-, Presse- und Versammlungsfreiheit oder der Umgang mit dem religiösen oder weltanschaulichen Bekenntnis.

[197] BVerfG, Urteil vom 30.06.2009 – 2 BvE 2/08 u.a. BVerfGE 123, 267, Rn. 252.

bleiben müssen.[198] Art. 23 Abs. 1 Satz 1 GG erlaube auch eine politische Union, wobei politische Union die gemeinsame Ausübung von öffentlicher Gewalt, einschließlich der gesetzgebenden, bis hinein in die Kernbereiche des staatlichen Kompetenzraums meine.[199] Dies gelte insbesondere im Bereich der Koordinierung grenzüberschreitender Sachverhalte und im Bereich der Gewährleistung eines gemeinsamen Wirtschafts- und Rechtsraums, in dem sich die Unionsbürger frei entfalten könnten.[200] Revidiert wird dies vom BVerfG insofern, als immer noch ausreichender Raum zur politischen Gestaltung beim jeweiligen Mitgliedstaat verbleiben muss.[201] Das BVerfG sieht diesen Bereich „insbesondere für Sachbereiche, die die Lebensumstände der Bürger, vor allem ihren von den Grundrechten geschützten privaten Raum der Eigenverantwortung und der persönlichen und sozialen Sicherheit, prägen, sowie für solche politische Entscheidungen, die in besonderer Weise auf kulturelle, historische und sprachliche Vorverständnisse angewiesen sind, und die sich im parteipolitisch und parlamentarisch organisierten Raum einer politischen Öffentlichkeit diskursiv entfalten".[202]

In zentralen politischen Bereichen des Raumes persönlicher Entfaltung und sozialer Gestaltung der Lebensverhältnisse muss die Übertragung von Hoheitsrechten auf die Europäische Union in vorhersehbarer Weise sachlich begrenzt werden.[203] Die Grenze soll da gezogen werden, wo die Koordinierung grenzüberschreitender Sachverhalte sachlich notwendig ist.[204]

Das BVerfG schließt aber auch eine grundsätzliche Übertragung von Hoheitsrechten über dieses Maß hinaus nicht aus. Eine Erweiterung der Kompetenzen der EU müsse dann aber mit einer Verbesserung der demokratischen Legitimation einhergehen, da andernfalls die Demokratie auf staatliche Ebene nachhaltig geschwächt würde und die mitgliedstaatlichen Parlamente die von der EU wahrgenommene Hoheitsgewalt nicht mehr demokratisch legitimieren können.[205] Eine solche Verbesserung der demokratischen Legitimierung wäre z. B., wenn das Europäische Parlament Einfluss auf die Rechtsetzung erhielte.[206]

Sollen nun Kompetenzen in zulässiger Weise übertragen werden, ist ein Gesetzesbeschluss erforderlich. Der Gesetzesbeschluss hat die weitreichenden Folgen (einer solchen Kompetenzübertragung) zu erörtern.[207]

---

[198] BVerfG, Urteil vom 30.06.2009 – 2 BvE 2/08 u. a. BVerfGE 123, 267, Rn. 248.

[199] BVerfG, Urteil vom 30.06.2009 – 2 BvE 2/08 u. a. BVerfGE 123, 267, Rn. 248.

[200] BVerfG, Urteil vom 30.06.2009 – 2 BvE 2/08 u. a. BVerfGE 123, 267, Rn. 248.

[201] BVerfG, Urteil vom 30.06.2009 – 2 BvE 2/08 u. a. BVerfGE 123, 267, Rn. 249.

[202] BVerfG, Urteil vom 30.06.2009 – 2 BvE 2/08 u. a. BVerfGE 123, 267, Rn. 249.

[203] BVerfG, Urteil vom 30.06.2009 – 2 BvE 2/08 u. a. BVerfGE 123, 267, Rn. 251.

[204] BVerfG, Urteil vom 30.06.2009 – 2 BvE 2/08 u. a. BVerfGE 123, 267, Rn. 251.

[205] BVerfG, Urteil vom 12.10.1993 – 2 BvR 2134/92 u. a. BVerfGE 89, 155, 186.

[206] BVerfG, Urteil vom 12.10.1993 – 2 BvR 2134/92 u. a. BVerfGE 89, 155, 184 f.

[207] BVerfG, Urteil vom 12.10.1993 – 2 BvR 2134/92 u. a. BVerfGE 89, 155, 183 f.

Wenn die Übertragung von Kompetenzen aber nicht hinreichend klar und umrissen ist, fordert das BVerfG, dass Maßnahmen, die im Rahmen dieser Kompetenzen von europäischer Ebene erlassen werden, erneut nach nationalem Recht i. S. d. Art. 23 Abs. 1 S. 2 GG ratifiziert werden, so z. B. bei einer Richtlinie über Mindestvorschriften zur Festlegung von Straftaten und Strafen in Bereichen besonders schwerer Kriminalität nach Art. 83 Abs. 1 UAbs. 3 AEUV, § 7 Abs. 1 IntVG, bzw. dass entsprechende Maßnahmen durch ein Veto verhindert werden können.[208]

Aufgrund der empfindlichen Berührung der demokratischen Selbstbestimmung seien die vertraglichen Kompetenzgrundlagen für solche Maßnahmen strikt und keinesfalls extensiv auszulegen.[209] Ihre Nutzung bedürfe einer besonderen Rechtfertigung.[210] Im Falle des Strafrechts könne eine solche Rechtfertigung in der Bekämpfung besonders schwerer Kriminalität liegen, die die Funktionsfähigkeit von Rechtsstaatlichkeit und Demokratie in der Europäischen Union bedroht.[211] Diesbezüglich erforderten die Regelungen des AEUV zusätzlich noch eine Notwendigkeit der Bekämpfung aufgrund einer gemeinsamen Grundlage, die aber nicht bereits dann vorliege, wenn die Organe einen entsprechenden politischen Willen gebildet hätten.[212] Vielmehr könne die Notwendigkeit nur aus der Art und Auswirkung der Straftat begründet werden.[213] Die Vorschriften seien zwar eigentlich etwas zu weit gefasst, böten aber hinreichende Anhaltspunkte für eine verfassungskonforme Auslegung.[214] Der Wortlaut sei durch die Formulierung „unerlässlich für die wirksame Durchführung der Politik der Union“ bereits eng genug.[215]

Die in diesem Zusammenhang eingeräumten mitgliedstaatlichen Befugnisse müssten und dürften in Deutschland nur nach den entsprechenden Weisungen des Bundestages und – soweit erforderlich – auch des Bundesrates ausgeübt werden.

Letztlich kommt es also darauf an, dass in den sensiblen Kernbereichen der staatlichen Hoheitsrechte nur sehr eingeschränkt Kompetenzen übertragen werden können. Sollte in diesem Bereich der EU eine Kompetenz eingeräumt worden sein, so ist die Reichweite dieser Kompetenz sehr restriktiv und muss in den Formulierungen klar umrissen werden. Potenzielle Überschreitungen müssen wie eine Vertragsänderung in Deutschland ratifiziert werden. Und es müssen nationale Gestaltungsspielräume verbleiben.

---

[208] BVerfG, Urteil vom 30. 06. 2009 – 2 BvE 2/08 u. a. BVerfGE 123, 267, Rn. 358.
[209] BVerfG, Urteil vom 30. 06. 2009 – 2 BvE 2/08 u. a. BVerfGE 123, 267, Rn. 358.
[210] BVerfG, Urteil vom 30. 06. 2009 – 2 BvE 2/08 u. a. BVerfGE 123, 267, Rn. 358.
[211] BVerfG, Urteil vom 30. 06. 2009 – 2 BvE 2/08 u. a. BVerfGE 123, 267, Rn. 359.
[212] BVerfG, Urteil vom 30. 06. 2009 – 2 BvE 2/08 u. a. BVerfGE 123, 267, Rn. 359.
[213] BVerfG, Urteil vom 30. 06. 2009 – 2 BvE 2/08 u. a. BVerfGE 123, 267, Rn. 359.
[214] BVerfG, Urteil vom 30. 06. 2009 – 2 BvE 2/08 u. a. BVerfGE 123, 267, Rn. 361, 362.
[215] BVerfG, Urteil vom 30. 06. 2009 – 2 BvE 2/08 u. a. BVerfGE 123, 267, Rn. 362.

(bb) Bereich Abgaben

Der Bereich der Abgaben des Bürgers stellt einen Teilbereich der Einnahmen des Staates dar. Damit zählt der Bereich zu den Bereichen, die besonders sensibel für die demokratische Selbstgestaltungsfreiheit eines Verfassungsstaates sind.[216] Gleichzeitig zählen die Abgaben auch zu den wesentlichen Bereichen demokratischer Gestaltung.

Das BVerfG führt zum Bereich der Abgaben wie folgt aus:

> „Eine das Demokratieprinzip und das Wahlrecht zum Deutschen Bundestag in seinem substantiellen Bestimmungsgehalt verletzende Übertragung des Budgetrechts des Bundestages läge vor, wenn die Festlegung über Art und Höhe der den Bürger treffenden Abgaben in wesentlichem Umfang supranationalisiert würde. Der Deutsche Bundestag muss dem Volk gegenüber verantwortlich über die Summe der Belastungen der Bürger entscheiden.“[217]

Im Rahmen von Ausführungen über den Bundeshaushalt führt das BVerfG weiter aus, dass die Gesamtverantwortung für den Haushalt mit ausreichenden politischen Freiräumen für Einnahmen und Ausgaben im Deutschen Bundestag getroffen werden können muss.[218]

Scholz führt dazu aus, dass die Aussagen des BVerfG eine „verfassungsrechtliche Selbstverständlichkeit“ seien und dass das Budgetrecht in der Tat zu den unverzichtbaren Essentialia einer jeden parlamentarischen Demokratie gehöre.[219] Hinsichtlich des Steuerrechts müsse jedoch – jedenfalls partiell – etwas anderes gelten.[220] Scholz begründet das damit, dass das Steuerrecht bereits weitgehend supranationalisiert sei, vor allem im Umsatzsteuerrecht.[221] Zudem würden die Regelungen über die Grundfreiheiten sowie zum Wettbewerb und zu Steuerfragen (zitiert werden Art. 101 ff. AEUV) bereits heute dazu führen, dass ein gemeinschafts-

---

[216] Vgl. BVerfG, Urteil vom 30.06.2009 – 2 BvE 2/08 u.a. BVerfGE 123, 267, Rn. 252.

[217] BVerfG, Urteil vom 30.06.2009 – 2 BvE 2/08 u.a. BVerfGE 123, 267, Rn. 256.

[218] BVerfG, Urteil vom 30.06.2009 – 2 BvE 2/08 u.a. BVerfGE 123, 267, Rn. 256. Die Hoheit über den Haushalt sei der Ort konzeptioneller politischer Entscheidungen über den Zusammenhang von wirtschaftlichen Belastungen und staatlich gewährten Vergünstigungen. Allerdings beschränkt das BVerfG auch diese Aussagen wieder und führt aus, dass nicht jede haushaltswirksame europäische oder internationale Verpflichtung die Gestaltungsfähigkeit des Bundestags als Haushaltsgesetzgeber gefährde. Zu der erstrebten Öffnung der Rechtsordnung und der europäischen Integration gehöre die Anpassung an Vorgaben und Bindungen, die der Haushaltsgesetzgeber als nicht unmittelbar beeinflussbare Faktoren in die eigene Planung einstellen müsse.

[219] Scholz, in: Dürig/Herzog/Scholz, Kommentar zum GG, Losebl. Stand: 92. Lfg. August 2020 Art. 23 Rn. 37.

[220] Scholz, in: Dürig/Herzog/Scholz, Kommentar zum GG, Losebl. Stand: 92. Lfg. August 2020 Art. 23 Rn. 37.

[221] Scholz, in: Dürig/Herzog/Scholz, Kommentar zum GG, Losebl. Stand: 92. Lfg. August 2020 Art. 23 Rn. 37.

rechtlich voll legitimer Grad an weitgehender Vereinheitlichung erreicht ist, der auch verfassungsrechtlich nicht mehr in Frage gestellt werden könne.[222]

Das vermag an sich jedoch nicht zu überzeugen. Dass ein Zustand bereits geschaffen wurde und bislang noch nicht erfolgreich angefochten wurde, vermag keine Aussage über die Legitimität oder Rechtmäßigkeit dieses Zustands zu vermitteln. Die Aussagen von Scholz stehen trotzdem nicht im Widerspruch zu den Grundsätzen des BVerfG. Die Festlegung darf nämlich nur nicht „in wesentlichem Umfang" supranationalisiert werden.

Scholz hält eine Vergemeinschaftung des Steuerrechts auch nur für verfassungskonform, soweit die Zuständigkeiten der Europäischen Union reichen.[223] Anderes könne nur für den Bereich der Ertragsteuern gelten.[224] In diesem Bereich müsse es verfassungsrechtlich bei der vorrangigen Zuständigkeit der Mitgliedstaaten verbleiben, jedenfalls hinsichtlich der Regeln zur Steuererhebung.[225] Hinsichtlich der konkreten Ertragshöhen von Einkommen- und Körperschaftsteuer könne nur bedingt gleiches gelten, soweit die Grundfreiheiten betroffen sind.[226] Soweit die Grundfreiheiten nicht betroffen sind, sei von einer unverändert nationalen Regelungszuständigkeit auszugehen.[227]

Scholz geht also davon aus, dass auch im Bereich der Ertragsteuern zwar grundsätzlich eine Kompetenz an die EU übertragen werden könnte, dies jedoch im Regelfall unzulässig sei.

Steuerrecht stellt Eingriffsrecht dar.[228] Insofern bietet sich ein Vergleich mit den auf die EU-Übertragenen Kompetenzen im Bereich der Strafrechtspflege an. Auch Strafrecht stellt Eingriffsrecht dar. Eine Übertragung von Kompetenzen in diesem Bereich kann nur dann stattfinden, wenn diese hinreichend klar und deutlich festgeschrieben wird. Dabei müssen jedoch immer noch staatliche Spielräume verbleiben. Soweit eine Übertragung nicht hinreichend klar ist oder ggf. über den bisher ausdrücklich eingeräumten Kompetenzbereich hinausgeht, kann einer euro-

---

[222] Scholz, in: Dürig/Herzog/Scholz, Kommentar zum GG, Losebl. Stand: 92. Lfg. August 2020 Art. 23 Rn. 37.

[223] Scholz, in: Dürig/Herzog/Scholz, Kommentar zum GG, Losebl. Stand: 92. Lfg. August 2020 Art. 23 Rn. 37.

[224] Scholz, in: Dürig/Herzog/Scholz, Kommentar zum GG, Losebl. Stand: 92. Lfg. August 2020 Art. 23 Rn. 37.

[225] Scholz, in: Dürig/Herzog/Scholz, Kommentar zum GG, Losebl. Stand: 92. Lfg. August 2020 Art. 23 Rn. 37.

[226] Scholz, in: Dürig/Herzog/Scholz, Kommentar zum GG, Losebl. Stand: 92. Lfg. August 2020 Art. 23 Rn. 37.

[227] Scholz, in: Dürig/Herzog/Scholz, Kommentar zum GG, Losebl. Stand: 92. Lfg. August 2020 Art. 23 Rn. 37.

[228] Vgl. Seer, in: Tipke/Lang, Steuerrecht, 24. Aufl. 2020, § 1 Rn. 27; Drüen, in: Lüdicke, Steuerliche Entwicklungen im Kontext der Globalisierung, 2020, Ein neuer Missbrauchsbegriff im deutschen Internationalen Steuerrecht?

päischen Rechtsetzung nur unter den Voraussetzungen einer Vertragsänderung zugestimmt werden.

(cc) Zusammenfassung Anforderung an Hoheitsübertragung

Nach diesen Grundsätzen kann also im Bereich des Steuerrechts eine Kompetenz nur dann auf die EU übertragen werden, wenn die folgenden Voraussetzungen erfüllt sind:

- Der Bundesrepublik Deutschland müssen substantielle innerstaatliche Gestaltungsmöglichkeiten verbleiben.
- Die Zuständigkeiten dürfen nicht „in wesentlichem Umfang“ übertragen werden.
- Entsprechende nationale Kontroll- und Vetomöglichkeiten müssen verbleiben.
- Die Übertragung muss hinreichend bestimmbar sein.
- Weitergehende Zuständigkeiten können nur übertragen werden, wenn ein erhöhter Grad demokratischer Legitimation (z.B. durch Mitwirkung des Europäischen Parlaments) bei der Zuständigkeitsausübung garantiert wird.

(b) Maßstab der Auslegung

Das BVerfG hat in seinen Entscheidungen Maastricht und Lissabon einige Wegweiser für die Auslegung von Kompetenzen gegeben:

- Keine extensive Auslegung: Das Bundesverfassungsgericht hat festgehalten, dass die demokratische Legitimationskette, die auch für die Übertragung von Hoheitsrechten eingehalten werden muss, nicht dadurch umgangen werden kann, dass bereits bestehende und übertragene Kompetenzen im Wege einer extensiven Auslegung erweitert werden.[229]
- Ausnahme extensive Auslegung: Im Rahmen der justiziellen Zusammenarbeit in Zivilsachen erklärt das BVerfG den Vertrag von Lissabon im Rahmen der Auslegung als verfassungskonform, weist jedoch auch hier darauf hin, dass im Falle einer weitergehenden Auslegung der Vorschriften eine konstitutive Befassung der deutschen Gesetzgebungsorgane erforderlich wird.[230]

---

[229] Vgl. z.B. BVerfG, Urteil vom 12.10.1993 – 2 BvR 2134/92 u.a. BVerfGE 89, 155, 210; Wetzel kritisierte insoweit bereits, dass die Frage des Kompetenzumfangs oftmals eine politische sein könnte, Wetzel, Ausgewählte Erwägungen im Kreise der deutschen Länder zu Problemen und Lösungsansätzen der Kompetenzordnung der Europäischen Union, in: Götz/Soria, Kompetenzverteilung zwischen der Europäischen Union und den Mitgliedstaaten, 63. Das BVerfG hat damit bestätigt, dass eine derartige politische Ausweitung der Kompetenzen unzulässig ist und der Idee einer dynamischen Kompetenzausübung eine Absage erteilt. Vgl. zur Dynamik auch Götz, Die Abgrenzung der Zuständigkeiten zwischen der Europäischen Union und den Mitgliedstaaten nach dem Europäischen Rat von Laeken, in: Götz/Soria, Kompetenzverteilung zwischen der Europäischen Union und den Mitgliedstaaten, 89 f.

[230] BVerfG, Urteil vom 30.06.2009 – 2 BvE 2/08 u.a. BVerfGE 123, 267, Rn. 369.

- Auslegung anhand der Ziele und Aufgaben der EU: Das BVerfG führt aus, dass ein Rückschluss von den grundsätzlichen Aufgaben der EU auf eine konkrete Befugnis unzulässig ist.[231] Im Weiteren führt das BVerfG aus, dass die Auslegung einer Kompetenznorm zwar mit Blick auf die Vertragsziele ausgelegt werden kann, diese Ziele aber alleine nicht ausreichen, um die Kompetenzen der EU zu begründen oder zu erweitern.[232] Eine bestimmte Auslegung dürfe einer Vertragserweiterung nicht gleichkommen.[233]
- Regelvermutung für eine Zuständigkeit der Mitgliedstaaten: Das BVerfG bezeichnet das Erfordernis der vertraglichen Zuweisung von Befugnissen als grundlegendes Merkmal der Gemeinschaftsrechtsordnung, bei der die Befugnis der einzelnen Staaten die Regel, die Befugnis der Gemeinschaft hingegen die Ausnahme sei.[234]

(c) Historie der Kompetenzübertragung auf die EU

Die Europäische Union wie wir sie heute kennen ist über einen Zeitraum von über 70 Jahren gewachsen.[235]

Vor Einführung des Art. 23 GG wurden für die europäischen Verträge Kompetenzen nach Art. 24 Abs. 1 GG auf die Europäische Gemeinschaft als „zwischenstaatliche Einrichtung“ übertragen.[236]

Die grundlegende Entwicklung begann mit der Gründung der Europäischen Gemeinschaft für Kohle und Stahl, bei der es primär um die Schaffung eines gemeinsamen Marktes für Kohle und Stahl ging. Daraus entwickelte sich die Europäische Wirtschaftsgemeinschaft EWG. Grundgedanke war dabei die Schaffung einer Zollunion, bei der der gemeinsame Markt mittels der vier Marktfreiheiten (Waren, Personen, Dienstleitungen und Kapital) verwirklicht werden sollte. Im Rahmen der weiteren Entwicklung wurde durch die Finanzreform 1970 die Finanzierung der Union mit eigenen Mitteln festgeschrieben. 1986 wurde die politische Zusammenarbeit vertraglich geregelt (Einheitliche Europäische Akte). Damit zusammen wurden auch neue Regelungen für den Binnenmarkt getroffen und Kompetenzen im Bereich Forschung und Technologie, Umweltschutz und Wirtschaftsentwicklung auf die EU übertragen.

Erst die Gründung der Europäischen Union mit dem Vertrag von Maastricht 1992 führte zu einer weitgehenden Verselbstständigung der Europäischen Union.

---

[231] BVerfG, Urteil vom 12. 10. 1993 – 2 BvR 2134/92 u. a. BVerfGE 89, 155, 212.

[232] BVerfG, Urteil vom 12. 10. 1993 – 2 BvR 2134/92 u. a. BVerfGE 89, 155, 209.

[233] BVerfG, Urteil vom 12. 10. 1993 – 2 BvR 2134/92 u. a. BVerfGE 89, 155, 209.

[234] BVerfG, Urteil vom 12. 10. 1993 – 2 BvR 2134/92 u. a. BVerfGE 89, 155, 193.

[235] Vgl. zu den einzelnen Entwicklungsstufen Herdegen, Europarecht, 20. Aufl. 2018, § 4, S. 57 ff.

[236] Scholz, in: Dürig/Herzog/Scholz, Kommentar zum GG, Losebl. Stand: 92. Lfg. August 2020, Art. 23 Rn. 11.

Ziel war es, „den mit der Gründung der europäischen Gemeinschaften eingeleiteten Prozess der europäischen Integration auf eine neue Stufe zu heben“[237]. Weiter gehören zu den Zielen die „Errichtung einer Wirtschafts- und Währungsunion“, „Behauptung der Identität auf internationaler Ebene, insbesondere durch eine Gemeinsame Außen und Sicherheitspolitik“ (inkl. einer gemeinsamen Verteidigungspolitik), „die Stärkung des Schutzes der Rechte und Interessen der Angehörigen ihrer Mitgliedstaaten durch Einführung einer Unionsbürgerschaft“, „die Entwicklung einer engeren Zusammenarbeit in der Bereichen Justiz und Inneres“ und die „Beachtung des Subsidiaritätsprinzips“.[238] Im Rahmen dieser Zielsetzungen wurden der Europäischen Union aber keine Kompetenz-Kompetenzen übertragen, also keine Erlaubnis, sich eigene weitere Zuständigkeiten selbst zu schaffen.[239]

Mit dem Vertrag von Amsterdam 1997 wurden die Kompetenzen der Europäischen Union nur geringfügig erweitert, z. B. im Bereich der Einwanderung und im Bereich der Justitiellen Zusammenarbeit in Zivilsachen.[240]

Mit Vertrag von Nizza in 2001 wurde der Kompetenzbereich für Abstimmungen mit qualifizierter Mehrheit erweitert.[241] Das Einstimmigkeitsprinzip blieb aber in einzelnen Bereichen der Handelspolitik sowie in zentralen Fragen der Steuer und Sozialpolitik erhalten.[242]

Der Versuch der Einführung eines Verfassungsvertrags in 2005 scheiterte. Dabei wurden im Vorfeld auch Änderungen für den Bereich des Steuerrechts vorgeschlagen. In einer Stellungnahme der Kommission[243] heißt es insoweit:

> „In einigen Fällen ist das Gebot der Einstimmigkeit darauf zurückzuführen, dass die entsprechende Zuständigkeit der Union sehr weit gefasst ist; eine präzisere Abgrenzung der Zuständigkeiten der Union sollte in einigen Fällen den Rückgriff auf die Einstimmigkeit überflüssig machen, zum Beispiel
>
> - Besteuerung im Zusammenhang mit dem ordnungsgemäßen Funktionieren des Binnenmarkts d. h.
>   - Modernisierung und Vereinfachung des bestehenden Rechts,

[237] Präambel des Vertrags von Maastricht vom 07. 02. 1992, Abl.-EG Nr. C 191/1. Vgl. dazu auch Scholz, in: Dürig/Herzog/Scholz, Kommentar zum GG, Losebl. Stand: 92. Lfg. August 2020, Art. 23 Rn. 12 m. w. N.

[238] Art. B des Vertrags von Maastricht vom 07. 02. 1992, Abl.-EG Nr. C 191/1. Vgl. dazu jeweils m. w. N. Scholz, in: Dürig/Herzog/Scholz, Kommentar zum GG, Losebl. Stand: 92. Lfg. August 2020, Art. 23 Rn. 12.

[239] Vgl. Scholz, in: Dürig/Herzog/Scholz, Kommentar zum GG, Losebl. Stand: 92. Lfg. August 2020, Art. 23 Rn. 12.

[240] Vgl. Scholz, in: Dürig/Herzog/Scholz, Kommentar zum GG, Losebl. Stand: 92. Lfg. August 2020, Art. 23 Rn. 13.

[241] Vgl. Scholz, in: Dürig/Herzog/Scholz, Kommentar zum GG, Losebl. Stand: 92. Lfg. August 2020, Art. 23 Rn. 14.

[242] Herdegen, Europarecht, 20. Aufl. 2018, § 4, S. 69.

[243] Stellungnahme der Kommission zur Regierungskonferenz, KOM (2003) 548.

  - Verwaltungszusammenarbeit,
  - Bekämpfung von Betrug und Steuerhinterziehung,
  - Maßnahmen in Bezug auf die Steuerbemessungsgrundlage der Unternehmen mit Ausnahme der Steuersätze,
- Gesichtspunkte des freien Kapitalverkehrs in Verbindung mit Betrugsbekämpfung;
- Besteuerung im Zusammenhang mit der Umwelt."

Diese Formulierung ist zunächst irreführend. Das Gebot der Einstimmigkeit hat keinen Zusammenhang mit der weit gefassten Zuständigkeit der Union im Bereich des direkten Steuerrechts – eine solche besteht nämlich nicht[244]. Sie zeigt aber, dass es Bestrebungen gab, entsprechende klare Zuständigkeiten im Bereich des Steuerrechts für die EU zu schaffen (dann sogar mit bloßer Mehrheitsentscheidung), die jedoch überwiegend[245] keinen Erfolg hatten.

So wurde im Vertrag von Lissabon zwar eine grundlegende Umstrukturierung vorgenommen, die aber nicht mit der Übertragung weiterer wesentlicher Kompetenzen – auch nicht im Bereich des Steuerrechts – verbunden wurde.[246] Die tatsächliche Kompetenzverteilung zwischen der Europäischen Union und den Mitgliedstaaten sollte transparenter gestaltet und die Kompetenzen für die Europäische Union ausgeweitet werden.[247]

So wurde die EU als rechtsfähige Organisation konstituiert, Abstimmungsmechanismen im Rat wurden geändert, polizeiliche und justizielle Zusammenarbeit verstärkt, ebenso wurde die gemeinsame Sicherheits- und Außenpolitik gestärkt, die EU-Grundrechte Charta und die Stärkung des Europäischen Parlaments bei der Rechtsetzung.[248] Herdegen schreibt zum Vertrag von Lissabon, dass sich der Kompetenzzuwachs der Europäischen Union in einem maßvollen Rahmen halte.[249] Das Regelungsgefüge des europäischen Wirtschaftsrechts (Regime des Binnenmarktes mit den Marktfreiheiten und die Wettbewerbsordnung) bleibe weithin unverändert.[250] Im Steuerrecht bleibe noch genügend Raum für einen fruchtbaren Systemwettbewerb unter den Mitgliedstaaten.[251]

---

[244] Vgl. dazu unten F.I.1.a)bb)(1)(d).

[245] Für Besteuerung im Zusammenhang mit der Umwelt besteht nach Art. 192 Abs. 2 AEUV eine Zuständigkeit, vgl. dazu E.I.1.a)bb)(1)(d)(aa).

[246] Vgl. Scholz, in: Dürig/Herzog/Scholz, Kommentar zum GG, Losebl. Stand: 92. Lfg. August 2020, Art. 23 Rn. 16.

[247] Vgl. Scholz, in: Dürig/Herzog/Scholz, Kommentar zum GG, Losebl. Stand: 92. Lfg. August 2020, Art. 23 Rn. 16.

[248] Herdegen, Europarecht, 20. Aufl. 2018, § 4, S. 72.

[249] Herdegen, Europarecht, 20. Aufl. 2018, § 4, S. 73.

[250] Herdegen, Europarecht, 20. Aufl. 2018, § 4, S. 73.

[251] Herdegen, Europarecht, 20. Aufl. 2018, § 4, S. 73.

(d) Kompetenzen der Europäischen Union nach dem Vertrag von Lissabon

Es wird unterschieden zwischen ausschließlicher, geteilter und unterstützender Gesetzgebungskompetenz der EU. Art. 3 AEUV enthält die Aufzählung der ausschließlichen Zuständigkeiten. Art. 4 AEUV regelt die Bereiche der geteilten Gesetzgebungskompetenz. In Art. 5 und 6 AEUV werden Maßnahmen im Bereich der unterstützenden Gesetzgebung aufgezählt. Zusätzlich können sich weitere Kompetenzen aus einzelnen Ermächtigungsgrundlagen ergeben.

(aa) Ausdrückliche steuerliche Kompetenzen

Nach Art. 3 Abs. 1 lit a AEUV hat die Union die ausschließliche Kompetenz im Bereich der Zollunion. Das ist die einzige ausdrückliche direkte Zuständigkeitszuweisung im Bereich des Steuerrechts.

Im dritten Teil (Die internen Politiken und Maßnahmen der Union), in Titel VII (Gemeinsame Regeln betreffend Wettbewerb, Steuerfragen und Angleichung der Rechtsvorschriften), Kapitel 2 des AEUV finden sich dennoch weitere Regeln über steuerliche Vorschriften. Umfasst sind von diesem Abschnitt die Art. 110 AEUV bis Art. 113 AEUV. Art. 110 und 111 AEUV betreffen Abgaben auf Waren. Art. 112 AEUV betrifft ebenfalls die Ein- und Ausfuhr von Waren und Dienstleistungen. Art. 113 AEUV betrifft die Harmonisierung von indirekten Steuern. Ausführungen zu direkten Steuern und damit eine Zuständigkeit für den Erlass entsprechender Maßnahmen fehlen.

Kapitel 3 betrifft die Angleichung von Rechtsvorschriften. Erfasst sind von diesem Kapitel die Art. 114 AEUV bis Art. 118 AEUV. Dabei geht es um die Errichtung und das Funktionieren des Binnenmarktes und die Beseitigung von Verfälschungen der Wettbewerbsbedingungen auf dem Binnenmarkt, wenn diese eine Verzerrung hervorrufen. Art. 118 AEUV befasst sich zudem mit geistigem Eigentum. Eine ausdrückliche Kompetenz für den Erlass steuerlicher Vorschriften ist nicht enthalten. Art. 114 Abs. 2 AEUV schließt das Steuerrecht sogar ausdrücklich vom Anwendungsbereich der Vorschrift aus.

Nach Art. 173 AEUV sorgen die Union und die Mitgliedstaaten dafür, dass die notwendigen Voraussetzungen für die Wettbewerbsfähigkeit der Industrie gewährleistet wird und erlassen entsprechende Maßnahmen. Abs. 3 UAbs. 2 der Vorschrift stellt jedoch klar, dass aufgrund dieser Vorschrift die Union keine Grundlage für die Einführung irgendeiner Maßnahme bietet, die steuerliche Vorschriften enthält.

Nach Art. 192 Abs. 2 lit. a) AEUV darf der Rat Vorschriften überwiegend steuerlicher Art im Bereich des Umweltschutzes erlassen.[252] Dabei ist Art. 192 AEUV nur taugliche Ermächtigungsgrundlage für die Harmonisierung von mit-

[252] Vgl. dazu Tiedke/Mohr, EuZW 2008, 424.

gliedstaatlichem Steuerrecht, wenn der Schwerpunkt der Regelung im Umweltschutz liegt.[253]

In Protokoll 7 zum AEUV finden sich noch weitere steuerliche Regelungen, die jedoch nicht zum Erlass von Maßnahmen im Bereich des direkten Steuerrechts ermächtigen.

Insgesamt fehlt es also an einer ausdrücklichen Zuständigkeitszuweisung, die zum Erlass der ATAD hätte berechtigen können.

(bb) Sonstige Kompetenzen mit möglichem steuerlichem Bezug

Fraglich ist, inwieweit der Europäischen Union sonstige Zuständigkeiten übertragen wurden, die auch eine Regelung im Bereich des direkten Steuerrechts ermöglichen könnten oder inwieweit eine neue Übertragung (ggf. auch konkludent) möglich wäre.

Wie bereits ausgeführt erkennt der EuGH, dass trotz fehlender Zuständigkeit der Europäischen Union sich das nationale Steuerrecht anhand der Grundfreiheiten messen lassen muss. Im Rahmen der sonstigen Zuständigkeiten der Europäischen Union lassen sich im Wesentlichen drei Zuständigkeiten feststellen, die einen engen Bezug zum Steuerrecht aufweisen könnten: Festlegung der für das Funktionieren des Binnenmarktes erforderlichen Wettbewerbsregeln (Art. 3 Abs. 1 lit. b AEUV), Binnenmarkt (Art. 4 Abs. 2 lit. a AEUV) und die Koordinierung der Wirtschaftspolitik (Art. 5 Abs. 1 AEUV).

(i) Wettbewerbsregeln

Der Umfang der ausschließlichen Kompetenz nach Art. 3 Abs. 1 lit b. AEUV ist dabei umstritten[254], der Bezug ist aber eher auf den Bereich der Wettbewerbsregeln der Art. 101 ff. AEUV gerichtet[255]. Steuerrecht wird nur im Ausnahmefall und als Reflexwirkung von dieser Zuständigkeit erfasst sein.[256] Zudem ist die Europäische

[253] Nettesheim, in: Grabitz/Hilf/Nettesheim, Das Recht der europäischen Union, Losebl. Stand: 73. Lfg. Mai 2021, Art. 192 AEUV Rn. 73.

[254] Vgl. dazu Nettesheim, in: Grabitz/Hilf/Nettesheim, AEUV, Stand: 73. Lfg. Mai 2021, Art. 3 Rn. 11 ff. m. w. N., so auch Braams, in: Pernice, Der Vertrag von Lissabon, S. 121. Vgl. auch Calliess, in: Calliess/Ruffert, AEUV, 5. Aufl. 2016 Art. 3 Rn. 6 ff.

[255] Es ist nicht der „Systemwettbewerb" des Steuerrechts zwischen den Mitgliedstaaten gemeint, vgl. Herdegen, Europarecht, 20. Aufl. 2018, § 4, S. 73. Vgl. dazu auch Calliess, in: Calliess/Ruffert, AEUV, 5. Aufl. 2016 Art. 3 Rn. 6 ff.

[256] Zwar unterliegt nationales Steuerrecht der Prüfung nach dem Beihilfeverbot des Art. 107 Abs. 1 AEUV, Jaeger, EuZW 2012, 92 m. w. N. Dabei handelt es sich jedoch um ein Verbot staatlicher Maßnahmen und nicht um eine Ermächtigung zur aktiven Harmonisierung des Steuerrechts. Vgl. dazu auch Lehner u. a., in: Kessler/Kröner/Köhler, Konzernsteuerrecht, 3. Aufl. 2018, § 6 Rn. 57 f.

Union im Bereich der ausschließlichen Zuständigkeit auf „das für ein ordentliches Funktionieren des Binnenmarktes erforderliche Maß beschränkt“[257].

(ii) Binnenmarktkompetenz

Fraglich ist, ob der Binnenmarkt eine weitergehende Zuständigkeit für Maßnahmen im Bereich des direkten Steuerrechts enthält.

Art. 26 Abs. 2 AEUV enthält eine Legaldefinition des Begriffs „Binnenmarkt“. Danach umfasst der Binnenmarkt einen Raum ohne Binnengrenzen, in dem der freie Verkehr von Waren, Personen, Dienstleistungen und Kapital gemäß den Bestimmungen der Verträge gewährleistet ist. Der Binnenmarkt bezieht sich damit auf die vier Grundfreiheiten Warenverkehrsfreiheit (Art. 28 ff. AEUV), Personenfreizügigkeit (Freizügigkeit Art. 21 AEUV, Arbeitnehmerfreizügigkeit Art. 45 ff. AEUV und Niederlassungsfreiheit Art. 49 ff. AEUV), Dienstleistungsfreiheit (Art. 56 ff. AEUV) und Kapitalverkehrsfreiheit (Art. 63 AEUV). Dabei wirkt der Binnenmarkt wie bereits ausgeführt[258] auf das nationale Steuerrecht ein, indem er ungerechtfertigte Eingriffe in den Binnenmarkt (also in die Grundfreiheiten) durch nationales Steuerrecht verbietet.[259]

Eine Kompetenz der Europäischen Union besteht also dann, wenn es um die Verwirklichung der Grundfreiheiten geht. Direktes Steuerrecht könnte durchaus ein den Binnenmarkt beschränkender Faktor sein, der dann durch europäische Rechtsetzung teilweise abgemildert wird. So wurde in der Vergangenheit von der Europäischen Union im Bereich der direkten Steuern Recht gesetzt, wie z. B. in der Mutter-Tochter-Richtlinie, die als notwendig erachtet wurde, um „binnenmarktähnliche Verhältnisse in der Gemeinschaft zu schaffen und damit die Errichtung und das Funktionieren des Gemeinsamen Marktes zu gewährleisten“[260].

Fraglich ist aber, wie weit die sich aus dem Binnenmarkt ergebende Zuständigkeit für den Erlass von Maßnahmen im Bereich des direkten Steuerrechts reicht.

[257] Nettesheim, in: Grabitz/Hilf/Nettesheim, AEUV, Stand: 73. Lfg. Mai 2021, Art. 3 Rn. 14.

[258] Vgl. E.I.1.a)aa). EuGH, Urteil vom 14.02.1995 – Rs. C-279/93 – Schumacker Rn. 21; bestätigt durch EuGH, Urteil vom 11.03.2004 – C-9/02 – Lasteyrie du Saillant, Rn. 44 mit Verweis auf seine insoweit ständige Rechtsprechung.

[259] Die vertragliche Verpflichtung zur Schaffung eines einheitlichen europäischen Binnenmarktes umfasst unter anderem, dass alles unterlassen wird, was im Kern Protektionismus und Abschottung darstellt, Wassermeyer, in: Flick/Wassermeyer/Baumhoff, Kommentare zum AStG Losebl. Stand: 84. Erg. Lfg. März 2018 Vor §§ 7–14 Rn. 36.

[260] Präambel der RL des Rates vom 23. Juli 1990 über das gemeinsame Steuersystem der Mutter- und Tochtergesellschaften verschiedener Mitgliedstaaten, RL 90/435/EWG, Abl. EU Nr. L 225/6. Der Begriff des „gemeinsamen Marktes“ wurde nunmehr in den Verträgen durch den einheitlichen Begriff des „Binnenmarktes“ ersetzt.

Die Grundfreiheiten sollen Hemmnisse für den grenzüberschreitenden Wirtschaftsverkehr verhindern.[261] Da der EuGH in jedem Einzelfall eine steuerliche Maßnahme anhand einzelner Grundfreiheiten überprüfen könnte, kann es grundsätzlich vom Ergebnis keinen Unterschied machen, ob der EuGH den Verstoß ex-post beseitigt oder der Verstoß durch einen Rechtsakt der EU ex-ante verhindert wird. Der entscheidende Unterschied dabei ist jedoch, dass das Urteil des EuGH zunächst nur eine bestimmte Maßnahme eines bestimmten Mitgliedstaats betrifft, während z.B. eine Richtlinie für alle Mitgliedstaaten Geltung hat. Das ist solange kein Problem, wie ein Verstoß gegen eine Grundfreiheit in allen Mitgliedstaaten gleichermaßen vorliegt und dementsprechend in allen Mitgliedstaaten beseitigt werden muss. Schwieriger wird die Beantwortung der Frage, wenn es in manchen Mitgliedstaaten einen zu beseitigenden Verstoß gibt, in anderen Mitgliedstaaten jedoch nicht.

Beispiel:

Fünf der Mitgliedstaaten sehen eine besondere Besteuerung für ausländische Dividenden im Gegensatz zu inländischen Dividenden vor (Verstoß gegen die Niederlassungsfreiheit). Die übrigen Mitgliedstaaten sehen keine Besteuerung von Dividenden vor. Eine Richtlinie, die nunmehr vorgibt (EU-)ausländische Dividenden nicht schlechter zu behandeln als inländische Dividenden hat nur Auswirkungen auf die fünf Mitgliedstaaten mit der schädlichen Regelung.

Die Richtlinie in diesem Beispiel hätte dabei aber den durchaus sinnvollen Effekt, zukünftige Verstöße durch entsprechende neue Vorschriften der anderen Mitgliedstaaten zu verhindern. Jedenfalls solange eine Richtlinie darauf beschränkt ist, Verstöße gegen die Grundfreiheiten zu beseitigen, kann die Binnenmarktkompetenz daher auch eine Zuständigkeit für (punktuelle) Regelungen im Bereich des direkten Steuerrechts begründen.[262]

Ein weiteres Problem entsteht, wenn der EuGH einen Verstoß gegen eine Grundfreiheit feststellen würde, dieser aber im konkreten Fall gerechtfertigt wäre, sodass die steuerliche Regelung Bestand hätte. Eine Behebung des Verstoßes durch eine Richtlinie würde ggf. dem Rechtfertigungsgrund nicht Rechnung tragen.

Da im Rahmen der Grundfreiheiten Verstöße und damit Hindernisse gerechtfertigt werden können, gibt Art. 26 Abs. 2 AEUV darüber hinaus den Auftrag an die EU, solche Hindernisse aktiv zu beseitigen.[263]

---

[261] Vgl. Streinz, Europarecht, 11. Aufl. 2019, Rn. 983 ff.

[262] So auch Classen, in: von der Groeben/Schwarze/Hatje, AEUV, 7. Aufl. 2015, Art. 115 Rn. 18, der eine „präventive Rechtsangleichung" im Bereich des Steuerrechts für zulässig erachtet. So auch grds. Trüe, Das System der Rechtsetzungskompetenzen der Europäischen Gemeinschaft und der Europäischen Union, 2002, S. 214.

[263] Van Vormizeele, in: von der Groeben/Schwarze/Hatje, AEUV, 7. Aufl. 2015, Art. 26 Rn. 8.

Weiterhin soll der Binnenmarkt Wettbewerbsverfälschungen vermeiden.[264] Das Problem der unterschiedlichen Wettbewerbsbedingungen ergibt sich nach Aufhebung der Binnengrenzen vor allem durch strukturelle Unterschiede zwischen den Ländern.[265] Dieses Problem sei nach Voet van Vormizeele den Verfassern des EWG-Vertrages bei Errichtung des Gemeinsamen Marktes bewusst gewesen.[266] Sie hätten vor allem die aus unterschiedlichen Steuern und Soziallasten herrührenden strukturellen Wettbewerbsverfälschungen zwischen miteinander konkurrierenden Unternehmen vor Augen gehabt.[267] Später seien Themen wie Produktionsverlagerung ins Blickfeld gerückt, die (auch) zum Zweck der „virtuosen Handhabung steuerverkürzender Gewinntransfers von Mitgliedstaat zu Mitgliedstaat" erfolgten.[268]

Daraus lässt sich jedoch keine umfassende Kompetenz zur Regelung des Steuerrechts herleiten. Gerade vor dem Hintergrund, dass die strukturellen Unterschiede im Bereich des Steuerrechts und die Möglichkeit der Produktionsverlagerung erkannt wurden, wäre eine ausdrückliche Kompetenz in diesem Bereich erforderlich gewesen.[269] In der Literatur wird insoweit vertreten, dass auch das Steuerrecht sich auf die Verwirklichung und das Funktionieren des Binnenmarktes auswirke ohne dass die Grundfreiheiten direkt betroffen seien, da sich die Unterschiedlichkeit der Steuersysteme als Kostenfaktor auf Aktivität und Standortentscheidung von Wirtschaftssubjekten auswirken könne.[270] Das vermag jedoch nicht zu überzeugen, da insoweit jeder rechtliche Unterschied zwischen den Mitgliedstaaten eine Auswirkung haben könnte und dann letztlich die EU befugt wäre, sämtliche Rechtsbereiche zu harmonisieren. Das kann nicht sein und verstößt auch gegen das Prinzip der begrenzten Einzelermächtigung sowie die vom BVerfG aufgestellten Grundsätze zur Übertragung von Kompetenzen auf die EU.[271]

---

[264] In der Literatur wird teilweise darauf verwiesen, dass die Einbeziehung des Wettbewerbs in das Binnenmarktkonzept nicht vom Wortlaut des Art. 26 AEUV gedeckt ist, Classen, in: von der Groeben/Schwarze/Hatje, AEUV, 7. Aufl. 2015, Art. 114 Rn. 59 m.w.N.; van Vormizeele, in: von der Groeben/Schwarze/Hatje, AEUV, 7. Aufl. 2015, Art. 26 Rn. 28.

[265] Van Vormizeele, in: von der Groeben/Schwarze/Hatje, AEUV, 7. Aufl. 2015, Art. 26 Rn. 28.

[266] Van Vormizeele, in: von der Groeben/Schwarze/Hatje, AEUV, 7. Aufl. 2015, Art. 26 Rn. 28.

[267] Van Vormizeele, in: von der Groeben/Schwarze/Hatje, AEUV, 7. Aufl. 2015, Art. 26 Rn. 28.

[268] Van Vormizeele, in: von der Groeben/Schwarze/Hatje, AEUV, 7. Aufl. 2015, Art. 26 Rn. 28.

[269] Bock plädiert insoweit für eine Aufhebung der Beschränkung des Anwendungsbereichs der Binnenmarktkompetenz, nach der das Steuerrecht nicht nach Art. 114 AEUV mitgeregelt werden darf, Bock, Rechtsangleichung und Regulierung im Binnenmarkt, S. 181 f.

[270] Schön, Der „Wettbewerb" der europäischen Steuerordnungen als Rechtsproblem, in: Pelka, Europa- und Verfassungsrechtliche Grenzen der Unternehmensbesteuerung 2000, 218.

[271] Vgl. dazu oben F.I.1.a)aa).

Bei der Verfälschung des Wettbewerbs kann es daher regelmäßig nur dann eine Zuständigkeit der EU geben, wenn es um die Reduzierung von bereits bestehenden Hemmnissen geht, nicht um die Schaffung neuer, dann aber für alle geltende Schranken.[272]

Herdegen geht sogar so weit, zwischen dem Wirtschaftsrecht, welches mit dem Binnenmarkt zusammenhängt, und dem Steuerrecht, welches eine primär eigenständige Materie ist, mittels derer die Mitgliedstaaten in einen Systemwettbewerb treten können, zu trennen[273] und entzieht das Steuerrecht damit grundsätzlich dem Anwendungsbereich des Binnenmarktes.[274] Das würde jedoch nicht berücksichtigen, dass auch im Rahmen eines Systemwettbewerbs[275], der grundsätzlich gewollt ist, einzelne Regelungen übergebührlich in den Binnenmarkt eingreifen können. Für diese Einzelfälle muss eine Regelung im Rahmen der Binnenmarktkompetenz möglich sein. Dabei kann es nicht ausreichend sein, dass eine Reglung den Wettbewerb allgemein beschränkt.[276] Es bedürfe „vielmehr einer qualitativ spürbaren und nicht nur einer geringfügigen, mittelbaren oder hypothetischen Verzerrung der Wettbewerbsverhältnisse durch nationales Recht"[277].

Um bestimmen zu können, wann eine Wettbewerbsverfälschung eine Kompetenz der EU im Rahmen den Binnenmarktkompetenz eröffnet, ist zunächst zu erläutern, was der Wettbewerb ist und wann er verfälscht wird.

---

[272] Dies würde zwar Wettbewerbsverfälschungen verhindern, wäre aber nicht zwangsläufig von der Kompetenzeinräumung gegenüber der EU erfasst. Vgl. Korte, in: Calliess/Ruffert, AEUV, 5. Aufl. 2016, Art. 114 Rn. 46, der für eine Regelung aufgrund der Binnenmarktkompetenz einen positiven Binnenmarkteffekt fordert. Dieser fehle, wenn die Rechtsangleichung in toto binnenmarktneutral, -peripher oder gar behindernd sei, insbesondere weil sie nur auf eine abstrakte Gefahr oder Möglichkeit einer Wettbewerbsverfälschung durch nationales Recht reagiere. Anders Classen, in: von der Groeben/Schwarze/Hatje, AEUV, 7. Aufl. 2015, Art. 115 Rn. 18, der es von der Binnenmarktkompetenz erfasst sieht, eine in nur bestimmten Staaten geltende Steuer, die den Wettbewerb verzerrt durch eine in allen Mitgliedstaaten geltende Steuer zu ersetzen.

[273] Herdegen, Europarecht, 20. Aufl. 2018, § 4, S. 73.

[274] Vgl. auch Wagner, Das Konzept der Mindestharmonisierung, 174, der eine Harmonisierung auf Bereiche des Gesundheits-, Sicherheits-, Umwelt- und Verbraucherschutzes beschränken will und im Übrigen einen Systemwettbewerb als vorzugswürdig erachtet.

[275] Vgl. zum Systemwettbewerb im Steuerrecht Schön, Der „Wettbewerb" der europäischen Steuerordnungen als Rechtsproblem, in: Pelka, Europa- und Verfassungsrechtliche Grenzen der Unternehmensbesteuerung 2000, 191 ff.

[276] So auch Korte, in: Calliess/Ruffert, AEUV, 5. Aufl. 2016, Art. 114 Rn. 42, mit der richtigen Erkenntnis, dass eine weitere Auslegung nicht mit dem Prinzip der begrenzten Einzelermächtigung vereinbar wäre und der Zuständigkeit des Unionsgesetzgebers ansonsten praktisch keine Schranken gesetzt wären.

[277] Korte, in: Calliess/Ruffert, AEUV, 5. Aufl. 2016, Art. 114 Rn. 43, EuGH, Urteil vom 05. 10. 2000 – Rs. C-376/98 – Deutschland/Parlament und Rat, Slg. 2000, I-8419 Rn. 113.

Wettbewerb wird im Allgemeinen definiert als Streben von zwei oder mehr Personen oder Gruppen nach einem Ziel, wobei der höhere Zielerreichungsgrad des einen i. d. R. einen niedrigeren Zielerreichungsgrad des anderen bedingt.[278]

Der Wettbewerb in der Wirtschaft wird dabei durch folgende Merkmale charakterisiert:

- Existenz von Märkten.
- Mit mindestens zwei Anbietern oder Nachfragern.
- Die sich antagonistisch verhalten (also durch Einsatz verschiedener Mittel ihren Zielerreichungsgrad zulasten anderer verbessern wollen).[279]

Die Bundeszentrale für politische Bildung definiert Wettbewerb wie folgt:

> „die Konkurrenz der Teilnehmer auf einem Markt, vor allem der Wettkampf der Verkäufer von Erzeugnissen und Leistungen um die Gunst der Käufer. Der Wettbewerb ist das wichtigste Gestaltungselement der Marktwirtschaft. Er sorgt dafür, dass die volkswirtschaftlichen Produktionsfaktoren den bestmöglichen Verwendungen zugeführt werden und somit für die bestmögliche Güterversorgung in der Volkswirtschaft (Steuerungsfunktion).
>
> Der Wettbewerb ist weiterhin Motor für technischen Fortschritt, für neue qualitativ hochwertige Produkte und für das Bestreben der Unternehmen nach möglichst kostengünstiger Produktion (Antriebsfunktion). Der Wettbewerb bewirkt auch eine leistungsgerechte Verteilung der Gewinne, indem er dafür sorgt, dass nur solche Unternehmen dauerhaft am Markt bestehen können, die wettbewerbsfähig produzieren."[280]

Der EuGH hat zur Eingrenzung dieses sehr weiten und potenziell uferlosen Bereichs das Kriterium der „Spürbarkeit" der Wettbewerbsverfälschung entwickelt.[281]

Eine Spürbarkeit wird regelmäßig bei Bestimmungen angenommen, die zu unterschiedlichen Herstellungskosten führen.[282] Vorschriften, die lediglich hinsichtlich der Skalierbarkeit oder der möglichen Gewinnerzielung begünstigen, sollen sich aber nur mittelbar auf den Wettbewerb auswirken, sodass eine Spürbarkeit insoweit verneint wird.[283]

---

[278] https://wirtschaftslexikon.gabler.de/definition/wettbewerb-48719.

[279] https://wirtschaftslexikon.gabler.de/definition/wettbewerb-48719.

[280] https://www.bpb.de/nachschlagen/lexika/lexikon-der-wirtschaft/21127/wettbewerb.

[281] EuGH, Urteil vom 05.10.2000 – Rs. C-376/98 – Deutschland/Parlament und Rat, Slg. 2000, I-8419 Rn. 113.

[282] M. Schröder, in: Streinz, AEUV, 3. Aufl. 2018, Art. 114 Rn. 29; Terhechte, in: Frankfurter Kommentar, 2017, Art. 114 AEUV Rn. 63; Tietje, in: Grabitz/Hilf/Nettesheim, AEUV, Losebl. Stand: 73. EL Mai 2021, Art. 114 Rn. 104.

[283] EuGH, Urteil vom 05.10.2000 – Rs. C-376/98 – Deutschland/Parlament und Rat, Slg. 2000, I-8419 Rn. 109; M. Schröder, in: Streinz, AEUV, 3. Aufl. 2018, Art. 114 Rn. 29.

M. Schröder sieht die Spürbarkeit nicht als gegeben an, wenn sich die existenten Unterschiede nur mittelbar oder bloß hypothetisch auf den Handel innerhalb der Union auswirken oder allenfalls marginale Verzerrungen zur Folge haben.[284]

Dem ist zuzustimmen. Die Binnenmarktkompetenz ist also grundsätzlich einschränkend auszulegen.

Diese Eingrenzung der Binnenmarktkompetenz für den Bereich des direkten Steuerrechts folgt auch aus einer Abgrenzung zu anderen Zielen der EU, wie z.B. dem Begriff der Wirtschaftsunion.[285] Nach Art. 3 Abs. 3 EUV errichtet die EU einen Binnenmarkt. Nach Art. 3 Abs. 4 EUV errichtet die EU eine Wirtschaftsunion. Beide Begriffe müssen aber einen unterschiedlichen Anwendungsbereich haben. Andernfalls hätten in den jeweiligen zu den Zielen gehörenden Kompetenzen und Ermächtigungsgrundlagen beide Begriffe Verwendung finden müssen. Für den Bereich des Binnenmarktes wurde eine Kompetenz im Rahmen des Art. 4 AEUV geschaffen. Für den Bereich der Wirtschaftsunion fehlt es außerhalb der Koordinierungszuständigkeit (mit eingeschränkten Rechtsetzungsmöglichkeiten) an einer Kompetenzzuweisung in den Art. 3 ff. AEUV.

Für diesen Bereich finden sich jedoch weitere Vorschriften in den Art. 119 ff. AEUV des Titels VIII über die Wirtschafts- und Währungspolitik.

Nach Art. 120 AEUV haben die Mitgliedstaaten „ihre" Wirtschaftspolitik nach bestimmten Grundsätzen auszurichten. Daraus folgt, dass die Kompetenz in Sachen Wirtschaftspolitik im Wesentlichen bei den Mitgliedstaaten verbleibt. Auch wenn die EU nach Art. 3 Abs. 4 EUV eine Wirtschaftsunion errichten soll, wird ihr als primäres Instrumentarium eine lediglich koordinierende Funktion nach Art. 5 AEUV zugewiesen.

Wirtschaftspolitik umfasst dabei auch die Fiskalpolitik.[286] Fiskalpolitik umfasst dabei alle Maßnahmen des Staates, mit denen über die Veränderung der öffentlichen Einnahmen und öffentlichen Ausgaben die konjunkturelle Entwicklung gelenkt werden soll.[287] Dem entspricht die Definition des Gabler Wirtschaftslexikons, wonach unter den Begriff Fiskalpolitik alle finanzpolitischen Maßnahmen des Staats-

[284] M. Schröder, in: Streinz, AEUV, 3. Aufl. 2018, Art. 114 Rn. 29.

[285] Aus den Zielen folgt zwar noch keine Kompetenz, vgl. Terhechte in Grabitz/Hilf/Nettesheim, EUV, Losebl. Stand: 73. EL Mai 2021, Art. 3 Rn. 8, allerdings sind den Zielen entsprechende Kompetenzen zugeordnet. Wird also einem Ziel eine bestimmte Kompetenz zugeordnet, so spricht das dafür, dass im Rahmen eines anderen Ziels eine solche Kompetenz nicht vermittelt werden sollte. Die Ziele stehen zwar grundsätzlich nebeneinander und eine Regelung kann auch mehreren Zielen dienen oder die Ziele können in Widerspruch zueinander stehen, vgl. Becker, in: Schwarze/Becker/Hatje/Schoo, EUV, 4. Aufl. 2019, Art. 3 Rn. 4. Da aus den Zielen aber auch Zuständigkeiten herausgearbeitet werden, vermag eine ausdrückliche Regelung in einem Bereich auch Aussagen über einen anderen Bereich zu treffen, in dem es an entsprechender Nennung fehlt.

[286] So die Definition der Bundeszentrale für politische Bildung: https://www.bpb.de/nachschlagen/lexika/lexikon-der-wirtschaft/21184/wirtschaftspolitik.

[287] https://www.bpb.de/nachschlagen/lexika/lexikon-der-wirtschaft/19346/fiskalpolitik.

sektors im Dienst der Konjunkturpolitik mittels öffentlicher Einnahmen und Ausgaben fallen.[288] Damit fällt das Steuerrecht grundsätzlich in den Bereich der Fiskalpolitik und damit in den Bereich der Wirtschaftspolitik.

In diesem Bereich steht der EU jedoch grundsätzlich nur eine Koordinierungskompetenz zu, Art. 5 AEUV. Art. 134 AEUV legt fest, wie die Koordinierung der Wirtschaftspolitik abzulaufen hat, um das Funktionieren des Binnenmarkts auf den erforderlichen Umfang zu fördern. Dazu wird ein Wirtschafts- und Finanzausschuss eingesetzt. Palm fasst zu den Aufgaben des Wirtschafts- und Finanzausschusses einen Koordinierungsbedarf insbesondere im Bereich der Fiskalpolitik.[289]

Aus Art. 134 Abs. 1 AEUV folgt dabei auch, dass in diesem Bereich auch im Rahmen der Binnenmarktkompetenz keine Zuständigkeit der EU bestehen kann. Denn es wäre keine „Koordinierung der Politiken der Mitgliedstaaten in dem für das Funktionieren des Binnenmarktes erforderlichen Umfang" erforderlich, wenn die EU in diesen Bereichen zugunsten der Verwirklichung des Binnenmarktes durch Rechtsetzung harmonisieren könnte. Oder anders gesprochen, wäre die Koordinierung als Minus zur Harmonisierung bereits in der Binnenmarktkompetenz enthalten.

Das zeigt sich auch im Vergleich mit Art. 126 AEUV, der in Fragen der Haushaltsplanung die Grenzen der mitgliedstaatlichen Eigenverantwortlichkeit aufzeigt. Erst wenn diese jedoch erreicht sind, besteht die Möglichkeit für die EU in diesen Hoheitsbereich der Mitgliedstaaten einzugreifen. Im Rahmen der Wirtschaftsunion bleibt die allgemeine Wirtschaftspolitik einschließlich der Finanz- und Haushaltspolitik damit in der Zuständigkeit der Mitgliedstaaten.[290]

Diese Erkenntnis ist in einen Einklang mit der obigen Feststellung zu bringen, dass sich auch aus der Binnenmarktkompetenz im Einzelfall eine Zuständigkeit für Rechtsetzung im Bereich der direkten Steuern ergeben kann.

In der Entscheidung „Gauweiler"[291] hat der EuGH klare Grenzen zwischen Währungspolitik und Wirtschaftspolitik gezogen. Maßnahmen auf dem Bereich der bloßen Wirtschaftspolitik wären unzulässig gewesen. Die Einordnung einer Maßnahme hänge entscheidend von den Zielen der Maßnahme ab.[292] Bloße mittelbare Auswirkungen auf andere Bereiche könnten dabei außer Betracht bleiben.[293]

---

[288] http://wirtschaftslexikon.gabler.de/Definition/fiskalpolitik.html.

[289] Palm, in: Grabitz/Hilf/Nettesheim, Das Recht der Europäischen Union, Stand: 46. Erg. Lfg. Oktober 2011, Art. 134 Rn. 11.

[290] Häde, in: Calliess/Ruffert, Kommentar zum AEUV, 5. Aufl. 2016, Art. 119 AEUV Rn. 13; Blumenwitz/Schöbener, Stabilitätspakt für Europa, 1997, S. 69 ff.; Stern, in: FS Everling, 1469, 1472.

[291] EuGH, Urteil vom 16.06.2015 – Rs. C-62/14 – Gauweiler.

[292] EuGH, Urteil vom 16.06.2015 – Rs. C-62/14 – Gauweiler, Rn. 46.

[293] EuGH, Urteil vom 16.06.2015 – Rs. C-62/14 – Gauweiler, Rn. 59 f.

Damit lässt sich aus der Binnenmarkt-Kompetenz keine Zuständigkeit der Europäischen Union ableiten, solange es sich um die originären, im Zuständigkeitsbereich der Mitgliedstaaten verbliebenen steuerlichen Regelungen handelt. Dazu zählen grds. das „ob“ der Steuer (solange darin kein Verstoß gegen Grundfreiheiten liegt) sowie die „Höhe“ der Steuer.[294]

Solange es aber um punktuellen Abbau von Wettbewerbsverfälschungen im Rahmen der Verwirklichung der Grundfreiheiten geht, kann eine Kompetenz der Europäischen Union für Rechtsetzung im Bereich des direkten Steuerrechts im Rahmen der Binnenmarktkompetenz bestehen.[295]

Im Rahmen dieser Kompetenz ist die EU jedoch auf die „erforderlichen Maßnahmen“ beschränkt, Art. 26 Abs. 1 AEUV.

(iii) Harmonisierungskompetenz

Teilweise wird von einer Harmonisierungskompetenz der EU gesprochen.[296] Damit sind die Art. 114 und 115 AEUV gemeint. Letztlich handelt es sich dabei jedoch nur um eine besondere Ausformung der Binnenmarktkompetenz.[297] Es handelt sich nicht um eine eigenständige Kompetenz, sondern regelt lediglich den Umfang und die Anforderungen, unter denen die EU im Rahmen ihrer Binnenmarktkompetenz Recht setzen kann.

(iv) Wirtschaftspolitik

Im Rahmen der Koordinierung der Wirtschaftspolitik ist das Handeln der EU auf das Unterstützen oder Ergänzen nationaler Politiken beschränkt.[298] Art. 2 Abs. 5 UAbs. 2 AEUV führt dazu aus, dass die Rechtsakte der EU in diesem Bereich keine Harmonisierung der Rechtsvorschriften der Mitgliedstaaten beinhalten dürfen. Braams schließt daraus, dass sich europäisches Handeln insoweit wohl auf nichtrechtsetzende Handlungsformen beschränken werde.[299]

---

[294] Vgl. dazu auch Bandilla, in: Grabitz/Hilf/Nettesheim, AEUV, Losebl. Stand: 73. EL Mai 2021, Art. 126 Rn. 93, 84; Stern, in: FS Everling, 1469, 1472; Trüe, Das System der Rechtsetzungskompetenzen der Europäischen Gemeinschaft und der Europäischen Union, S. 262.

[295] Im Ergebnis so auch Trüe, Das System der Rechtsetzungskompetenzen der Europäischen Gemeinschaft und der Europäischen Union, S. 262; Tietje, in: Grabitz/Hilf/Nettesheim, AEUV, Losebl. Stand: 73. EL Mai 2021, Art. 115 Rn. 1; Korte, in: Calliess/Ruffert, AEUV, 5. Aufl. 2016, Art. 115 Rn. 4; Hindelang/Köhler, JuS 2014, 405; Schröder, in: Streinz, AEUV, 3. Aufl. 2018, Art. 115 Rn. 4; Mayer/Heidfeld, EuZW 2011, 373, 374; Helmke, Die Finanzkompetenzen der Europäischen Gemeinschaft, S. 48 f.

[296] Vgl. z. B. Trüe, Das System der Rechtsetzungskompetenzen der Europäischen Gemeinschaft und der Europäischen Union, S. 248 ff.

[297] Vgl. auch Korte, in: Calliess/Ruffert, AEUV, 5. Aufl. 2016, Art. 114 Rn. 38.

[298] Vgl. Braams, in: Pernice, Der Vertrag von Lissabon, S. 125.

[299] Braams, in: Pernice, Der Vertrag von Lissabon, S. 125.

(v) Art. 352 AEUV

Anders ist jedoch die Flexibilitätsklausel nach Art. 352 AEUV zu bewerten.[300] Danach kann die Union tätig werden, wenn zwar keine Kompetenz an die EU übertragen wurde („und sind in den Verträgen die hierfür erforderlichen Befugnisse nicht vorgesehen"), ein Tätigwerden der EU aber zur Zielverwirklichung erforderlich scheint. Danach ist es dem Wortlaut der Vorschrift nach möglich, im gesamten Anwendungsbereich des Primärrechts eine bis dahin nicht bestehende Zuständigkeit zu schaffen.[301] Das setzt einen einstimmigen Beschluss des Rates auf Vorschlag der Kommission voraus, dem das Europäische Parlament zustimmen muss. Zusätzlich müssen die mitgliedstaatlichen Parlamente im Rahmen der Subsidiaritätskontrolle über die entsprechenden Rechtsetzungsvorschläge informiert werden. Die Anwendung von Art. 352 AEUV ist ausgeschlossen, wenn dadurch Rechtsvorschriften harmonisiert werden, für die eine Harmonisierung im Übrigen nach den Verträgen ausgeschlossen ist.

Das BVerfG hält den Anwendungsbereich der Vorschrift für verfassungsrechtlich bedenklich wegen des Verbots zur Übertragung von Blankettermächtigungen oder Kompetenz-Kompetenzen.[302] Daher fordert es die Ratifikation durch den Bundestag und Bundesrat auf Grundlage von Art. 23 Abs. 1 Satz 2 und 3 GG.[303]

Eine Kompetenz für Maßnahmen im Bereich des direkten Steuerrechts wurde also im Rahmen des Art. 352 AEUV (bisher) noch nicht geschaffen.

(vi) Implied-Powers-Doktrin

Implied-Powers-Doktrin bezeichnet eine Kompetenz kraft Sachzusammenhangs.[304] Der EuGH führt dazu aus: „Der EuGH hält, ohne sich dabei an eine extensive Auslegung zu begeben, die Anwendung einer sowohl im Völkerrecht als auch innerstaatlichen Recht allgemein anerkannten Auslegungsregel für zulässig, wonach die Vorschriften eines völkerrechtlichen Vertrages oder eines Gesetzes zugleich diejenigen Vorschriften beinhalten, bei deren Fehlen sie sinnlos wären oder nicht in vernünftiger und zweckmäßiger Weise zur Anwendung gelangen könnten."[305]

Letztlich könnte dadurch auch nur ein Fall erfasst sein, wenn für diesen eigentlich bereits eine ausdrückliche Kompetenz besteht, dieser Fall aber nicht geregelt

---

[300] Vgl. zu Art. 352 AEUV auch unten F.I.1.b)cc)(3).

[301] Diese Ansicht wäre nach dem Verständnis des BVerfG klar abzulehnen, vgl. Urteil vom 12.10.1993 – 2 BvR 2134/92 u.a. BVerfGE 89, 155, 209. Vgl. dazu auch Winkler, in: Grabitz/Hilf/Nettesheim, AEUV, Losebl. Stand: 73. EL Mai 2021, Art. 352 Rn. 31 ff.

[302] BVerfG, Urteil vom 30.06.2009 – 2 BvE 2/08 u.a. Rn. 328.

[303] BVerfG, Urteil vom 30.06.2009 – 2 BvE 2/08 u.a. Rn. 328.

[304] Vgl. dazu Nettesheim, in: Grabitz/Hilf/Nettesheim, AEUV, Losebl. Stand: 73. EL Mai 2021, Art. 1 Rn. 13 ff.; Pache, in: Frankfurter Kommentar, AEUV, 2017, Art. 5 Rn. 45 f.

[305] EuGH, Urteil vom 29.11.1956 – Rs. 8–55 – Slg. 1956, 297, 311.

werden kann, ohne dass ein anderer Bereich mitgeregelt wird, für den keine ausdrückliche Zuständigkeit besteht.[306]

Herdegen führt dazu aus, dass aufgrund der klaren Konturen der Zuständigkeiten durch den Vertrag von Lissabon nur noch wenig Raum für die Heranziehung der Implied-Powers-Lehre bliebe.[307]

Es ist daher nicht ersichtlich, in welchem Zusammenhang eine Regelung im Steuerrecht ohne Zuständigkeit der EU mitgeregelt werden müsste, um eine Regelung in einem anderen Bereich sinnvoll treffen zu können. Insbesondere ist eine Maßnahme im Bereich des direkten Steuerrechts auch im Rahmen der Binnenmarktkompetenz möglich[308], ohne dass ein Rückgriff auf die Implied-Powers-Lehre erforderlich wäre.

(cc) Erweiterung der Kompetenzen

Fraglich ist, ob von dieser Zuständigkeitsverteilung durch Fortentwicklung der Europäischen Union abgewichen werden kann oder gewissermaßen eine konkludente Kompetenz der EU im Bereich des Steuerrechts bestehen kann.

Soweit die EU hoheitliche Aufgaben wahrnimmt und hoheitliche Befugnisse ausübt, müssen die einzelnen Mitgliedstaaten dies über ihre nationalen Parlamente demokratisch legitimieren.[309] Eine Erweiterung der Kompetenzen kann nur dann wirksam sein, wenn sie die Anforderungen einer tatsächlichen Vertragsänderung erfüllt.[310] Die Zustimmung einer solchen Änderung muss aber den nationalen Parlamenten vorbehalten bleiben.[311] Das BVerfG hat einer Fortentwicklung ohne eine Zustimmung der nationalen Parlamente auch dann eine Absage erteilt, wenn dies im Einzelfall sinnvoll und mit anderen erklärten Zielen oder Maßnahmen übereinstimmen würde: „Zwar mag es nachvollziehbare Gründe geben, die Währungsunion könne politisch-faktisch nur bei alsbaldiger Ergänzung durch eine Wirtschaftsunion sinnvoll durchgeführt werden, die über eine Koordinierung der Wirtschaftspolitik der Mitgliedstaaten und der Gemeinschaft hinausgeht. Eine solche Ergänzung setzt aber ein Vertragsänderungsverfahren gemäß Art. N EUV und dementsprechend eine weitere parlamentarische Zustimmung voraus."[312] Und auch im Rahmen der

[306] Vgl. Nettesheim, in: Grabitz/Hilf/Nettesheim, AEUV, Losebl. Stand: 73. EL Mai 2021, Art. 1 Rn. 13.

[307] Herdegen, Europarecht, 20. Aufl. 2018, § 8 Rn. 72.

[308] Vgl. dazu oben F.I.1.a)aa)(1)(d)(bb)(v).

[309] BVerfG, Urteil vom 12. 10. 1993 – 2 BvR 2134/92 u. a. BVerfGE 89, 155.

[310] BVerfG, Urteil vom 12. 10. 1993 – 2 BvR 2134/92 u. a. BVerfGE 89, 155, 199.

[311] BVerfG, Urteil vom 12. 10. 1993 – 2 BvR 2134/92 u. a. BVerfGE 89, 155, 199.

[312] BVerfG, Urteil vom 12. 10. 1993 – 2 BvR 2134/92 u. a. BVerfGE 89, 155, 206. Das BVerfG hat in diesem Zusammenhang zwar auch entschieden, dass der demokratischen Legitimation zunehmend durch das von den Bürgern der Mitgliedstaaten gewählte Europäische Parlament Rechnung getragen wird. Allerdings müssen hinreichend bedeutsame Aufgabenfelder bei den nationalen Parlamenten verbleiben, vgl. dazu oben F.I.1.a)aa)(1)(a).

Übertragung von Hoheitsrechten dürfe bei der Europäischen Willensbildung ein Exekutivorgan nicht weitere Befugnisse haben, als dies nach nationalem Recht möglich ist.[313] Das würde bedeuten, dass die Union strikt an den vom deutschen Bundestag ratifizierten Ermächtigungsrahmen gebunden ist.[314]

Die Rechtsprechung des BVerfG hat dabei jedoch auch Kritik erfahren. Es drohe die Gefahr einer gleichsam status-quo mäßigen Festschreibung des europäischen Integrationsprozesses auf den heutigen Zeitpunkt.[315] Dies liege mit Sicherheit nicht im Sinne des integrationspolitischen Verfassungsauftrages gemäß Art. 23 Abs. 1 GG.[316] Das kann sich jedoch nur auf die Frage beziehen, ob in Zukunft im Rahmen einer Vertragsänderung weitere Kompetenzen übertragen werden können und ist nicht so zu verstehen, dass die europäische Integration eine dynamische Erweiterung von Kompetenzen ohne Vertragsänderung erlauben würde.

Das BVerfG führt dazu weiter aus, dass spätere wesentliche Änderungen des im EU-Vertrag angelegten Integrationsprogramms und seiner Handlungsermächtigungen nicht mehr vom derzeitigen Zustimmungsgesetz gedeckt seien.[317] EU-Rechtsakte, die den Vertrag in einer Weise handhaben oder fortbilden, wie er vom Zustimmungsgesetz nicht mehr gedeckt ist, wären im deutschen Hoheitsbereich nicht verbindlich.[318] Weiter noch wären die deutschen Staatsorgane an einer Anwendung aus verfassungsrechtlichen Gründen gehindert.[319] Insoweit konstatiert das BVerfG eine eigene Prüfungsbefugnis der Hoheitsrechte.[320]

Eine Erweiterung der Kompetenzen der EU ist daher derzeit ohne eine ausdrückliche Vertragsänderung nicht möglich.

Das BVerfG führt aber in seiner Lissabon-Entscheidung auch aus, dass in Zukunft eine Vertragsänderung denkbar wäre, in dem eine Veränderung des neuen Vertrages ohne erneutes Ratifikationsverfahren möglich wäre: „Sofern die Mitgliedstaaten das Vertragsrecht so ausgestalten, dass unter grundsätzlicher Fortgeltung des Prinzips der begrenzten Einzelermächtigung in eine Veränderung des

---

[313] BVerfG, Urteil vom 12.10.1993 – 2 BvR 2134/92 u.a. BVerfGE 89, 155, 187.

[314] So auch Scholz, in: Dürig/Herzog/Scholz, Kommentar zum GG, Stand: Oktober 2009, Art. 23 Rn. 23.

[315] So Scholz, in: Dürig/Herzog/Scholz, Kommentar zum GG, Losebl. Stand: Oktober 2009 Art. 23 Rn. 35.

[316] So Scholz, in: Dürig/Herzog/Scholz, Kommentar zum GG, Losebl. Stand: Oktober 2009 Art. 23 Rn. 35.

[317] BVerfG, Urteil vom 12.10.1993 – 2 BvR 2134/92 u.a. BVerfGE 89, 155. Wenn nicht feststellbar sei, in welchem Umfang und Ausmaß der deutsche Gesetzgeber der Verlagerung der Ausübung von Hoheitsrechten zugestimmt hat, hätte die EU andernfalls die Möglichkeit, nicht benannte Aufgaben und Befugnisse in Anspruch zu nehmen. Das wäre aber eine Verletzung von Art. 38 GG, BVerfG, Urteil vom 12.10.1993 – 2 BvR 2134/92 u.a. BVerfGE 89, 155, 187.

[318] BVerfG, Urteil vom 12.10.1993 – 2 BvR 2134/92 u.a. BVerfGE 89, 155.

[319] BVerfG, Urteil vom 12.10.1993 – 2 BvR 2134/92 u.a. BVerfGE 89, 155.

[320] BVerfG, Urteil vom 12.10.1993 – 2 BvR 2134/92 u.a. BVerfGE 89, 155.

Vertragsrechts bereits ohne Ratifikationsverfahren allein oder maßgeblich durch die Organe der Union – wenngleich unter dem Einstimmigkeitserfordernis – herbeigeführt werden kann, obliegt neben der Bundesregierung den gesetzgebenden Körperschaften eine besondere Verantwortung im Rahmen der Mitwirkung, die in Deutschland innerstaatlich den Anforderungen des Art. 23 I GG genügen muss (Integrationsverantwortung) und gegebenenfalls in einem verfassungsgerichtlichen Verfahren eingefordert werden kann."[321] Eine gewisse Fortentwicklung sei insoweit zwar hinzunehmen[322], jedoch nur begrenzt möglich[323]. Nach BVerfG steht es nämlich nicht im politischen Belieben deutscher Verfassungsorgane, sich an der europäischen Integration zu beteiligen oder nicht.[324]

Um diesen Vorgaben nachzukommen, wurde das Integrationsverantwortungsgesetz geschaffen, in dem die Voraussetzung für eine solche Veränderung der Zuständigkeiten geregelt werden. Dabei ist z.B. im Falle der Flexibilitätsklausel des Art. 352 AEUV vorgesehen, dass eine Zustimmung oder Enthaltung des deutschen Vertreters im Rat nur zulässig ist, nachdem dazu ein Gesetz gemäß Art. 23 Abs. 1 GG in Kraft getreten ist, § 8 IntVG. Andere Ermächtigungsgrundlagen wie Art. 115 AEUV finden im IntVG keine Erwähnung. Das bedeutet, dass im Rahmen von Ermächtigungsgrundlagen wie Art. 115 AEUV keine Veränderung oder Erweiterung der Kompetenzen ohne eine ausdrückliche Vertragsänderung möglich ist.

Wenn das Einstimmigkeitserfordernis schon im Rahmen des Art. 352 AEUV eine gesetzliche Ratifikation erfordert, kann auch an anderer Stelle das Einstimmigkeitserfordernis nicht dazu führen, dass der ursprünglich eingeräumte Kompetenzrahmen der EU erweitert wird. Das BVerfG führt im Rahmen der Brückenklausel aus, dass der mit dieser Vorschrift einhergehende Verlust deutschen Einflusses für Einzelfälle vorhersehbar sein muss und die für eine Änderung erforderliche Einstimmigkeit hierfür keine ausreichende Gewähr böte, weil für die mitgliedstaatlichen Vertreter im Rat womöglich nicht immer hinreichend erkennbar sei, in welchem Umfang sich die Entscheidung auf spätere Fälle auswirke.[325]

Für den Fall der unbestimmten Kompetenzübertragung, die erst im Rahmen einer zukünftigen Entwicklung einen klaren Inhalt erfährt oder in einer Rechtsetzungsmaßnahme mündet, darf sich Deutschland nur an dieser Maßnahme beteiligen, wenn innerstaatlich sichergestellt ist, dass die verfassungsrechtlichen Anforderungen eingehalten werden.[326]

---

[321] BVerfG, Urteil vom 30.06.2009 – 2 BvE 2/08 u.a. BVerfGE 123, 267, Rn. 236.

[322] Vgl. BVerfG, Urteil vom 30.06.2009 – 2 BvE 2/08 u.a. BVerfGE 123, 267, Rn. 237 mit Verweis auf das effet utile.

[323] Vgl. BVerfG, Urteil vom 30.06.2009 – 2 BvE 2/08 u.a. BVerfGE 123, 267, Rn. 238.

[324] BVerfG, Urteil vom 30.06.2009 – 2 BvE 2/08 u.a. BVerfGE 123, 267, Rn. 225.

[325] BVerfG, Urteil vom 30.06.2009 – 2 BvE 2/08 u.a. BVerfGE 123, 267, Rn. 318.

[326] BVerfG, Urteil vom 30.06.2009 – 2 BvE 2/08 u.a. BVerfGE 123, 267, Rn. 242. In Verbindung mit dem Verbot der extensiven Auslegung, vgl. oben F.I.1.a)aa)(1)(b), folgt dar-

Wie Herdegen deshalb richtig ausführt, darf die Europäische Union nur über die auf vertraglichem Wege konkret übertragenen Kompetenzen verfügen.[327] Die übertragenen Befugnisse könnten nicht ohne weitere vertragliche Ermächtigung selbständig erweitert werden (Fehlen der „Kompetenz-Kompetenz").[328]

Eine Zuständigkeit im Bereich des direkten Steuerrechts, die über den ursprünglich im Vertrag von Lissabon übertragenen Umfang hinausgeht, kann also nicht im Wege der „Fortentwicklung" oder als „konkludent erteilt" geschaffen werden. Für eine Erweiterung der Kompetenzen wäre eine tatsächliche Änderung der Verträge erforderlich.

Für die Änderung des Vertrages von Lissabon ist nunmehr ein eigenes Verfahren vorgesehen. Es gibt das ordentliche Änderungsverfahren nach Art. 48 Abs. 2 bis 5 EUV.[329] Eine solche Änderung bedarf der Ratifikation der nationalen Parlamente. Zusätzlich gibt es das vereinfachte Änderungsverfahren (Art. 48 Abs. 6 EUV) und das Brückenverfahren (Art. 48 Abs. 7 EUV). Im vereinfachten Änderungsverfahren ist ein einstimmiger Beschluss des europäischen Rats erforderlich, der nach Zustimmung der Mitgliedstaaten im Einklang mit ihren jeweiligen verfassungsrechtlichen Vorschriften in Kraft tritt, Art. 48 Abs. 6 Unterabsatz 2 Satz 2 EUV. Allerdings können nach Unterabsatz 3 des Art. 48 Abs. 6 EUV die der Union übertragenen Zuständigkeiten nicht ausgedehnt werden. Auch ist dieses Verfahren auf Änderungen im dritten Teil des AEUV beschränkt. Das Brückenverfahren erfordert einen einstimmigen Beschluss des Rats. Ein solcher ist jedoch nicht ohne die vorherige Zustimmung des Europäischen Parlaments möglich und scheitert, wenn er innerhalb von sechs Monaten von einem nationalen Parlament abgelehnt wird, Art. 48 Abs. 7 EUV. Das Brückenverfahren ermöglicht in bestimmten Angelegenheiten, die Einstimmigkeit erfordern, einen Wechsel zum Beschluss mit qualifizierter Mehrheit oder den Wechsel vom besonderen Gesetzgebungsverfahren zum ordentlichen Gesetzgebungsverfahren. Nach § 4 IntVG ist jedoch auch hier ein Gesetz gemäß Art. 23 Abs. 1 GG erforderlich.[330] An einer Vertragsänderung mit anschließender mitgliedstaatlicher Ratifizierung fehlt es hier.

---

aus, dass eine „Erweiterung" der Kompetenzen im Wege der Auslegung der unbestimmten Kompetenz einer Ratifizierung durch den deutschen Gesetzgeber bedarf.

[327] Herdegen, Europarecht, 20. Aufl. 2018, § 5, S. 90.

[328] Herdegen, Europarecht, 20. Aufl. 2018, § 5, S. 90; Härtel, Handbuch Europäische Rechtsetzung, 2006, § 4 S. 55.

[329] Vgl. dazu Cremer, in: Calliess/Ruffert, EUV, 6. Aufl. 2022, Art. 48 Rn. 3 ff.

[330] So auch die Vorgabe des BVerfG. Europäisches Recht kann danach nur dann verbindlich gesetzt werden, wenn der Deutsche Bundestag und soweit die Regelungen über die Gesetzgebung dies erfordern der Bundesrat vorher ihre Zustimmung erteilt haben, BVerfG, Urteil vom 30.06.2009 – 2 BvE 2/08 u. a. BVerfGE 123, 267, Rn. 416.

(e) Tatsächliche Übertragung nach deutschem Recht

Zu prüfen ist, welche Kompetenzen von Deutschland tatsächlich auf die EU übertragen wurden.

Welche Kompetenzen tatsächlich übertragen wurden, ist teilweise unklar. Soweit die Kompetenzzuweisung sich auf einen Sachbereich bezieht, ist eine Eingrenzung gut möglich, sowohl nach Art als auch nach Umfang der Übertragung.[331] Härtel und Trüe analysieren die Kompetenzzuweisung aber noch anhand eines weiteren Merkmals, nämlich der Ermächtigung, im Gemeinschaftsinteresse bestimmte Ziele zu erreichen. Diese teilt sich nochmal auf in Kompetenzen für die Erreichung spezieller Ziele und in Kompetenzen für die Verwirklichung der allgemeinen Ziele. Im Weiteren wird in ausdrückliche Kompetenzen unterteilt, die durch ihre Zielkomponente begrenzt werden. Dann wird darauf hingewiesen, dass es auch allein zielorientierte Kompetenzen gibt, nämlich die Kompetenzen zur Rechtsharmonisierung in Art. 94 und 95 EGV (den heutigen Art. 115 und 114 AEUV). [332]

Aus diesem Grundkonzept erarbeiten Härtel und Trüe die folgenden Kompetenzen:

- Zu den ausschließlichen Sachbereichskompetenzen zählen die gemeinsame Handelspolitik, die Zolltarife, die Erhaltung der Meeresschätze im Rahmen der Fischereipolitik, interne Selbstorganisation der Organe der EU, Rechte der Bürger gegenüber der Gemeinschaft, das Euroatom-Versorgungssystem mit Erzen und Kernbrennstoffen und die Beihilfenkontrolle.[333] Im Bereich der Währungsunion besteht nur teilweise eine ausschließliche Kompetenz.[334]
- Als gemeinsame Kompetenzen werden genannt die gemeinsamen Politiken, deren Sachbereich nicht ausschließlich ist, wie z. B. die gemeinsame Agrarpolitik und die gemeinsame Verkehrspolitik.[335]
- Die Harmonisierungskompetenzen werden unterschieden in sachbereichsbezogene und allgemeine Harmonisierungskompetenzen. Allgemeine Harmonisie-

---

[331] Vgl. dazu Härtel, Handbuch Europäische Rechtsetzung, 2006, S. 57, Rn. 10; vgl. auch Trüe, Das System der Rechtsetzungskompetenzen der Europäischen Gemeinschaft und der Europäischen Union, S. 100 ff.

[332] Härtel, Handbuch Europäische Rechtsetzung, 2006, S. 57, Rn. 10; Trüe, Das System der Rechtsetzungskompetenzen der Europäischen Gemeinschaft und der Europäischen Union, S. 263.

[333] Härtel, Handbuch Europäische Rechtsetzung, 2006, S. 59 f. Rn. 15; vgl. auch Trüe, Das System der Rechtsetzungskompetenzen der Europäischen Gemeinschaft und der Europäischen Union.

[334] Härtel, Handbuch Europäische Rechtsetzung, 2006, S. 60 Rn. 15; Trüe, Das System der Rechtsetzungskompetenzen der Europäischen Gemeinschaft und der Europäischen Union, S. 180 f.

[335] Härtel, Handbuch Europäische Rechtsetzung, 2006, S. 60, Rn. 16; vgl. Trüe, Das System der Rechtsetzungskompetenzen der Europäischen Gemeinschaft und der Europäischen Union, S. 222.

rungskompetenzen erlauben nach Härtel „ein Tätigwerden zu einem nur generell bestimmten Ziel und lassen zur Verfolgung dieses Ziels punktuelle Regelungen in potentiell allen für dieses Ziel relevanten Sachbereichen zu".[336] Hauptbeispiel sei dafür die Harmonisierung nach Art. 114 AEUV (ex Art. 95 EGV).[337]

Das BVerfG zählt zu den tatsächlich übertragenen Kompetenzen bzw. zu den Tätigkeitsfeldern der EU die Zollunion, die Freiheit des Warenverkehrs, den Binnenmarkt, den Gemeinsamen Markt, die Koordinierung der Wirtschaftspolitik und die Entwicklung der Währungsunion.[338]

Zu den tatsächlich übertragenen Kompetenzen mit dem Vertrag von Lissabon führt das BVerfG aus, dass die justizielle Zusammenarbeit in Strafsachen und Zivilsachen, der Außenwirtschaftsbeziehungen, der gemeinsamen Verteidigung und soziale Belange neu hinzugekommen sind.[339] Bei „richtiger" Auslegung lägen darin noch keine „staatsbegründenden Elemente" und damit keine verfassungsrechtlich bedeutsame Verletzung deutscher souveräner Staatlichkeit.[340]

Keine Kompetenz besteht nach Aussage des BVerfG dafür, dass die Union sich aus eigener Macht Finanzmittel und sonstige Handlungsmittel verschaffen darf, die sie zur Erfüllung ihrer Zwecke für erforderlich hält.[341]

Der Bundestag hat im Verfahren vor dem BVerfG zum Vertrag von Lissabon ausgeführt, dass die Wirtschafts-, Finanz- und Beschäftigungspolitik gänzlich im Kompetenzbereich der Mitgliedstaaten verbleibe.[342]

Nach Art. 105 Abs. 2 GG hat der Bund die konkurrierende Gesetzgebung für die Steuern, wenn ihm das Aufkommen der Steuern ganz oder zum Teil zusteht oder die Voraussetzungen des Art. 72 Abs. 2 GG vorliegen.

Damit steht die Kompetenz für den Erlass von Steuergesetzen grundsätzlich dem Bund zu. Etwas anderes gilt dann, wenn mit einer doppelten Mehrheit von zwei Dritteln eine Übertragung dieser Kompetenz auf die Europäische Union stattgefunden hätte.

In diesem Rahmen und unter Beachtung der vom BVerfG ausgestellten Grundsätze wurde im Rahmen des Art. 113 AEUV die Kompetenz zum Erlass von Maßnahmen im Bereich der Umsatz-, Verbrauchs- und sonstigen indirekten Steuern an die Europäische Union übertragen. Entscheidend für die Rechtmäßigkeit dieser

[336] Härtel, Handbuch Europäische Rechtsetzung, 2006, S. 62 Rn. 18; vgl. auch Trüe, Das System der Rechtsetzungskompetenzen der Europäischen Gemeinschaft und der Europäischen Union, S. 260.

[337] Härtel, Handbuch Europäische Rechtsetzung, 2006, S. 62 Rn. 18.

[338] BVerfG, Urteil vom 12.10.1993 – 2 BvR 2134/92 u.a. BVerfGE 89, 155, 190.

[339] BVerfG, Urteil vom 30.06.2009 – 2 BvE 2/08 u.a. BVerfGE 123, 267, Rn. 351.

[340] BVerfG, Urteil vom 30.06.2009 – 2 BvE 2/08 u.a. BVerfGE 123, 267, Rn. 351.

[341] BVerfG, Urteil vom 12.10.1993 – 2 BvR 2134/92 u.a. BVerfGE 89, 155, 194.

[342] BVerfG, Urteil vom 30.06.2009 – 2 BvE 2/08 u.a. BVerfGE 123, 267, Rn. 140.

Übertragung ist aber die Formulierung „soweit diese Harmonisierung für die Errichtung und das Funktionieren des Binnenmarktes und die Vermeidung von Wettbewerbsverzerrungen notwendig ist". Diese Formulierung erinnert an die Formulierung im Bereich der Strafrechtspflege, die für das BVerfG einer der entscheidenden Faktoren war, die Übertragung insoweit als verfassungskonform anzusehen.

Eine weitergehende Kompetenz zum Erlass von Maßnahmen im Bereich des direkten Steuerrechts kann in diesem Zusammenhang kaum auf Art. 115 AEUV gestützt werden. An das direkte Steuerrecht werden bezüglich seiner Eingriffsintensität keine geringeren Anforderungen zu stellen sein als an das indirekte Steuerrecht. Art. 115 AEUV enthält aber keine Einschränkung, dass eine Richtlinie nur erlassen werden kann, soweit dies notwendig ist. Vielmehr reicht es auch, dass Vorschriften angeglichen werden, „die sich unmittelbar auf die Errichtung oder das Funktionieren des Binnenmarktes auswirken". Das BVerfG setzt aber eine besondere Rechtfertigung für die Übertragung von solchen Hoheitsrechten voraus, bei denen die anschließende Rechtsetzung im Rahmen dieser Kompetenz auf ein „notwendiges Maß" begrenzt ist.

Soweit sich dennoch eine Kompetenz zum Erlass von Maßnahmen im Bereich des direkten Steuerrechts auf Art. 115 AEUV stützen will, greifen die vom BVerfG aufgestellten Grundsätze für eine extensive Auslegung bzw. Kompetenzerweiterung. Eine Richtlinie in diesem Bereich bedürfte der Zustimmung nach Art. 23 Abs. 1 S. 2 GG. Etwas anderes gilt nur, soweit sich eine Regelung auf die Binnenmarktkompetenz stützt und in diesem Rahmen eine punktuelle Rechtsetzung im Bereich des Steuerrechts erfordert.[343]

Es fehlt damit an der Übertragung einer Kompetenz zur Regelung des Bereichs der direkten Steuern an die EU.

(2) Zusammenfassung

Die Bundesrepublik Deutschland kann nach dem Grundgesetz ihr zustehende Kompetenzen an andere Einrichtungen übertragen. Eine solche Kompetenzübertragung hat – entsprechend dem dafür vorgesehenen Verfahren – auf die Europäische Union stattgefunden, zuletzt unter Bestätigung und Erweiterung der Kompetenzen mit dem Vertrag von Lissabon. Die übertragenen Kompetenzen haben sich seit dieser letzten Übertragung nicht mehr verändert. Dabei gilt: Je wichtiger die übertragenen Kompetenzen für den Staat sind, desto höhere Anforderungen sind an die Ausgestaltung der Übertragung zu stellen. Werden wichtige Kompetenzen wie die Strafrechtspflege supranationalisiert, müssen die Reichweite und der Umfang der Übertragung klar bestimmt sein und dürfen nicht zu weit ausufern. Das ist durch entsprechende Formulierungen im Wortlaut der Kompetenznorm abzubilden. Un-

[343] So auch Trüe, Das System der Rechtsetzungskompetenzen der Europäischen Gemeinschaft und der Europäischen Union, 2002, S. 262.

sicherheiten und Erweiterungsmöglichkeiten sind nur dann möglich bzw. erlaubt, solange Deutschland (z. B. durch ein Veto) eine Rechtsetzung aufgrund dieser Kompetenzen verhindern kann. Zustimmung, Enthaltungen und Vetos bedürfen aber vorher einer gesetzlichen Ratifikation im Sinne des Art. 23 Abs.1 S. 2 GG.

Im Rahmen der übertragenen Kompetenznormen legt der europäische Gesetzgeber die generellen Kompetenznormen zur Harmonisierung des Binnenmarktes regelmäßig zu weit aus.[344] Aus dem Prinzip der begrenzten Einzelermächtigung folgen Grenzen der extensiven Auslegung dieser Kompetenznormen. Diese sind daher restriktiv auszulegen.

Nach alledem ist festzuhalten, dass grundsätzlich strenge Anforderung an die Übertragung von Hoheitsrechten auf die Europäische Union zu stellen sind. Vor diesem Hintergrund ist eine Ansicht, nach der bei europäischer Rechtsetzung neuere Entwicklungen ohne Verschriftlichung im Sinne einer dynamischen Umsetzung berücksichtigt werden können, abzulehnen.[345]

Im Bereich des direkten Steuerrechts hat eine Übertragung nur in eingeschränktem Maße in abgegrenzten Sachbereichen (z. B. beim Umweltschutz) stattgefunden. Im Übrigen lassen sich Maßnahmen nur in begrenzten Einzelfällen auf die Binnenmarktharmonisierungskompetenzen stützen, soweit dies zu einer dringenden Verwirklichung der Grundfreiheiten erforderlich ist.

Davon zu unterscheiden ist die schleichende Harmonisierung des direkten Steuerrechts durch die Anwendung der Grundfreiheiten auf das nationale Steuerrecht durch den EuGH.[346] In diesem Fall wird zwar eine zunehmende Harmonisierung erreicht. Dies geschieht jedoch nicht durch Rechtsetzung der EU, sondern durch Berücksichtigung der Grundfreiheiten der nationalen Parlamente.

bb) Zwischenfazit

Wie oben bereits ausgeführt, hält es der EuGH für selbstverständlich, dass nationales Steuerrecht an den Grundfreiheiten zu messen ist. Dadurch muss sich das nationale Steuerrecht den Vorgaben der Grundfreiheiten anpassen. Die tatsächliche Harmonisierung durch Rechtsakt ist jedoch ein deutlich schärferer Eingriff in die steuerrechtliche Autonomie der Mitgliedstaaten. Im Rahmen der schleichenden

---

[344] Auch bezeichnet als „schleichende Kompetenzerweiterung“, vgl. Soria, Diskussionsbericht zur Göttinger Seminartagung „Verteilung von Aufgaben und Kompetenzen in der Europäischen Union“ am 26. Juni 2001, in: Götz/Soria, Komptenzverteilung zwischen der Europäischen Union und den Mitgliedstaaten, 74.

[345] So aber wohl Möhlenbrock, BDI-Sitzung vom 14.05.2020 der bezüglich einer 1:1 Umsetzung der ATAD auch die Konzernfinanzierung beinhaltet sah. Das Thema stehe zwar so nicht in der Richtlinie, die Richtlinie sei jedoch bereits vier Jahre alt. Danach hätten sich neue Entwicklungen auf EU-Ebene (i. S. v. Einigkeit ohne Verschriftlichung) ergeben, die bei einer „dynamischen Umsetzung“ zu berücksichtigen seien.

[346] Vgl. dazu auch Tiedke/Mohr, EuZW 2008, 424, 425.

Harmonisierung durch die Grundfreiheiten werden nämlich nur Maßnahmen anhand der Grundfreiheiten überprüft. Es steht dem betroffenen Staat frei, bei einem tatsächlichen Verstoß die Maßnahme vollständig abzuschaffen oder nach seinem Belieben zu ändern (solange kein erneuter Verstoß gegen Grundfreiheiten konstituiert wird). Darüber hinaus besteht bei jedem Verstoß gegen die Grundfreiheiten die Möglichkeit der Rechtfertigung des Verstoßes.

Das Verständnis des EuGH zur schleichenden Harmonisierung im Bereich von Gebieten, für die die EU keine eigene Kompetenz aufweist, kann also nicht mit einer aktiven Rechtsetzung durch die EU verglichen werden.

Die oben dargestellten Grundsätze und Maßstäbe bei der Überprüfung sind auch auf die Prüfung der Rechtsgrundlage der ATAD anzuwenden. Dabei ist bei jeder Ermächtigungsgrundlage genau zu beachten, welche Bedeutung die jeweilige Ermächtigungsnorm hat, welchen potenziellen Regelungsumfang, welchen Tatbestand und wie diese Punkte vor dem Hintergrund der restriktiven Nutzung von weiten und unbestimmten Ermächtigungsvorschriften einzuordnen sind.

b) Richtige Rechtsgrundlage und Subsumtion

Für die Wahl der Kompetenzgrundlage muss ggf. bei mehreren Zielen einer Richtlinie unterschieden werden. Die Unterscheidung ist vor allem auch relevant für die Prüfung der Frage, ob möglicherweise eine Umgehung von Kompetenzvorschriften vorliegt.[347]

Diese Fragen werden vor allem im Zusammenhang des Art. 114 AEUV diskutiert. Es könne nicht dazu führen, dass mit einer Generalklausel sachlich speziellere Kompetenznormen überspielt werden.[348] Stein (und sich anschließend Calliess) formuliert dazu, dass der bloße Gebrauch des Wortes Binnenmarkt nicht das „Sesam öffne dich" für jeglichen Harmonisierungsrechtsakt der EU darstellen kann.[349]

aa) Anerkannte Ermächtigungsgrundlagen im Bereich des Steuerrechts

Die oben genannten ausdrücklichen Ermächtigungsgrundlagen im Bereich des Steuerrechts sind keine tauglichen Ermächtigungsgrundlagen für die ATAD.

Artikel 110 bis 112 AEUV enthalten lediglich das Verbot, diskriminierende Abgaben auf grenzüberschreitende Warenbewegungen zu erheben.[350] Art. 113

---

[347] Vgl. auch Calliess, in: König/Uwer, Grenzen Europäischer Normgebung, S. 24, 25.

[348] Vgl. Calliess, in: König/Uwer, Grenzen Europäischer Normgebung, S. 25.

[349] Stein, EWS 2001, 12, 15 f.; Calliess, in: König/Uwer, Grenzen Europäischer Normgebung, S. 25.

[350] Vgl. Bahns u. a., in: von der Groeben/Scharze/Hatje, AEUV, 7. Aufl. 2015, Vor Art. 110 bis 113, Rn. 2; Tiedke/Mohr, EuZW 2008, 424.

AEUV enthält nur einen Harmonisierungsauftrag für den Bereich der indirekten Steuern. Davon umfasst sind Steuern, die den Waren-, Personen-, Dienstleistungs- und Kapitalverkehr unmittelbar belasten.[351]

Art. 192 Abs. 2 lit. a) AEUV erfordert einen Schwerpunkt im Umweltschutz, der bei der ATAD fehlt.

In Betracht kommen daher nur Ermächtigungsgrundlagen, die eine andere Primärzuständigkeit aufweisen und Steuerrecht im Einzelfall mitregeln können, sowie die Flexibilitätsklausel des Art. 352 AEUV.

In der Zuständigkeit der Europäischen Union liegt der Binnenmarkt. Insoweit kommen als Binnenmarktharmonisierungskompetenzen Art. 115 und Art. 116 AEUV in Betracht.

Art. 116 Abs. 2 Satz 1 AEUV käme als Ermächtigungsgrundlage für den Erlass steuerlicher Vorschriften in Betracht, wurde jedoch bisher in der Praxis nicht angewendet.[352]

Art. 115 AEUV kommt ggf. auch als Ermächtigungsgrundlage in Betracht. Tiedtke/Mohr bezeichnen es als „allgemeine Ansicht“[353], dass davon auch Regelungen im Bereich der direkten Steuern umfasst sind.

bb) Anwendungsbereich des Art. 115 AEUV

(1) Grundsätzliche Anwendbarkeit von Art. 115 AEUV bei Mindestharmonisierungsmaßnahmen

Ob sich eine Richtlinie zur Mindestharmonisierung auf Art. 115 AEUV stützen kann, wird in der Literatur streitig behandelt.

Im Anwendungsbereich des Art. 153 AEUV (Vorschriften über Rechte und Interessen der Arbeitnehmer) führt Classen aus, dass Art. 115 AEUV auch neben dem Art. 153 AEUV einen Anwendungsbereich behält.[354] Danach können im Anwendungsbereich des Art. 153 AEUV auf Grundlage des Art. 115 AEUV Richtlinien erlassen werden, wenn diese primär zur Vermeidung von Wettbewerbsverzerrungen zwischen Unternehmen beitragen.[355] Nur dürfe es dann nicht um eine Mindesthar-

---

[351] Vgl. Seiler, in: Grabitz/Hilf/Nettesheim, AEUV, Losebl. Stand: 73. Lfg. Mai 2021, Art. 113 Rn. 4; Tiedke/Mohr, EuZW 2008, 424.

[352] Vgl. Tiedke/Mohr, EuZW 2008, 424, Tietje, in: Grabitz/Hilf/Nettesheim, Das Recht der Europäischen Union, Losebl. Stand: 65. Lfg. August 2018, Art. 116 AEUV Rn. 2.

[353] Vgl. Tiedke/Mohr, EuZW 2008, 424.

[354] Classen, in: von der Groeben/Schwarze/Hatje, AEUV, 7. Aufl. 2015, Art. 115 Rn. 20 f. Der EuGH habe zwar Art. 153 AEUV als lex specialis zu Art. 115 AEUV angesehen. Art. 153 AEUV habe jedoch einen begrenzten Anwendungsbereich. Nur innerhalb dieses Anwendungsbereichs werde der Art. 115 AEUV verdrängt. Art. 115 AEUV finde daher Anwendung im Bereich des Art. 153 Abs. 5 AEUV und außerhalb von Mindestharmonisierung.

[355] Classen, in: von der Groeben/Schwarze/Hatje, AEUV, 7. Aufl. 2015, Art. 115 Rn. 21.

monisierung gehen, sondern es müsse eine Vollharmonisierung vorgenommen werden.[356]

Wagner stellt jedoch fest, dass Art. 115 AEUV keine bestimmte Harmonisierungsintensität festlegt und daher auch eine Mindestharmonisierung im Rahmen des Art. 115 AEUV möglich sei.[357] Entgegen anderer Stimmen in der Literatur[358], begründet er das damit, dass die Ziele des EG-Vertrages vielschichtig seien und nicht stets eine vollständige Harmonisierung bedingen würden.[359] Die Harmonisierungsintensität sei daher in dem von Art. 114 AEUV für Art. 115 AEUV vorgesehenen Bereich jeweils im Einzelfall für jede Harmonisierungsmaßnahme durch die Gemeinschaftsorgane festzulegen.[360]

Der Ansicht von Wagner ist grundsätzlich zuzustimmen. Eine Einschränkung des Wortlauts liegt bereits nicht vor.[361] Im Rahmen des Sinns und Zwecks ist es zwar richtig, dass durch eine bloße Mindestharmonisierung nur ein geringerer Grad der Vereinheitlichung erreicht wird. Das kann aber nicht dazu führen, dass eine Mindestharmonisierung grundsätzlich ausgeschlossen ist. Vielmehr ist im Einzelfall zu prüfen, ob eine Richtlinie über eine Mindestharmonisierung in dem jeweiligen Fall von Art. 115 AEUV gedeckt wird. Tatsächlich mag es auch dazu führen, dass eine Richtlinie überhaupt erst von der Ermächtigungsgrundlage erfasst wird oder das Subsidiaritäts- oder Verhältnismäßigkeitsprinzip gewahrt bleiben. Ebenso könnte es bei einer bloßen Mindestharmonisierung an der Erforderlichkeit der Maßnahme fehlen. Das ist jedoch keine Frage der grundsätzlichen Anwendbarkeit.

Auch Maßnahmen der Mindestharmonisierung können daher auf Art. 115 AEUV gestützt werden.

(2) Anwendungsbereich

Der tatsächliche Anwendungsbereich von Art. 115 AEUV ist unklar.[362] In der Kommentarliteratur wird die Vorschrift oft als Auffangvorschrift bezeichnet.[363] Der

---

[356] Classen, in: von der Groeben/Schwarze/Hatje, AEUV, 7. Aufl. 2015, Art. 115 Rn. 21.

[357] Wagner, Das Konzept der Mindestharmonisierung, 2001, 123.

[358] Wagner verweist insoweit auf Bleckmann, Europarecht, 6. Aufl. 1997, Rn. 453, der vertrete, dass Richtlinien, die sich auf Art. 115 AEUV stützen, immer sowohl den Mindest- als auch den Höchststandard enthielten. Begründet werde das damit, dass das Ziel des Art. 115 AEUV sei, durch Vereinheitlichung der nationalen Rechtsregeln vor allem die Wettbewerbsgleichheit zwischen den Unternehmen in den verschiedenen Mitgliedstaaten sicherzustellen.

[359] Wagner, Das Konzept der Mindestharmonisierung, 2001, 123.

[360] Wagner, Das Konzept der Mindestharmonisierung, 2001, 123.

[361] Anders z. B. der Wortlaut von Art. 153 Abs. 2 lit. b) AEUV.

[362] Nach Hernfeld, in: Schwarze/Becker/Hatje/Schoo, EU-Kommentar, 3. Aufl. 2012, Art. 115 AEUV, Rn. 1, hat Art. 115 AEUV stark an praktischer Bedeutung verloren. Es sei fraglich, ob überhaupt noch Bedarf für Art. 115 AEUV bestünde.

[363] Fischer, in: Lenz/Borchardt, EU-Verträge, 6. Aufl. 2012, Art. 115 Rn. 1; Tietje, in: Grabitz/Hilf/Nettesheim, Kommentar zum AEUV, Losebl. Stand: 43. Erg. Lfg. 2011, Art. 115

ehemalige Streit bezüglich der Auslegungsunterschiede von Binnenmarkt und Gemeinsamen Markt ist seit der einheitlichen Verwendung des Begriffes „Binnenmarkt“ irrelevant.[364]

Art. 115 AEUV hat sich im Rahmen der Entwicklung der europäischen Verträge gewandelt und an Bedeutung verloren. War es ursprünglich eine Vorschrift mit einem sehr weiten Anwendungsbereich (damals Art. 94 EGV, davor Art. 100 EGV)[365], wurde sie zunehmend von Art. 114 AEUV verdrängt. Historisch sei die Vorschrift des heutigen Art. 115 AEUV vor allem für Maßnahmen im Bereich des Umweltrechts (Angleichung im Umweltschutz), Gleichbehandlung von Männern und Frauen, Maßnahmen im Bereich der Sozialpolitik, Visa-, Asyl- und Einwanderungsrecht verwendet worden.[366] Der Wechsel der Bedeutung der Vorschriften Art. 114 und Art. 115 AEUV zueinander wird auch an der systematischen Stellung deutlich. Art. 115 AEUV wurde vor dem Vertrag von Lissabon vor Art. 114 AEUV (damals Art. 95 EGV, davor Art. 100a EGV) gelistet.

Ohne nähere Begründung wird nun teilweise als einziger praktischer Anwendungsbereich der Vorschrift Maßnahmen im Bereich der direkten Steuern gesehen.[367] Das vermag schon mit Blick auf Art. 114 Abs. 2 AEUV nicht zu überzeugen. Zwar bestehen im Bereich der Freizügigkeit und im Bereich der Bestimmungen über die Rechte und Interessen der Arbeitnehmer Spezialregelungen, die jedoch den Anwendungsbereich des Art. 115 AEUV nicht vollständig verdrängen.[368] Darüber hinaus unterscheidet sich der Wortlaut von Art. 114 AEUV, der sich auf Vorschriften bezieht, die „die Errichtung und [das] Funktionieren des Binnenmarkts zum Gegenstand haben“, von Art. 115 AEUV, der sich auf Vorschriften bezieht, die sich „unmittelbar auf die Errichtung oder das Funktionieren des Binnenmarktes auswirken“. Dieser Formulierungsunterschied hat auch in der Literatur für Ver-

---

Rn. 2; Korte, in: Calliess/Ruffert, Kommentar zum AEUV, 5. Aufl. 2016, Art. 115 Rn. 3; Haag, in: Bieber/Epiney/Haag, Die Europäische Union, 14. Aufl. 2021, § 17 Rn. 21.

364 Zur veralteten Diskussion um die Abgrenzung von Binnenmarkt und gemeinsamen Markt, vgl. Braun-Binder, Rechtsangleichung in der EU im Bereich der direkten Steuern, 1. Aufl. 2017, S. 45 ff. m. w. N.

365 Trüe, Das System der Rechtsetzungskompetenzen der Europäischen Gemeinschaft und der Europäischen Union, S. 260.

366 Trüe, Das System der Rechtsetzungskompetenzen der Europäischen Gemeinschaft und der Europäischen Union, S. 261. Vgl. dazu auch m. w. N. Terhechte, in: Frankfurter Kommentar AEUV, 2017, Art. 115 Rn. 3.

367 Korte, in: Calliess/Ruffert, Kommentar zum AEUV, 5. Aufl. 2016, Art. 115 Rn. 4; Tietje, in: Grabitz/Hilf/Nettesheim, Kommentar zum AEUV, Loesbl. Stand: 43. Erg. Lfg. 2011, Art. 115 Rn. 1; Borchardt, Die rechtliche Grundlagen der Europäischen Union, 5. Aufl. 2012, Rn. 810; Leible/Schröder, in: Streinz, Kommentar zum AEUV, 2. Aufl. 2012, Art. 115 Rn. 4; vgl. auch Classen, in: von der Groeben/Schwarze/Hatje, AEUV, 7. Aufl. 2015, Art. 115 Rn. 6; Trüe, Das System der Rechtsetzungskompetenzen der Europäischen Gemeinschaft und der Europäischen Union, 2002, S. 262.

368 Vgl. dazu auch Classen, in: von der Groeben/Schwarze/Hatje, AEUV, 7. Aufl. 2015, Art. 115 Rn. 20 f.

wirrung gesorgt[369], wird aber regelmäßig nicht weiter beachtet.[370] Classen führt insoweit aus, dass bei Art. 114 AEUV der Tatbestand ein subjektives Element des Ziels ausweist, welches bei Art. 115 AEUV fehlt.[371]

Darüber hinaus wurde der EU keine allgemeine Kompetenz im Bereich des direkten Steuerrechts übertragen.[372] Hätte Art. 115 AEUV nach dem Vertrag von Lissabon eine Zuständigkeit im Bereich des direkten Steuerrechts begründen sollen, so hätte diese Kompetenzübertragung ausdrücklich deutlich gemacht werden müssen, z. B. durch einen Gleichlauf des Wortlauts der Vorschriften, durch einen Verweis auf Art. 114 Abs. 2 AEUV oder durch eine ausdrückliche Nennung des Bereichs der (direkten) Steuern[373].

Vor diesem Hintergrund ist die genaue Reichweite von Art. 115 AEUV als Ermächtigungsgrundlage für Maßnahmen im Bereich der direkten Steuern bisher wenig untersucht.[374]

(a) Angleichung von Rechts- und Verwaltungsvorschriften

Art. 115 AEUV ermöglich die Angleichung von Rechts- und Verwaltungsvorschriften.[375] Vor dem Hintergrund der Zielverwirklichung „Errichtung und Funktionieren eines Binnenmarktes" geht es dabei nicht um die Veränderung eines bestimmten Zustands in manchen Mitgliedstaaten, sondern um die Erschaffung eines

---

[369] Vgl. z. B. Classen, in: von der Groeben/Schwarze/Hatje, AEUV, 7. Aufl. 2015, Art. 115 Rn. 9.

[370] Vgl. Tietje, in: Grabitz/Hilf/Nettesheim, AEUV, Losebl. Stand: 73. Lfg. Mai 2021, Art. 115 Rn. 6.

[371] Classen, in: von der Groeben/Schwarze/Hatje, AEUV, 7. Aufl. 2015, Art. 115 Rn. 13. Dennoch geht Classen davon aus, dass der Anwendungsbereich der Vorschriften faktisch identisch ist und sich nur über Art. 114 Abs. 2 AEUV abgrenzen lässt.

[372] Die Voraussetzungen für eine Kompetenzübertragung auf die EU sowie die Maßstäbe der Auslegung wurden bereits oben dargelegt, siehe oben F.I.1.a)aa)(1)(a).

[373] Das müsste selbst für den Fall gelten, dass der Vorschrift ansonsten kein Anwendungsbereich verbliebe, was hier nicht der Fall ist, tatsächlich kann im Einzelfall im Rahmen der Binnenmarktkompetenz auch eine Kompetenz zum Erlass von Maßnahmen im Bereich des direkten Steuerrechts bestehen vgl. oben F.I.1.a)aa)(1)(d), zusätzlich besteht im Bereich des Arbeitnehmerrechts ein Anwendungsbereich vgl. oben F.I.1.b)bb)(1). Es wäre denkbar, dass eine Vorschrift oder Zuständigkeit aufgrund tatsächlicher Veränderungen gegenstandslos wird, z. B. wenn ein Auf- und Ausbau der transeuropäischen Netze im Bereich der Telekommunikationsinfrastruktur (Art. 170 Abs. 1 AEUV) aufgrund neuer Technologien weder möglich noch erforderlich wäre.

[374] Vgl. dazu die knappen Ausführungen von Classen, in: von der Groeben/Schwarze/Hatje, AEUV, 7. Aufl. 2015, Art. 115 Rn. 16 ff.; Fischer, in: Lenz/Borchardt, Kommentar zum AEUV, 6. Aufl. 2012, Art. 115 Rn. 3. Tiedke/Mohr führen dazu z. B. lediglich aus, dass nach allgemeiner Ansicht auch Regelungen im Bereich der direkten Steuern erfasst seien, EuZW 2008, 424.

[375] Vgl. zum Umfang des Begriffs „Rechts- und Verwaltungsvorschriften" Terhechte, in: Frankfurter Kommentar AEUV, 2017, Art. 115 Rn. 8 ff.; Tietje, in: Grabitz/Hilf/Nettesheim, AEUV, Losebl. Stand: 65. Lfg. 2018, Art. 115 Rn. 9 ff.

für alle geltenden Zustands.[376] Es kann also auch eine Richtlinie erlassen werden, wenn nur in einem Mitgliedstaat eine Regelung existiert.[377] Ob im konkreten Fall in den anderen Mitgliedstaaten Regelungen getroffen oder in dem einen Mitgliedstaat die Regelungen abgeschafft werden müssen, ist jedoch eine Frage von Erforderlichkeit und Verhältnismäßigkeit.[378]

Nach der Rechtsprechung des EuGH (im Wesentlichen ergangen zu Art. 114 AEUV) erfasst Art. 115 AEUV auch die präventive Rechtsangleichung, soweit „das Entstehen von Handelshemmnissen mit Blick auf eine mögliche heterogene Rechtsentwicklung in den Mitgliedstaaten wahrscheinlich ist und die fragliche Maßnahme ihre Vermeidung bezweckt"[379]

Im Rahmen der Tabakwerbeverbotsrichtlinie hat der EuGH aber ausgeführt, dass die Vereinheitlichung eines de facto Verbots nicht als Beseitigung von Hemmnissen für den Handel bezeichnet werden kann.[380] Weiter beschränkende Maßnahmen sind nach diesen Grundsätzen nicht geeignet, die Durchführung der Grundfreiheiten zu verwirklichen. Das bedeutet nicht, dass solche Maßnahmen grundsätzlich unzulässig wären. Sie können sich nur nicht auf die generellen Binnenmarktkompetenzen des Art. 114 AEUV berufen. Eine beschränkende Verbotsregelung kann sich nach wie vor auf Spezialkompetenzen stützen.

(b) Unmittelbarkeit und Binnenmarktbezug

Art. 115 AEUV lässt eine Harmonisierung von Vorschriften zu, die sich unmittelbar auf die Errichtung oder das Funktionieren des Binnenmarktes auswirken. Die Vorschrift findet also nur Anwendung, wenn ein Binnenmarktbezug vorliegt.[381]

Die Reichweite des „Unmittelbarkeitskriteriums" ist in der Literatur umstritten.[382] Zum Teil wird ein Kausalzusammenhang gefordert.[383] Nach Tietje liegt eine unmittelbare Auswirkung nur dann vor, „wenn Rechts- und Verwaltungsvorschrif-

[376] Vgl. Tietje, in: Grabitz/Hilf/Nettesheim, AEUV, Losebl. Stand: 65. Lfg. 2018, Art. 115 Rn. 12.

[377] Vgl. dazu bereits oben F.I.1.a)aa)(1)(d)(bb)(ii), so auch Tietje, in: Grabitz/Hilf/Nettesheim, AEUV, Losebl. Stand: 65. Lfg. 2018, Art. 115 Rn. 12, der ausführt, dass es keinen „Minderheitenschutz" im Rahmen des Art. 115 AEUV gibt.

[378] Vgl. dazu unten F.II.2.

[379] EuGH Urteil vom 05.10.2000 – Rs. C-375/98 – Deutschland/EP und Rat, Slg. 2000, I-8419, Rn. 86; Urteil vom 10.12.2002 – Rs. C-491/01 – BAT, Slg. 2002, I-11453 Rn. 61. EuGH, Urteil vom 05.10.2000 – C-376/98 – Deutschland/Rat Rn. 106–114.

[380] EuGH, Urteil vom 05.10.2000 – C-376/98 – Deutschland/Rat Rn. 84, 99 ff. So auch Rn. 111 ff. der Schlussanträge.

[381] Vgl. zum Umfang der Binnenmarktkompetenz oben F.I.1.a)aa)(1)(d)(bb)(ii).

[382] Vgl. Tietje, in: Grabitz/Hilf/Nettesheim, AEUV, Losebl. Stand: 65. Lfg. 2018, Art. 115 Rn. 19 ff.

[383] Vgl. Tietje, in: Grabitz/Hilf/Nettesheim, AEUV, Losebl. Stand: 65. Lfg. 2018, Art. 115 Rn. 19 m. w. N. Teilweise wird dabei auch nur eine schlichte Kausalität i. S. d. conditio-sine-qua-non gefordert.

ten der Mitgliedstaaten eine optimale Ressourcenallokation im Binnenmarkt insgesamt verhindern"[384]. Teilweise wird eine unmittelbare Auswirkung angenommen, wenn die mitgliedstaatlichen Recht- und Verwaltungsvorschriften das System des unbehinderten Leistungs- und Güteraustausches zumindest potenziell spürbar[385] beeinflussen.[386] Teilweise wurde vertreten, dass es bereits ausreicht, dass die Harmonisierung für das Funktionieren des Binnenmarktes nützlich und förderlich ist.[387] Allerdings fordert Trüe, dass durch die bisherigen Regelungen ein potenzieller negativer Effekt auf den Markt besteht, der einen Angleichungsbedarf auslöst.[388]

Letztlich kommt es darauf an, dass entweder durch mitgliedstaatliche Rechts- und Verwaltungsvorschriften die effektive Verwirklichung der Grundfreiheiten behindert wird[389] oder (nach der Rechtsprechung des EuGH) die mitgliedstaatlichen Vorschriften zu Wettbewerbsverfälschungen führen.[390] Während Letzteres mittlerweile als unstreitig bezeichnet wird[391], führt diese Tatbestandsauslegung nicht gerade zu einer Klärung des Anwendungsbereichs. Nach Tietje ist nämlich Ziel der Rechtsangleichung nach Art. 115 AEUV, „eine bestmögliche Allokation und Ab-

---

[384] Tietje, in: Grabitz/Hilf/Nettesheim, AEUV, Losebl. Stand: 65. Lfg. 2018, Art. 115 Rn. 21.

[385] Zum Merkmal der Spürbarkeit vgl. EuGH, Urteil vom 18.03.1980 – Rs. 91/79 – Kommission/Italien, Slg. 1980, 1100, 1106 Rn. 8; Urteil vom 18.03.1980 – Rs. 92/79 – Kommission/Italien, Slg. 1980, 1116, 1122 Rn. 8; Urteil vom 11.06.1991 – Rs. C-300/89 – Kommission/Rat, Slg. 1991, I-2867, 2901 Rn. 23; Urteil vom 05.10.2000 – Rs. C-376/98 – Deutschland/EP und Rat, Slg. 2000, I-8419 ff.

[386] Trüe, Das System der Rechtsetzungskompetenzen der Europäischen Gemeinschaft und der Europäischen Union, 2002, S. 259.

[387] Vgl. Trüe, Das System der Rechtsetzungskompetenzen der Europäischen Gemeinschaft und der Europäischen Union, 2002, S. 259 m. w. N.

[388] Trüe, Das System der Rechtsetzungskompetenzen der Europäischen Gemeinschaft und der Europäischen Union, 2002, S. 260.

[389] Das ist z. B. dann der Fall, wenn mitgliedstaatliche Vorschriften gegen die Grundfreiheiten verstoßen, der Verstoß aber gerechtfertigt werden kann, vgl. Tietje, in: Grabitz/Hilf/Nettesheim, AEUV, Losebl. Stand: 65. Lfg. 2018, Art. 115 Rn. 23. Die Grundfreiheiten erzwingen jedoch keine weitgehende Angleichung der Steuersysteme im Bereich der direkten Steuern, Schön Der „Wettbewerb" der europäischen Steuerordnungen als Rechtsproblem, in: Pelka, Europa- und Verfassungsrechtliche Grenzen der Unternehmensbesteuerung 2000, 212; Unterschiede zwischen nationalen Rechtsvorschriften, die lediglich die spezifische Kostensituation in einem Mitgliedstaat berühren, wie z. B. das Steuersystem, berührten von vornherein nicht den Normbereich der Grundfreiheiten. Vgl. auch EuGH, Urteil v. 14.07.1994 – Rs. C-379/92 – Perala, Slg. 1994, I-3453 Rn. 34.

[390] So bereits EuGH, Urteil vom 18.03.1980 – Rs. 91/79 – Kommission/Italien, Slg. 1980, 1100, 1106 Rn. 8; Urteil vom 18.03.1980 – Rs. 92/79 – Kommission/Italien, Slg. 1980, 1116, 1122 Rn. 8; vgl. auch Uwer, in: König/Uwer, Grenzen Europäischer Normgebung, S. 2. Vgl. dazu aber auch unten F.II.2.d)bb)(6)(g).

[391] Tietje, in: Grabitz/Hilf/Nettesheim, AEUV, Losebl. Stand: 65. Lfg. 2018, Art. 115 Rn. 24.

satz nach ökonomischen Kriterien zu ermöglichen"[392]. Weiter heißt es, „dass dieses Ziel [der bestmöglichen Allokation] nicht nur durch Rechtsangleichung, sondern auch durch einen Systemwettbewerb erreicht werden kann"[393]. Auch der EuGH hat insoweit entschieden, dass ein Staatsangehöriger sich das für ihn vorteilhafte Rechtssystem aussuchen kann.[394] Es ist also anhand des Einzelfalls zu überprüfen, wann systemische Unterschiede „gewollter Systemwettbewerb" und wann sie „Wettbewerbsverfälschung" sind.[395] Dabei ist zu beachten, dass für die Beseitigung von Verzerrungen und Wettbewerbsverfälschung Art. 116 AEUV als Ermächtigungsgrundlage zur Verfügung stünde.[396]

Die Anwendung des Art. 115 AEUV im Bereich des direkten Steuerrechts ist bereits im Rahmen der Kompetenzübertragung auf Einzelfälle begrenzt.[397] Soweit das (nationale) Steuerrecht der „effektiven Verwirklichung der Grundfreiheiten" entgegensteht, ist der Anwendungsbereich eröffnet. Mangels Harmonisierung des direkten Steuerrechts bestehen aber immer systemische Unterschiede zwischen den Rechtsvorschriften der Mitgliedstaaten.[398]

Der EuGH fordert dabei zunächst, dass die Wettbewerbsverzerrung, die eine Regelung erforderlich macht, auch signifikant ist.[399] Ein auf eine Binnenmarktkompetenz gestützter Rechtsakt muss „tatsächlich den Zweck haben, die Voraus-

---

[392] Tietje, in: Grabits/Hilf/Nettesheim, AEUV, Losebl. Stand: 65. Lfg. 2018, Art. 115 Rn. 21.

[393] Tietje, in: Grabits/Hilf/Nettesheim, AEUV, Losebl. Stand: 65. Lfg. 2018, Art. 115 Rn. 21.

[394] EuGH, Urteil vom 09.03.1999 – Rs. C-212/97 – Centros, Slg. 1999, I-2835, Rn. 27. Vgl. Zum Systemwettbewerb im Steuerrecht auch Schön, Der „Wettbewerb" der europäischen Steuerordnungen als Rechtsproblem, in: Pelka, Europa- und Verfassungsrechtliche Grenzen der Unternehmensbesteuerung 2000, 191 ff.

[395] Classen führt dazu aus, dass es letztlich den Unionsorganen überlassen ist, ob Unterschiede zwischen den Mitgliedstaaten als Wettbewerbsverzerrung eingeordnet werden und insoweit dem rechtlich in aller Regel nichts entgegengehalten werden kann, Classen, in: von der Groeben/Schwarze/Hatje, AEUV, 7. Aufl. 2015, Art. 114 Rn. 65. Diese Aussage ist vor dem Hintergrund der begrenzten Übertragung von Kompetenzen problematisch, da auch bei politischer Überzeugung von einer Wettbewerbsverzerrung diese nur von der EU behoben werden darf, wenn hierfür eine Kompetenz besteht. Vgl. dazu auch oben F.I.1.a)aa)(1).

[396] Vgl. dazu unten F.I.1.b)cc)(1).

[397] Vgl. dazu oben F.I.1.a)aa)(1)(d)(bb)(ii). Der Anwendungsbereich kann nicht weiter als die übertragene Kompetenz sein. Vgl. auch Trüe, Das System der Rechtsetzungskompetenzen der Europäischen Gemeinschaft und der Europäischen Union, 2002, S. 262, „punktuelle Regelungen".

[398] Vgl. dazu auch Schön, Der „Wettbewerb" der europäischen Steuerordnungen als Rechtsproblem, in: Pelka, Europa- und Verfassungsrechtliche Grenzen der Unternehmensbesteuerung 2000, 217 ff. der dieses Argument ablehnt, da ansonsten jeglicher stufenweiser Rechtsangleichung die fehlende Vollharmonisierung entgegengehalten werden könnte.

[399] EuGH, Urteil vom 05.10.2000 – C-376/98 – Deutschland/Rat Rn. 106 ff., andernfalls läge auch ein Verstoß gegen das Prinzip der begrenzten Einzelermächtigung vor, vgl. dazu auch Calliess, in: König/Uwer, Grenzen Europäischer Normgebung, S. 27.

setzungen für die Errichtung und das Funktionieren des Binnenmarktes zu verbessern. Genügten bereits die bloße Feststellung von Unterschieden zwischen den nationalen Vorschriften und die abstrakte Gefahr von Beeinträchtigungen der Grundfreiheiten oder daraus möglicherweise entstehende Wettbewerbsverzerrungen, um die Wahl von Artikel 100a Abs. 1 EGV [dem heutigen Art. 114 AEUV] als Rechtsgrundlage zu rechtfertigen, so könnte der gerichtlichen Kontrolle der Wahl der Rechtsgrundlage jede Wirksamkeit genommen werden."[400]

(c) Anwendung auf die ATAD

Die Begründung der ATAD führt insoweit aus, dass die Mitgliedstaaten ihre BEPS-Verpflichtungen erfüllen müssen, damit der Binnenmarkt gut funktionieren kann.[401] Weiter heißt es, dass nur ein gemeinsamer Rahmen eine Fragmentierung des Marktes verhindern und die derzeitigen Inkongruenzen und Marktverzerrungen beseitigen könne.[402] Es müssten Vorschriften festgelegt werden, um der Aushöhlung der Steuerbemessungsgrundlage im Binnenmarkt und der Verlagerung von Gewinnen in Drittländer entgegenzuwirken.[403] Deshalb sollen Vorschriften zur Beschränkung der Abzugsfähigkeit von Zinsen, Wegzugsbesteuerung, allgemeine Verhinderung von Missbrauch, Hinzurechnungsbesteuerung und Vorschriften für hybride Gestaltungen eingeführt werden.[404] Wenn es durch diese (neu eingeführten!) Vorschriften zu Doppelbesteuerung kommt, sollen in der ATAD auch Mechanismen zur Vermeidung der Doppelbesteuerung geschaffen werden, sodass auch Markthemmnisse verhindert werden.[405] Im weiteren Verlauf erklärt die Begründung vielseitige Gestaltungsspielräume für die Mitgliedstaaten bei der Umsetzung der Regelungen. Schließlich soll die Richtlinie als wesentliches Ziel die Resilienz des

---

[400] EuGH, Urteil vom 05.10.2000 – C-376/98 – Deutschland/Rat Rn. 84. Zur Fortgeltung dieser Grundsätze vgl. Calliess, in: König/Uwer, Grenzen Europäischer Normgebung, S. 26.

[401] Richtlinie (EU) 2016/1164 des Rates v. 12.07.2016 mit Vorschriften zur Bekämpfung von Steuervermeidungspraktiken mit unmittelbaren Auswirkungen auf das Funktionieren des Binnenmarkts, ABl. 2016 L 193, Erwägungsgrund 2.

[402] Richtlinie (EU) 2016/1164 des Rates v. 12.07.2016 mit Vorschriften zur Bekämpfung von Steuervermeidungspraktiken mit unmittelbaren Auswirkungen auf das Funktionieren des Binnenmarkts, ABl. 2016 L 193, Erwägungsgrund 2.

[403] Richtlinie (EU) 2016/1164 des Rates v. 12.07.2016 mit Vorschriften zur Bekämpfung von Steuervermeidungspraktiken mit unmittelbaren Auswirkungen auf das Funktionieren des Binnenmarkts, ABl. 2016 L 193, Erwägungsgrund 5.

[404] Richtlinie (EU) 2016/1164 des Rates v. 12.07.2016 mit Vorschriften zur Bekämpfung von Steuervermeidungspraktiken mit unmittelbaren Auswirkungen auf das Funktionieren des Binnenmarkts, ABl. 2016 L 193, Erwägungsgrund 5.

[405] Richtlinie (EU) 2016/1164 des Rates v. 12.07.2016 mit Vorschriften zur Bekämpfung von Steuervermeidungspraktiken mit unmittelbaren Auswirkungen auf das Funktionieren des Binnenmarkts, ABl. 2016 L 193, Erwägungsgrund 5.

Binnenmarktes insgesamt gegenüber grenzüberschreitenden Steuervermeidungspraktiken stärken.[406]

Bei unreflektiertem Lesen der Begründung behauptet die ATAD also einen ausreichenden Binnenmarktbezug. Allerdings ist zweifelhaft, ob die ATAD nach der Begründung tatsächlich der Errichtung und dem Funktionieren des Binnenmarktes dient. Die BEPS-Verpflichtungen sollten nationales Steuersubstrat vor einer Verlagerung in ein niedrig besteuertes Ausland schützen und eine Besteuerung am Ort der tatsächlichen Gewinnschöpfung sicherstellen. Es geht also um den Schutz der nationalen Haushalte. Wie bereits oben ausgeführt[407] handelt es sich dabei jedoch nicht um einen Bereich, der in die Binnenmarktkompetenz der EU fällt, sondern in die Haushaltskompetenz der Mitgliedstaaten. Auch wenn ein „Binnenmarkt" sicherlich besser funktioniert, wenn die Mitgliedstaaten einen ausgeglichenen Haushalt vorweisen können, kann sich eine Regelung zu diesem Zweck daher nicht auf Art. 115 AEUV stützen.[408] Etwas anderes kann erst gelten, wenn es um die Verwirklichung der Grundfreiheiten geht.

Der Verweis auf derzeitige Inkongruenzen und Marktverzerrungen ist allerdings zu wage. Inkongruenzen und Marktverzerrungen ergeben sich bereits dadurch, dass die Mitgliedstaaten einen erheblichen Teil ihrer Kompetenzen nicht übertragen haben. Soweit es um solche Bereiche geht, besteht grundsätzlich keine Kompetenz zur Rechtsetzung, auch nicht im Rahmen der Binnenmarktkompetenz.[409] Um Wettbewerbsverfälschungen im Binnenmarkt in Abgrenzung vom (gewollten und zulässigen) Systemwettbewerb in solchen Bereichen als Begründung anzuführen, bedarf es genauerer Ausführungen.[410]

Hier ergibt sich jedoch nicht der Eindruck, dass spürbare signifikante Wettbewerbsverzerrungen zu einer Behinderung der Verwirklichung der Grundfreiheiten im Sinne einer bestmöglichen Allokation von Ressourcen führen, die über die

---

[406] Richtlinie (EU) 2016/1164 des Rates v. 12.07.2016 mit Vorschriften zur Bekämpfung von Steuervermeidungspraktiken mit unmittelbaren Auswirkungen auf das Funktionieren des Binnenmarkts, ABl. 2016 L 193, Erwägungsgrund 16.

[407] Vgl. oben F.I.1.a)aa)(1)(d)(bb)(ii).

[408] A.A. Schön, Der „Wettbewerb" der europäischen Steuerordnungen als Rechtsproblem, in: Pelka, Europa- und Verfassungsrechtliche Grenzen der Unternehmensbesteuerung 2000, 191, 223; Schädliche Steuerpraktiken könnten gegen den Grundsatz der Steuergerechtigkeit verstoßen und Verzerrungen des Kapitalverkehrs und der Wettbewerbsbedingungen herbeiführen. „Da es sich bei den Problemen der Steuervermeidung und des Steuerwettbewerbs um Folgeerscheinungen der Grundfreiheiten im Binnenmarkt handelt, wird man dies auch noch unter Art. 94 EGV fassen können." Folgeerscheinungen der Grundfreiheiten dienen nicht der Verwirklichung derselben und sind daher bei der gebotenen engen Auslegung nicht von der Binnenmarktkompetenz erfasst.

[409] Auch hier gilt erst dann wieder etwas anderes, soweit es um die Verwirklichung von Grundfreiheiten geht.

[410] Calliess, Subsidiaritäts- und Solidaritätsprinzip in der Europäischen Union, S. 335, 337; bestätigt in: König/Uwer, Grenzen Europäischer Normgebung, S. 16 Fn. 20; vgl. dazu auch oben F.I.1.b)bb)(2)(b).

grundsätzlich durch die Existenz unterschiedlicher Steuersysteme entstehenden Verzerrungen hinausgeht. Es bestehen daher grundsätzliche Zweifel, ob die Regelungen der ATAD dem Anwendungsbereich des Art. 115 AEUV unterfallen.

Allerdings kann eine Doppelbesteuerung eine Beschränkung der Grundfreiheiten darstellen. Insoweit besteht auch die Möglichkeit der präventiven Rechtsangleichung durch die Schaffung verbindlicher, gleicher Vorschriften in allen Mitgliedstaaten für alle Marktteilnehmer.[411] Diesbezüglich fällt die ATAD grundsätzlich in den Anwendungsbereich des Art. 115 AEUV.[412]

cc) Abgrenzung zu anderen Ermächtigungsgrundlagen

Auch wenn der Anwendungsbereich der ATAD teilweise eröffnet ist, ist es fraglich, ob Art. 115 AEUV die „richtige" oder die „beste" Ermächtigungsgrundlage ist. Kommen mehrere Ermächtigungsgrundlagen in Betracht, so kommt es auf eine schwerpunktmäßige Betrachtung an.[413]

Vorliegend kommen als alternative Ermächtigungsgrundlagen Art. 116 AEUV, Art. 352 AEUV und Art. 121 AEUV[414] in Betracht.

(1) Art. 116 AEUV

Der Generalanwalt des EuGH Geelhoed hat im Rahmen des Beihilfenrechts für Steuern die Art. 116 und 117 AEUV als richtige Ermächtigungsgrundlagen bezeichnet.[415] „Speziell im Bereich der unionsrechtlich nicht harmonisierten Steuern"[416] sei mittels einer Schwerpunktbetrachtung eine bestimmte Maßnahme als Steuer oder als Beihilfe zu qualifizieren.[417] Für Wettbewerbsverzerrungen infolge von belastenden öffentlichen Maßnahmen stünden als Ermächtigungsgrundlagen nur die Art. 116 und 117 AEUV zur Verfügung.[418] Wenn eine Verzerrung im In-

---

[411] Vgl. oben F.I.1.b)bb)(2)(a).

[412] Ob der Tatbestand der Ermächtigungsgrundlage aber tatsächlich erfüllt ist, vgl. unten F. I.1.b)dd).

[413] Vgl. Frenz/Ehlenz, EuZW 2011, 623, 624. Ggf. sind mehrere Ermächtigungsgrundlagen gleichzeitig einschlägig, jeweils respektive ihres Anwendungsbereichs.

[414] Art. 121 AEUV enthält keine Ermächtigung zum Erlass von Richtlinien, ermächtigt die EU aber zur Koordinierung im Bereich der Wirtschaftspolitik.

[415] Schlussanträge GA Geelhoed v. 18.09.2003 – Rs. C-308/01 – GIL Insurance, Slg. 2003, I-4779 Rn. 65 f., 77.

[416] Bartosch, EuZW 2015, 99, 101.

[417] Schlussanträge GA Geelhoed v. 18.09.2003 – Rs. C-308/01 – GIL Insurance, Slg. 2003, I-4779 Rn. 73; Bartosch, EuZW 2015, 99, 101.

[418] Schlussanträge GA Geelhoed v. 18.09.2003 – Rs. C-308/01 – GIL Insurance, Slg. 2003, I-4779 Rn. 65; Bartosch, EuZW 2015, 99, 101.

teresse des Binnenmarktes beseitigt werden muss, müsse die EU zur Beseitigung dieser Verzerrung ihre Befugnisse nach Art. 116 und 117 AEUV nutzen.[419]

Diese Ausführungen überzeugen. Im Rahmen des Wirtschaftsrechts, zu dem auch das Steuerrecht gehört[420], wurde der EU lediglich eine Koordinierungskompetenz eingeräumt. Es liegt daher nahe, innerhalb dieses Kompetenzbereichs auch die dafür vorgesehenen Kompetenzen zu nutzen. Bereits der Wortlaut der Vorschrift des Art. 116 AEUV im Vergleich zu Art. 115 AEUV legt es nahe, gerade im Bereich der entsprechenden Kompetenzen die Beseitigung von Verzerrungen durch Wettbewerbsverfälschungen auf Art. 116 zu stützen. Art. 116 AEUV findet Anwendung, wenn die Kommission feststellt, dass vorhandene Unterschiede in den Rechts- und Verwaltungsvorschriften der Mitgliedstaaten die Wettbewerbsbedingungen auf dem Binnenmarkt verfälschen und dadurch eine Verzerrung hervorrufen, die zu beseitigen ist.[421] Dagegen harmonisiert Art. 115 AEUV die Vorschriften, die sich unmittelbar auf die Errichtung oder das Funktionieren des Binnenmarktes auswirken.

Art. 116 AEUV setzt im Tatbestand eine Verzerrung voraus. Was darunter zu verstehen ist, ist unklar und in der Literatur umstritten.[422] Bei der Definition wird dabei regelmäßig auf den sog. „Spaak-Bericht" von 1958[423] verwiesen, der zwischen allgemeinen und spezifischen Verzerrungen unterscheidet und allgemeine Verzerrungen vom Anwendungsbereich der Vorschrift ausnimmt.[424] Zu den allgemeinen Verzerrungen gehören unterschiedliche Belastungen der gesamten nationalen Volkswirtschaft wie Steuern und Sozialabgaben.[425] Zu den spezifischen Verzerrungen gehören Belastungen oder Begünstigungen bestimmter Wirtschaftszweige.[426] Tietje sieht eine Verzerrung im Sinne des Art. 116 AEUV als Unterschiede in den Rechtsordnungen, die einen bestimmten Wirtschaftszweig in einem oder mehreren Mitgliedstaaten besonders nachhaltig begünstigen oder benachteili-

[419] Schlussanträge GA Geelhoed v. 18.09.2003 – Rs. C-308/01 – GIL Insurance, Slg. 2003, I-4779 Rn. 77.

[420] Vgl. oben F.I.1.a)aa)(1)(d)(bb)(ii).

[421] Vgl. zu den fünf dadurch entstehenden Fallgruppen Helmke, Die Finanzkompetenzen der Europäischen Gemeinschaft, 2009, S. 66.

[422] Vgl. dazu Helmke, Die Finanzkompetenzen der Europäischen Gemeinschaft, 2009, S. 77 ff.; Tietje, in: Grabitz/Hilf/Nettesheim, AEUV, Losebl. Stand: 65. Lfg. August 2018, Art. 116 Rn. 9 ff.

[423] Bericht der Delegationsleiter des von der Konferenz von Messina eingesetzten Regierungsausschusses an die Außenminister vom 21.04.1956, S. 64 ff. abgedruckt in: Schulze, Dokumente zum Europäischen Recht, Bd. 1: Gründungsverträge, 1999, 752 ff.

[424] Vgl. dazu Tietje, in: Grabitz/Hilf/Nettesheim, AEUV, Losebl. Stand: 65. Lfg. August 2018, Art. 116 Rn. 9 ff.; Terhechte, in: Frankfurter Kommentar, AEUV, 1. Aufl. 2017, Art. 116 Rn. 4.

[425] Vgl. dazu Tietje, in: Grabitz/Hilf/Nettesheim, AEUV, Losebl. Stand: 65. Lfg. August 2018, Art. 116 Rn. 9; Terhechte, in: Frankfurter Kommentar, AEUV, 1. Aufl. 2017, Art. 116 Rn. 4.

[426] Terhechte, in: Frankfurter Kommentar, AEUV, 1. Aufl. 2017, Art. 116 Rn. 4.

gen.[427] Steuerregelungen wie eine Hinzurechnungsbesteuerung auf bestimmte passive Einkünfte benachteiligten bestimmte Wirtschaftszweige, nämlich solche, die im wesentlichen Kapitalvermögen verwalten.

Art. 116 AEUV erfordert zusätzlich eine Beseitigungsbedürftigkeit der Verzerrung.

Es ist unklar, warum vor diesem Hintergrund die ATAD nicht auch auf Art. 116 AEUV gestützt wurde. Zwar erfordert eine Richtlinie nach Art. 116 AEUV zunächst eine Beratung zwischen der Kommission und den jeweiligen Mitgliedstaaten. Wenn diese Beratung jedoch scheitert, kann die Richtlinie sogar im ordentlichen Gesetzgebungsverfahren verabschiedet werden. Dabei ist das Europäische Parlament Mitgesetzgeber, Art. 294 AEUV i.V.m. Art. 116 Abs. 2 AEUV.

Art. 116 AEUV ist deutlich besser als Ermächtigungsgrundlage im Bereich des direkten Steuerrechts geeignet als Art. 115 AEUV. Das liegt vor allem daran, dass die Anforderungen des BVerfG besser erfüllt werden. Der Tatbestand weist bereits eine restriktive Komponente im Rahmen der „Beseitigungsbedürftigkeit" aus. Zusätzlich ist an der Gesetzgebung das Europäische Parlament beteiligt, vgl. Art. 294 AEUV, was nach der Rechtsprechung des BVerfG gerade im Bereich der wesentlichen Staatskompetenzen ein wichtiger Bestandteil der demokratischen Legitimation ist. Zusätzlich enthält die Vorschrift die Möglichkeit für den jeweiligen Mitgliedstaat, aus eigenem Antrieb seiner Verpflichtung zur Regelung nachzukommen.

(2) Art. 121 AEUV

Der Entwurf für die Grundzüge der Wirtschaftspolitik wird zunächst auf Empfehlung der Kommission vom Rat (Wirtschaft und Finanzen) erstellt.[428] Der Europäische Rat erörtert auf Grundlage des Entwurfs eine Schlussfolgerung, die Grundlage für eine Empfehlung des Rats ist, die dieser mit qualifizierter Mehrheit verabschiedet.[429]

Ein Beispiel für eine solche Empfehlung ist z.B. die länderspezifische Empfehlung des Rates für 2017 zur Wirtschafts- Beschäftigungs- und Haushaltspolitik der Mitgliedstaaten für Deutschland.[430] Der Rat gibt zunächst den Status quo wieder und empfiehlt dann, die Effizienz und Investitionsfreundlichkeit des Steuersystems

[427] Tietje, in: Grabitz/Hilf/Nettesheim, AEUV, Losebl. Stand: 65. Lfg. August 2018, Art. 116 Rn. 12f.

[428] Vgl. Schulte, in: von der Groeben/Schwarze/Hatje, Europäisches Unionsrecht, 7. Aufl. 2015, Art. 121 AEUV Rn. 17.

[429] Vgl. Schulte, in: von der Groeben/Schwarze/Hatje, Europäisches Unionsrecht, 7. Aufl. 2015, Art. 121 AEUV Rn. 17.

[430] Rat der Europäischen Union vom 12.06.2017, Empfehlung für eine Empfehlung des Rates zum nationalen Reformprogramm Deutschlands 2017 mit einer Stellungnahme des Rates zum Stabilitätsprogramm Deutschlands 2017, 9296/17.

weiter zu verbessern.[431] Zudem solle Deutschland die hohe Steuer- und Abgabenbelastung für Geringverdiener senken.[432]

In einer Empfehlung für Frankreich vom 13.06.2016 empfahl der Rat eine Reform des Einkommensteuerabzugs bis Ende 2016 sowie eine Senkung von gewissen Steuern.[433]

In einer Empfehlung für den Zeitraum 2018 bis 2019 empfiehlt der Rat folgendes:

> „Die Mitgliedstaaten sollten Maßnahmen ergreifen und umsetzen, um gegen eine verschuldungsfreundliche Besteuerung und aggressive Steuerplanung vorzugehen und so gleiche Rahmenbedingungen, eine faire Behandlung der Steuerzahler, den Schutz der öffentlichen Haushalte und die Stabilität im Euro-Währungsgebiet zu sichern. Hierzu gehört auch die Fortsetzung der Arbeit an der gemeinsamen konsolidierten Körperschaftsteuer-Bemessungsgrundlage (GKKB)".[434]

Daraus ergibt sich zwar keine Ermächtigungsgrundlage für den Erlass einer Richtlinie. Soweit jedoch auch keine anderweitige Kompetenz zum Erlass einer spezifischen Maßnahme oder Richtlinie besteht und keine entsprechende Ermächtigungsgrundlage vorliegt, kann gestützt auf Art. 121 AEUV dennoch auf eine Beseitigung von negativen mitgliedstaatlichen Vorschriften hingewirkt werden. Da das Steuerrecht grundsätzlich zum Bereich der Wirtschaftspolitik gehört[435], ist diese Vorschrift grundsätzlich eher für Empfehlungen im Bereich des direkten Steuerrechts anzuwenden, als Art. 115 AEUV eine Richtlinienkompetenz begründet.

(3) Art. 352 AEUV

Art. 352 AEUV wäre grundsätzlich eine taugliche Ermächtigungsgrundlage für die ATAD. Mit Blick auf die grundsätzliche Unzuständigkeit der EU im Bereich der direkten Steuern wäre Art. 352 AEUV die bessere Ermächtigungsgrundlage gewesen. Art. 352 AEUV findet Anwendung, wenn ein Tätigwerden im Rahmen der in den Verträgen festgelegten Politikbereichen erforderlich ist um eines der Ziele der Verträge zu verwirklichen und die hierfür erforderlichen Befugnisse nicht in den Verträgen vorgesehen sind. Dabei darf nach Abs. 3 keine Harmonisierung in Bereichen stattfinden, in denen die Verträge eine solche Harmonisierung ausschließen.

---

[431] Empfehlung des Rates vom 12.06.2017, 9296/17.

[432] Empfehlung des Rates vom 12.06.2017, 9296/17, Empfehlung Nr. 2.

[433] Empfehlung des Rates vom 13.06.2016, 9200/16, Empfehlung Nr. 5.

[434] Pressemitteilung des Rats der Europäischen Union vom 23.01.2018, https://www.consilium.europa.eu/de/press/press-releases/2018/01/23/council-recommendation-on-the-economic-policy-of-the-euro-area/.

[435] Vgl. dazu oben F.I.1.a)aa)(1)(d)(bb)(ii).

In der Literatur wird darauf hingewiesen, dass Art. 352 AEUV eng auszulegen sei und nicht zu einer Umgehung des Vertragsänderungsverfahrens verwendet werden darf.[436] Das vermag aus deutscher Sicht nur bedingt zu überzeugen, da nach der Rechtsprechung des BVerfG und nach dem IntVG sich die Anforderungen für eine Vertragsänderung und einer Maßnahme nach Art. 352 AEUV gleichen.[437]

Das Steuerrecht ist als Teil des Wirtschaftsrechts in dem Ziel der Errichtung einer Wirtschaftsunion nach Art. 3 Abs. 4 EUV[438] grundsätzlich vom Anwendungsbereich des Art. 352 AEUV erfasst. Es besteht auch ein großer Bereich, indem es an den erforderlichen Befugnissen zum Erlass von Maßnahmen im Bereich des direkten Steuerrechts fehlt.[439] Eine Harmonisierung in diesem Bereich ist auch nicht ausdrücklich ausgeschlossen.[440]

dd) Erfüllung Tatbestand

Der Anwendungsbereich des Art. 115 AEUV ist grundsätzlich eröffnet. Die ATAD müsste aber auch tatsächlich Vorschriften angleichen, die sich unmittelbar auf die Errichtung oder das Funktionieren des Binnenmarktes auswirken. Die Erwägungsgründe enthalten trotz wiederholter Verwendung des Begriffs „Binnenmarkt“ keinen Bezug zu den Grundfreiheiten. Die „Fragmentierung des Marktes“ durch uneinheitliche Regelungen muss keinen Verstoß gegen Grundfreiheiten zur Folge haben. Vielmehr ist der Regelfall im Steuerrecht ein „fragmentierter Markt“. Vor diesem Hintergrund bleibt auch unklar, wie der Wettbewerb ohne die Richtlinie verzerrt sein soll.

Die folgende Untersuchung soll sich auf die Tatbestände der allgemeinen Missbrauchsvermeidungsvorschrift nach Art. 6 ATAD sowie die Vorschriften der Hinzurechnungsbesteuerung nach Art. 7 und 8 ATAD beschränken.

(1) Allgemeine Missbrauchsvermeidungsklausel

Es ist fraglich, ob die Einführung einer allgemeinen Missbrauchsvermeidungsvorschrift vom Tatbestand des Art. 115 AEUV gedeckt ist. Der allgemeine Miss-

---

[436] Vgl. Winkler, in: Grabitz/Hilf/Nettesheim, AEUV, Losebl. Stand: 63. Lfg. Dezember 2017, Art. 352.

[437] Vgl. dazu oben F.I.1.a)aa)(1)(d)(cc).

[438] Vgl. dazu oben F.I.1.a)aa)(1)(d)(bb)(ii).

[439] Vgl. dazu oben F.I.1.a)aa)(2).

[440] Vgl. dazu auch oben F.I.1.a)aa)(1)(d)(bb)(ii) und F.I.1.b)cc)(1) die Möglichkeit zum Erlass von Richtlinien im Bereich des direkten Steuerrechts im Rahmen der Binnenmarktkompetenz oder im Rahmen des Art. 116 AEUV. Vgl. dazu Winkler, in: Grabitz/Hilf/Nettesheim, AEUV, Losebl. Stand: 63. Lfg. Dezember 2017, Art. 352 Rn. 83; ausdrücklich ausgeschlossen ist eine Harmonisierung z. B. im Bereich der Bildung nach Art. 165 Abs. 4 AEUV, im Bereich der Entfaltung der Kulturen, Art. 167 Abs. 5 AEUV, im Bereich des Gesundheitsschutzes nach Art. 168 Abs. 5 AEUV.

brauchsvermeidungstatbestand soll Gestaltungen unberücksichtigt lassen, deren wesentlicher Zweck die Steuervermeidung ist. Auf den ersten Blick sollte die Vorschrift vom Tatbestand des Art. 115 AEUV gedeckt sein, schließlich erlaubt der EuGH auch eine Einschränkung von Grundfreiheiten mit der Begründung der Missbrauchsvermeidung.[441]

Auf den zweiten Blick stellt sich aber die Frage, wie die Vorschrift sich unmittelbar auf die Errichtung und das Funktionieren des Binnenmarktes auswirken soll. Es handelt sich nämlich zunächst um Gestaltungen, die bereits nicht dem Schutz der Grundfreiheiten unterliegen.[442] Wenn eine Vorschrift lediglich eine bereits nicht von den Grundfreiheiten geschützte grenzüberschreitende Aktion „rückgängig macht" bzw. unberücksichtigt lässt, liegt insoweit auch kein Binnenmarktbezug im Sinne der Verwirklichung der Grundfreiheiten vor.

Art. 6 ATAD geht jedoch in seinem Anwendungsbereich über die bisherigen Grundsätze zu „rein künstlichen Gestaltungen"[443] hinaus.[444] Die Grundfreiheiten könnten dann von der Vorschrift beschränkt werden. Die Beschränkung von Grundfreiheiten ist aber grundsätzlich keine positive Auswirkung auf den Binnenmarkt und damit nicht von Art. 115 AEUV gedeckt.[445] Das gilt auch für den Fall, dass die nationalen Vorschriften über den Bereich der rein künstlichen Gestaltungen hinausgehen, dann zwar gegen Grundfreiheiten verstoßen, diese Verstöße aber gerechtfertigt werden können. Denn solche Regelungen werden durch Art. 6 ATAD nicht verhindert, da lediglich ein Mindeststandard vorgegeben wird, von dem die Mitgliedstaaten durch schärfere Regelungen abweichen können.

Aus diesem Grund kann Art. 6 ATAD auch eine Verzerrung durch eine Wettbewerbsverfälschung insoweit nicht beseitigen. Allerdings lässt Art. 6 ATAD den Mitgliedstaaten bei der Umsetzung einen gewissen Spielraum in Umsetzung, Auslegung und Anwendung. Insoweit kommt es auf die einzelstaatliche Anwendung dieses erweiterten Spielraums an. Diesbezüglich handelte es sich aber um eine Wettbewerbsverfälschung, die nicht ohne die Regelung der ATAD, sondern erst mit der Regelung der ATAD entsteht. Auch hier läuft Art. 6 ATAD dem Art. 115 AEUV eher zuwider.

---

[441] EuGH, Urteil vom 12.09.2006 – C-196/04 – Cadbury Schweppes, Slg. 2006, I-8031 ff. Rn. 55. Vgl. dazu zu bisherigen Bestrebungen der EU zur Einführung einer entsprechenden Missbrauchsregel Drüen, in: Tipke/Kruse, AO, Losebl. Stand: 149. Lfg. Juli 2017, Vor § 42 Rn. 39.

[442] Vgl. dazu EuGH Urteil vom 12.09.2006 – C-196/04 – Cadbury Schweppes, Slg. 2006, I-8031 ff. Rn. 55; vgl. auch Korte, in: Calliess/Ruffert, AEUV, 5. Aufl. 2016, Art. 49 Rn. 32; vgl. dazu auch Schönfeld, Hinzurechnungsbesteuerung und Europäisches Gemeinschaftsrecht, S. 262 ff.

[443] EuGH, Urteil vom 12.09.2006 – C-196/04 – Cadbury Schweppes, Slg. 2006, I-8031 ff. Rn. 55.

[444] Vgl. Drüen, in: Tipke/Kruse, AO, Losebl. Stand: 167. Lfg. August 2021, Vor § 42 Rn. 41c.

[445] Vgl. dazu Korte, in: Calliess/Ruffert, AEUV, 5. Aufl. 2016, Art. 114 Rn. 46 ff.

Es verbleibt die Möglichkeit der Wettbewerbsverfälschung durch die Existenz einer allgemeinen Missbrauchsvermeidungsvorschrift in nur manchen Mitgliedstaaten. Allerdings ist fraglich, welche Gruppe hier in einem Wettbewerb stehen soll und wie dieser Wettbewerb verfälscht werden soll.

> Beispiel:
>
> In H existieren allgemeine Missbrauchsvermeidungsvorschriften. Die H-GmbH setzt eine Struktur auf, um den Steuersatz von 30 % effektiv auf 10 % zu senken. Die Struktur wird aufgrund der allgemeinen Missbrauchsvermeidungsvorschrift in H nicht anerkannt. Die H-GmbH wird mit einem Steuersatz von 30 % besteuert. In N existiert keine allgemeine Missbrauchsvermeidungsvorschrift. Die N-B.V. setzt eine Struktur auf, um ihren Steuersatz von 9 % effektiv auf 4 % zu reduzieren. Sie ist damit erfolgreich.

Fraglich ist, inwieweit jetzt der Wettbewerb zwischen der H-GmbH und der N-B.V. verfälscht wird und wie der Wettbewerb zwischen H und N verfälscht wird. Zunächst müssten die H-GmbH und die N-B.V. direkte Wettbewerber sein, also eine hinreichend vergleichbare Leistung am Markt erbringen. Die bloße Tatsache, dass beide Unternehmen (Netto-)Gewinne maximieren wollen, reicht insoweit nicht aus. Die H-GmbH wird sich nicht darauf stützen können, dass sie benachteiligt wird, weil sie sich grundsätzlich keinen von der nationalen Steuerrechtsordnung nicht vorgesehenen Steuervorteil „erschleichen" kann. Zudem ist darauf hinzuweisen, dass der Anwendungsbereich auf die Körperschaftsteuer und die Berechnung der Körperschaftsteuerschuld beschränkt ist, Art. 1, 6 Abs. 1 ATAD. Steuern, die im Vorfeld oder neben der Körperschaftsteuer erhoben werden, können dabei nicht berücksichtigt werden. Ebenfalls kann es im Rahmen der Vergleichbarkeit nicht um Positionen gehen, die nur in einem Mitgliedstaat berücksichtigt oder nichtberücksichtigt werden. Insofern ist nämlich der Wettbewerb bereits in zulässiger Weise verfälscht. Diese Verfälschung wird aber nicht durch Art. 6 ATAD behoben. Der verbleibende Anwendungsbereich für eine Wettbewerbsverfälschung im Vergleich zwischen zwei im Wettbewerb befindlichen Unternehmen ist damit eher gering und rein hypothetisch.[446]

Ebenso wird das Land H sich nur schwerlich darauf berufen können, dass der Wettbewerb dadurch verfälscht wird, dass im anderen Land weniger Steuern zu zahlen sind. Dabei kann es nicht darauf ankommen, ob tatsächlich 9 % zu zahlen gewesen wären oder ob der Steuersatz von vornherein nur 4 % betragen hätte. Ebenfalls kann es nicht darauf ankommen, dass die H-GmbH eine Struktur aufsetzt, die über das Land N einen nichtvorhergesehenen Steuervorteil erwirkt. Die Missbrauchsvermeidungsvorschrift in H könnte nämlich (wie Art. 6 ATAD auch) die gesamte Struktur nicht anerkennen und eine ordnungsgemäße Besteuerung durch-

[446] In diesem Fall verneint Korte das Vorliegen einer Wettbewerbsverfälschung, in: Calliess/Ruffert, AEUV, 5. Aufl. 2016, Art. 114 Rn. 43.

führen. Ein solches Vorgehen wäre nämlich nicht durch die Grundfreiheiten beschränkt.[447]

Es fällt daher schwer hier von einer Wettbewerbsverfälschung zu sprechen, da regelmäßig die Nichtexistenz einer allgemeinen Missbrauchsvermeidungsvorschrift kaum ein entscheidendes Kriterium für die Standortwahl sein wird.

Damit ist die Verfälschung (so man sie denn überhaupt annehmen kann) ebenso wie der erforderliche positive Binnenmarkteffekt jeweils bereits für sich genommen zu niedrig, um den Tatbestand des Art. 115 AEUV zu erfüllen.

Die Vermeidung von Doppelbesteuerung durch vereinzelte allgemeine Missbrauchsvermeidungsvorschriften ist hier ebenfalls kein Argument. Art. 6 ATAD enthält nämlich keine Vorschriften zur Vermeidung einer Doppelbesteuerung.[448]

Art. 6 ATAD kann sich damit nicht auf Art. 115 AEUV als Ermächtigungsgrundlage stützen.[449]

(2) Hinzurechnungsbesteuerung

Fraglich ist auch, ob die Hinzurechnungsbesteuerung den Tatbestand von Art. 115 AEUV erfüllt.

Die Hinzurechnungsbesteuerung kann gegen die Niederlassungsfreiheit und die Kapitalverkehrsfreiheit verstoßen.[450] Allerdings dient die Einführung einer solchen, die Grundfreiheiten beschränkenden Vorschrift nicht der Verwirklichung der Grundfreiheiten. Es bleiben also zur Erfüllung des Tatbestandes des Art. 115 AEUV nur die Beseitigung von Wettbewerbsverfälschungen und Verzerrungen sowie die Beseitigung von Doppelbesteuerung.

Die Vorschriften über die Hinzurechnungsbesteuerung sind nicht geeignet, Wettbewerbsverfälschungen und Verzerrungen zu beseitigen. Das wird schon aus den Erwägungsgründen deutlich, die die Unterschiede zwischen den mitgliedstaatlichen Steuersystemen und die umfangreichen Regelungsspielräume im Rahmen der ATAD betonen. Tatsächlich wird aber deutlich, dass die Vorschriften keine Wettbewerbsverfälschungen und Verzerrungen beseitigen können, wenn man Szenarien mit und ohne Umsetzung in den Mitgliedstaaten vergleicht.

---

[447] Vgl. dazu oben E.II.4.

[448] Vgl. dazu oben E.II.4.

[449] Vgl. zweifelnd mit Verweis auf den Anwendungszwang für reine Inlandssachverhalte auch Musil, in: Musil/Weber-Grellet, Europäisches Steuerrecht, 2019, Art. 6 ATAD Rn. 16.

[450] Vgl. dazu Rehfeld, Die Vereinbarkeit des Außensteuergesetzes mit den Grundfreiheiten des EG-Vertrags, S. 477 f.; Reissinger, Die Hinzurechnungsbesteuerung gemäß Außensteuergesetz, S. 307; Schönfeld, Hinzurechnungsbesteuerung und Europäisches Gemeinschaftsrecht, S. 281 ff.

Beispiel: Mitgliedstaaten haben keine Hinzurechnungsbesteuerung

Wenn es in keinem der Mitgliedstaaten eine Hinzurechnungsbesteuerung gegeben hätte, hätten passive Einkünfte jeweils in ein Land mit einem niedrigeren Steuerniveau verlagert werden können, z.B. Patente der H-GmbH an die 100 %ige Tochter N-B.V. Das entspricht dabei grundsätzlich dem Systemwettbewerb der Steuerrechtsordnungen der Mitgliedstaaten und ist auch vom EuGH anerkannte und durchaus zulässige Praxis innerhalb der EU.[451] Diese Praxis wird nun im Rahmen der neuen Hinzurechnungsbesteuerung unterbunden. Verlagert nun ein Unternehmen sein Tochterunternehmen mit passiven Einkünften ins Ausland, muss es dafür Steuern zahlen. Insoweit wird die Niederlassungsfreiheit beschränkt. Das greift aber nur, wenn die Niedrigsteuergrenze im Ausland unterschritten wird. Verlagert nun die H-GmbH ihre Einkünfte auf die N-B.V., greift die Hinzurechnungsbesteuerung. Verlagert die T-Sarl[452] ihre Einkünfte auf die N-B.V., greift die Hinzurechnungsbesteuerung nicht, weil die Niedrigsteuergrenze in T nicht unterschritten wird. Dadurch werden Wettbewerbsverfälschungen überhaupt erst geschaffen.

Durch die Anwendung der Vorschriften zur Hinzurechnungsbesteuerung kann es nunmehr zu einer Doppelbesteuerung kommen, wenn die Patent-Einkünfte in N und in H im Rahmen der Hinzurechnungsbesteuerung besteuert werden. Diese wird teilweise durch die ATAD behoben.[453] Falls jedoch die Hinzurechnungsbesteuerung in mehreren Ländern greift, ist nicht klar ob und wie eine Doppelbesteuerung vermieden werden soll.[454]

Auch in diesem Fall würden Verstöße gegen die Grundfreiheiten und Verzerrungen durch die ATAD überhaupt erst geschaffen. Die Beseitigung der selbstgeschaffenen Doppelbesteuerung reicht insoweit nicht aus. Der Tatbestand des Art. 115 AEUV wäre nicht erfüllt.

Beispiel: Manche Mitgliedstaaten haben Hinzurechnungsbesteuerung.

Beispiel wie oben, allerdings greift die in manchen Mitgliedstaaten bereits bestehende Hinzurechnungsbesteuerung ein. Die Niederlassungsfreiheit wird bereits beschränkt. Um gleiche Bedingungen herzustellen, werden in allen Mitgliedstaaten Hinzurechnungsbesteuerungssysteme eingeführt. Die Beschränkung der Niederlassungsfreiheit wird dadurch nicht behoben. Ebenfalls werden die Wettbewerbsverfälschungen, dass in manchen Mitgliedstaaten eine Hinzurechnungsbesteuerung greift, in anderen aber nicht, nicht behoben. Wettbewerbsverfälschungen werden allenfalls im Rahmen der bereits vorher bestehenden Hinzurechnungsbesteuerungsregime in begrenzten Einzelfällen behoben. Hätte also in T die Niedrigsteuergrenze nur 4 %, also ein Viertel des nationalen Satzes betragen, hätte man insoweit ggf. von einer Wettbewerbsverfälschung im Vergleich zum Land H sprechen können für den Fall, dass Einkünfte nach D verlagert werden sollen. Dann wäre die Hinzurechnungsbesteuerung in T nämlich auch bei einer Verlagerung von Einkünften nach D

---

[451] Vgl. EuGH, Urteil vom 09.03.1999 – Rs. C-212/97 – Centros Rn. 27; EuGH, Urteil vom 26.01.1999 – Rs. C-18/95 – Terhoeve, Slg. 1999, I-00345, Rn. 46f.; vgl. auch Schlussanträge des GA Léger vom 02.05.2006 – Rs. C-196/04 – Cadbury Schweppes, Slg. 2006, I-07995, Rn. 60. Jedenfalls unter der Annahme, dass die Patente auch verlagert wurden, weil die N-B.V. sämtliche Patente des Konzerns verwaltet und es dadurch wirtschaftlich sinnvoll ist, auch die Patente der H-GmbH von der N-B.V. verwalten zu lassen.

[452] Vgl. oben C.

[453] Vgl. oben E.II.5.

[454] Vgl. dazu oben E.II.5.b)cc)(4).

nicht anwendbar gewesen. Durch die ATAD muss T die Niedrigsteuergrenze nunmehr anheben, sodass eine Verlagerung nach D die Anwendung der Regelungen über die Hinzurechnungsbesteuerung zur Folge hat. Eine Verlagerung nach N bleibt dennoch möglich. Falls die bereits vorher bestehenden Hinzurechnungsbesteuerung keine Vorschrift zur Vermeidung von Doppelbesteuerung enthalten haben, wird dies nun durch die ATAD (teilweise) vorgegeben. Insoweit erfüllt die ATAD den Tatbestand des Art. 115 AEUV.

Beispiel: Alle Mitgliedstaaten haben Hinzurechnungsbesteuerung

Beispiel wie oben, alle Mitgliedstaaten haben eine Hinzurechnungsbesteuerung, allerdings ist diese in jedem Land unterschiedlich ausgestaltet. Nunmehr wird ggf. ein Teil der Verzerrungen beseitigt. Wie oben bleiben aber andere Wettbewerbsverfälschungen bestehen. Bezüglich der Vermeidung von Doppelbesteuerung gilt das zu Fall 2 Gesagte. Hier erfüllt die ATAD zum Teil den Tatbestand des Art. 115 AEUV.

Auch hier stellt sich aber die Frage, ob die Wettbewerbsverfälschungen spürbar und signifikant sind und die Neuregelung einen positiven Effekt auf den Binnenmarkt hat. Konkrete Ausführungen im Rahmen der Begründung der ATAD fehlen insoweit. Vor dem Hintergrund, dass es seit der Cadbury-Schweppes Rechtsprechung des EuGH[455] anerkannt ist, dass die Hinzurechnungsbesteuerung der Mitgliedstaaten (soweit vorhanden) nur Anwendung finden kann, wenn es sich um substanzlose Zwischengesellschaften handelt, und vor dem Hintergrund des insgesamt in Europa verhältnismäßig geringen Aufkommens der Hinzurechnungsbesteuerung sowie der vielseitigen Gestaltungsmöglichkeiten, die bestehen um einer Hinzurechnungsbesteuerung zu entgehen, wird man die Wettbewerbsverfälschung durch bereits bestehende Hinzurechnungsbesteuerungsregime noch nicht als signifikant bezeichnen können. Auch wird das Vorhandensein eines Hinzurechnungsbesteuerungsregimes nicht in der Weise Auswirkungen auf die Standortwahl haben, dass von einer Verzerrung die Rede sein kann.

Ebenfalls ist die Anwendung von den Vorschriften der Hinzurechnungsbesteuerung im reinen Inlandssachverhalt nicht von der Vorschrift gedeckt, da es insoweit an einer Wettbewerbsverzerrung zwischen den Mitgliedstaaten fehlt.

Der Tatbestand des Art. 115 AEUV ist damit nur erfüllt, soweit es um die Vermeidung von Doppelbesteuerung geht oder die Einführung der Mindestniedrigsteuergrenze.

ee) Zwischenergebnis

Zwar ist der Anwendungsbereich des Art. 115 AEUV hinsichtlich der Postulierten Ziele der ATAD eröffnet. Der Tatbestand selbst ist jedoch lediglich teilweise erfüllt, soweit es sich um die Vermeidung von Doppelbesteuerung oder die Einführung der Mindestniedrigsteuergrenze durch die ATAD handelt. Die im Bereich

[455] EuGH, Urteil vom 12.09.2006 – C-196/04 – Cadbury Schweppes, Slg. 2006, I-8031 ff.

der allgemeinen Missbrauchsvermeidungsvorschrift und im Bereich der Hinzurechnungsbesteuerung (potentiellen) Wettbewerbsverfälschungen sind nicht spürbar genug, um eine Harmonisierung zu erlauben und der (potentielle) positive Effekt auf den Binnenmarkt durch die harmonisierten Vorschriften ist ebenfalls nicht ausreichend.

c) Verbandskompetenz Art. 2ff. AEUV

Der Rat ist nach Art. 115 AEUV für den Erlass von Richtlinien zur Harmonisierung des Binnenmarkts zuständig. Es handelt sich dabei um eine geteilte Zuständigkeit nach Art. 4 Abs. 2 lit. a) ATAD.

d) Ergebnis

Die Ermächtigungsgrundlage, auf die sich die ATAD stützt, ist bereits nur eingeschränkt geeignet, Maßnahmen im Bereich des direkten Steuerrechts zu stützen. Im Fall der ATAD sind die Tatbestandsvoraussetzungen nicht erfüllt.

2. Verfahren

Nach Art. 289 Abs. 2 AEUV i.V.m. Art. 115 AEUV werden Richtlinien auf dieser Rechtsgrundlage gemäß einem besonderen Gesetzgebungsverfahren mit einem einstimmigen Ratsbeschluss nach Anhörung des Parlaments erlassen.

Die ATAD wurde vom Rat der europäischen Union auf Vorschlag der Kommission nach Zuleitung des Entwurfs des Gesetzgebungsakts an die nationalen Parlamente nach Stellungnahme des Europäischen Parlaments[456], nach Stellungnahme des Europäischen Wirtschafts- und Sozialausschusses gemäß einem besonderen Gesetzgebungsverfahren erlassen.

Die Verfahrensvorschriften wurden eingehalten.

3. Form

Die ATAD wurde begründet i.S.d. Art. 296 Abs. 2 AEUV. Allerdings ist fraglich, ob diese Begründung hinreichend ist. Calliess führt zur Begründungspflicht aus, dass diese verletzt ist, wenn die Begründung in sich widersprüchlich, die in ihr

---

[456] Korte weist insoweit darauf hin, dass damit ein niedrigerer Rang der Legitimation erreicht wird als bei einem Zusammenwirken zwischen Rat und Parlament bei der Rechtsetzung, Korte, in: Calliess/Ruffert, AEUV, 5. Aufl. 2016, Art. 289 Rn. 5. Krajewski/Rösslein bezeichnen das besondere Gesetzgebungsverfahren als „aus demokratischer Sicht defizitär", Krajewski/Rösslein, in: Grabitz/Hilf/Nettesheim, AEUV, Losebl. Stand: 62. Lfg. Juli 2017, Art. 289 Rn. 51.

enthaltenen Erwägungen undeutlich sind oder verschiedene Auslegungen zulassen.[457]

Erwägungsgrund 16 der ATAD führt aus, dass einzelstaatliche Maßnahmen nur die bestehende Fragmentierung des Binnenmarkts im Bereich der direkten Steuern reproduzieren würden.[458] Unterschiedliche nationale Maßnahmen würden Ineffizienzen und Verzerrungen verursachen.[459] Eine Lösung, die für den Binnenmarkt insgesamt tauglich ist, ließe sich besser auf Unionsebene verwirklichen.[460] Allerdings will die ATAD nur einen Mindestschutz gewährleisten und es steht den Mitgliedstaaten frei, schärfere Maßnahmen unterschiedlichster Ausprägung und Wirkungsweise zu erlassen.[461]

Es wird auch nicht dargelegt, welche tatsächlichen Auswirkungen von einer Umsetzung der ATAD-Hinzurechnungsbesteuerung im Vergleich zu einer Nicht-Umsetzung zu erwarten sind. Ebenso fehlt es an einem hinreichenden Vergleich zu einer jeweiligen einzelstaatlichen Umsetzung der Mitgliedstaaten. Die Begründung der ATAD verweist insoweit nur auf die Unterschiede 28 verschiedener Steuersysteme, weshalb die Vorgaben für die Mitgliedstaaten auf „allgemeine Bestimmungen beschränkt" werden sollen.[462] Mit anderen Worten – polemisch gesprochen – ist eine Maßnahme auf EU-Ebene erforderlich, die dann aber genaue Ausgestaltung durch die Mitgliedstaaten erfahren soll, weil die Mitgliedstaaten besser in der Lage sind, Maßnahmen in ihrem eigenen Steuerrecht umzusetzen. Diese Begründung ist in sich widersprüchlich. Zudem sind die genauen Erwägungen bezüglich derzeitiger und zukünftiger Auswirkungen undeutlich, weil ihnen genauere Untersuchungen zu den Auswirkungen der ATAD fehlen.

Die ATAD leidet damit an einem Formfehler und ist auch aus diesem Grund formell rechtswidrig.

Die ATAD wurde unterzeichnet und veröffentlicht i. S. d. Art. 297 AEUV.

---

457 Calliess, Subsidiaritäts- und Solidaritätsprinzip in der Europäischen Union, S. 336.

458 Vgl. Richtlinie (EU) 2016/1164 des Rates v. 12.07.2016 mit Vorschriften zur Bekämpfung von Steuervermeidungspraktiken mit unmittelbaren Auswirkungen auf das Funktionieren des Binnenmarkts, ABl. 2016 L 193, Erwägungsgrund 16.

459 Vgl. Richtlinie (EU) 2016/1164 des Rates v. 12.07.2016 mit Vorschriften zur Bekämpfung von Steuervermeidungspraktiken mit unmittelbaren Auswirkungen auf das Funktionieren des Binnenmarkts, ABl. 2016 L 193, Erwägungsgrund 16.

460 Vgl. Richtlinie (EU) 2016/1164 des Rates v. 12.07.2016 mit Vorschriften zur Bekämpfung von Steuervermeidungspraktiken mit unmittelbaren Auswirkungen auf das Funktionieren des Binnenmarkts, ABl. 2016 L 193, Erwägungsgrund 16.

461 Vgl. dazu oben E.II.3.

462 Vgl. Richtlinie (EU) 2016/1164 des Rates v. 12.07.2016 mit Vorschriften zur Bekämpfung von Steuervermeidungspraktiken mit unmittelbaren Auswirkungen auf das Funktionieren des Binnenmarkts, ABl. 2016 L 193, Erwägungsgrund 3.

4. Ergebnis

Die ATAD ist formell rechtswidrig, da die Europäische Union bei Erlass der Richtlinie außerhalb des ihr übertragenen Kompetenzbereichs gehandelt hat und die Tatbestandsvoraussetzungen der zugrundeliegenden Ermächtigungsgrundlage des Art. 115 AEUV nicht vorlagen. Zusätzlich ist die Begründung der ATAD fehlerhaft und es liegt insoweit eine Verletzung wesentlicher Formvorschriften vor.

II. Materielle Rechtmäßigkeit

Im Rahmen der materiellen Rechtmäßigkeit ist zu prüfen, ob die ATAD mit den Kompetenzausübungsregeln, insbesondere dem Subsidiaritätsprinzip, dem Grundsatz der Verhältnismäßigkeit und höherrangigem Recht z. B. EU-Grundrechte oder Rechtsstaatsprinzipien vereinbar ist.

1. Subsidiaritätsprinzip

a) Einleitung

Das Subsidiaritätsprinzip[463] ist in Art. 5 Abs. 3 EUV verankert. Danach wird die Union in den Bereichen, die nicht unter ihre ausschließliche Zuständigkeit fallen, nur tätig, soweit die Ziele der in Betracht gezogenen Maßnahmen von den Mitgliedstaaten weder auf zentraler noch auf regionaler oder lokaler Ebene ausreichend verwirklicht werden können, sondern vielmehr wegen ihres Umfangs oder ihrer Wirkung auf Unionsebene besser zu verwirklichen sind. Selbst wenn der EU also grundsätzlich eine Kompetenz zur Rechtsetzung zusteht, darf sie nur zur Harmonisierung tätig werden, wenn die Voraussetzungen des Subsidiaritätsprinzips erfüllt sind. Ergänzt wird dieses Subsidiaritätsprinzip um das Prinzip der begrenzten Einzelermächtigung in Art. 5 Abs. 2 EUV[464] und das Verhältnismäßigkeitsprinzip in Art. 5 Abs. 4 EUV[465].

Nach Art. 5 Abs. 3 UAbs. 2 der Vorschrift wenden die Organe der Union das Subsidiaritätsprinzip nach dem Protokoll über die Anwendung der Grundsätze der

---

[463] Das Subsidiaritätsprinzip ist laut Vedder als Versuch, die gemeinschaftlichen Kompetenzen zu begrenzen im Wesentlichen auf den Druck der deutschen Länder zurückzuführen, Vedder, Das System der Kompetenzen der EU unter dem Blickwinkel der Reform, in: Götz/Soria, Kompetenzverteilung zwischen der Europäischen Union und den Mitgliedstaaten, S. 15; Nickel, Die Kompetenzabgrenzung im Meinungsbild des Europäischen Parlaments, in: Götz/Soria, Kompetenzverteilung zwischen der Europäischen Union und den Mitgliedstaaten, S. 40.

[464] Vgl. dazu oben F.I.1.a)aa).

[465] Vgl. dazu unten F.II.2.

Subsidiarität und Verhältnismäßigkeit[466] (Subsidiaritätsprotokoll) an. Die nationalen Parlamente sollen auf die Einhaltung des Subsidiaritätsprinzips nach dem im Protokoll vorgesehen Verfahren achten.

b) Maßstäbe des BVerfG

Die Bedeutung des Subsidiaritätsgrundsatzes lässt sich bis auf die Übertragung von Kompetenzen nach deutschem Verfassungsrecht zurückführen.[467] Art. 23 Abs. 1 Satz 1 GG schlägt eine Brücke zwischen „Europäischer Union“ und „dem Grundsatz der Subsidiarität verpflichtet“.[468]

Das BVerfG führt dazu aus, dass der Gemeinschaftsgesetzgeber sich vergewissern und dies nachvollziehbar darlegen muss, dass die Ziele einer Maßnahme durch eigenes Tätigwerden der Mitgliedstaaten auf nationaler Ebene nicht ausreichend erreicht werden können.[469] Um eine Aufweichung dieses Grundsatzes zu verhindern, fordert das BVerfG eine strikte Handhabung des Subsidiaritätsgrundsatzes.[470] In diesem Zusammenhang verweist das BVerfG auch darauf, dass es auch darauf ankomme, ob die Europäische Union über eine Zuständigkeit für das konkrete Rechtsetzungsverfahren verfüge,[471] und stellt damit einen engen Bezug zur Frage der Kompetenzübertragung her.[472]

---

[466] Protokoll über die Anwendung der Grundsätze der Subsidiarität und der Verhältnismäßigkeit vom 13.12.2007, ABl. C 306 S. 150. Art. 5 des Subsidiaritätsprotokolls gibt vor, dass die Gesetzgebungsakte in Hinblick auf die Grundsätze der Subsidiarität und der Verhältnismäßigkeit begründet werden. Jeder Entwurf sollte einen Vermerk mit detaillierten Angaben enthalten, die es ermöglichen zu beurteilen, ob die Grundsätze der Subsidiarität eingehalten wurden, Art. 5 Satz 2 Subsidiaritätsprotokoll. Nach Satz 3 soll der Vermerk Angaben zu den voraussichtlichen finanziellen Auswirkungen enthalten. Der Entwurf soll den nationalen Parlamenten übermittelt werden, die binnen 8 Wochen darlegen können, warum sie den Entwurf für mit dem Subsidiaritätsprinzip unvereinbar halten. Auswirkungen (die nicht bloß verfahrenstechnischer Natur sind und bloße weitere Stellungnahmen erfordern) hat eine solche Darlegung aber nur, wenn die Anzahl der begründeten Stellungnahmen (die eine Unvereinbarkeit mit dem Subsidiaritätsprinzip annehmen) mindestens ein Drittel der Gesamtzahl der Stimmen erreicht, Art. 7 Abs. 2 Subsidiaritätsprotokoll. Das erfordert aber nur eine erneute Überprüfung. Nach Überprüfung kann beschlossen werden, an dem Entwurf festzuhalten, Art. 7 Abs. 2 UAbs. 2 Subsidiaritätsprotokoll. Das Vorhaben wird dadurch erst gekippt, wenn der Gesetzgeber mit einer Mehrheit von 55 % der An-sicht ist, dass der Vorschlag nicht mit dem Subsidiaritätsprinzip in Einklang steht, Art. 7 Abs. 3 UAbs. 2 Satz 2 lit. b Subsidiaritätsprotokoll. Das gilt jedoch nur im ordentlichen Gesetzgebungsverfahren.

[467] Vgl. dazu auch Scholz, in: Dürig/Herzog/Scholz, GG, Losebl. Stand: 88. Lfg. August 2019, Art. 23 Rn. 104 ff.

[468] Vgl. zur dadurch auferlegten Handlungspflicht für die Bundesregierung BVerfG, Urteil vom 12.10.1993 – 2 BvR 2134/92 u. a. BVerfGE 89, 155, 211.

[469] BVerfG, Urteil vom 12.10.1993 – 2 BvR 2134/92 u. a. BVerfGE 89, 155, 211.

[470] BVerfG, Urteil vom 12.10.1993 – 2 BvR 2134/92 u. a. BVerfGE 89, 155, 211.

[471] BVerfG, Urteil vom 30.06.2009 – 2 BvE 2/08 u. a. BVerfGE 123, 267, 383 f. Vgl. dazu auch oben F.I.1.a).

Sollte eine weitere Befugnis im Einzelfall erforderlich sein, so sieht das BVerfG eine Möglichkeit dazu allenfalls in der großzügigen Handhabung der Anwendung des Art. 235 EWGV (heute Art. 352 AEUV).[473]

Der Schutz des Subsidiaritätsgrundsatzes durch das Subsidiaritätsprotokoll wird vom BVerfG als fragliches Mittel zum Schutz beurteilt, da es sehr von den nationalen Parlamenten abhänge, ob dieser Mechanismus innerhalb der kurzen Frist von 8 Wochen genutzt werde.[474] Für Situationen wie der vorliegenden läuft dieser Schutzmechanismus tatsächlich wohl regelmäßig leer.[475] Eine vom Rat einstimmig beschlossene Richtlinie wird wohl selten in den nationalen Parlamenten angegriffen werden.

c) Maßstab des EuGH

Der EuGH hat das Subsidiaritätsprinzip bisher kaum als wesentliches Prüfungskriterium betrachtet und ihm daher eher wenig Bedeutung zugemessen.[476]

Er beschränkt seine Prüfung auf formelhafte Ausführungen dazu, dass die Ziele grundsätzlich hier besser durch eine Richtlinie verwirklicht werden konnten, weil die Rechtsentwicklung in den einzelnen Staaten gezeigt hat, dass die einzelnen Regelungen zu heterogen waren.[477]

d) Ausführungen der Literatur

Die genaue Bedeutung und Auswirkung sowie Anwendung des Subsidiaritätsprinzips sind unklar und in der Literatur umstritten.[478]

Nettesheim kritisiert das Subsidiaritätsprinzip mit der Begründung, dass es quasi den EU-Institutionen obliegt, durch entsprechende Formulierung der Zielsetzung der Maßnahme zu entscheiden, ob die Anforderungen an das Subsidiaritätsprinzip

---

[472] Vgl. auch Scholz, in: Dürig/Herzog/Scholz, GG, Losebl. Stand: 88. Lfg. August 2019, Art. 23 Rn. 106.

[473] Vgl. BVerfG, Urteil vom 12. 10. 1993 – 2 BvR 2134/92 u. a. BVerfGE 89, 155, 210. Vgl. dazu oben F.I.1.b)cc)(3).

[474] BVerfG, Urteil vom 30. 06. 2009 – 2 BvE 2/08 u. a. BVerfGE 123, 267 Rn. 305.

[475] Vgl. auch Scholz, in: Dürig/Herzog/Scholz, GG, Losebl. Stand: 88. Lfg. August 2019, Art. 23 Rn. 101, der die Regelung als weder geeignet noch zweckmäßig beschreibt.

[476] Vgl. Scholz, in: Dürig/Herzog/Scholz, GG, Losebl. Stand: 88. Lfg. August 2019, Art. 23 Rn. 100 m. w. N. Vgl. dazu auch Pache, in: Frankfurter Kommentar, EUV, 2017, Art. 5 Rn. 128 ff.

[477] EuGH, Urteil vom 10. 12. 2002 – Rs. C-491/01 – BAT, Slg. 2002 I-11, 453, Rn. 180 ff.

[478] Vgl. dazu Nettesheim, in: König/Uwer, Grenzen Europäischer Normgebung, S. 35 ff.; vgl. auch Scholz, in: Dürig/Herzog/Scholz, GG, Losebl. Stand: 88. Lfg. August 2019, Art. 23 Rn. 105, der auf das Problem der „äußerst begrenzten Justitiabilität“ verweist.

erfüllt sind.[479] Nettesheim schlägt daher vor, auf einer ersten Stufe zu ermitteln, ob es „hinreichend konkrete übergeordnete (vertragliche) Zielvorgaben gäbe, die Vorgaben darüber machen, wieviel Einheit und Vielfalt in der EU geboten sind".[480]

Scholz macht dagegen deutlich, dass zuerst eine grundsätzliche Kompetenz der EU bestehen muss. Nur weil eine europäische Maßnahme ggf. besser zu einer bestimmten Zielverwirklichung geeignet sei, ergebe sich daraus noch keine Kompetenz.[481]

Das Subsidiaritätsprinzip gibt nämlich Auskunft darüber, ob die EU in einem Bereich tätig werden soll[482], nicht, ob sie in diesem Bereich kompetenziell tätig werden darf.

Während wohl die materiellen Kriterien im Laufe der Zeit eher verwässert wurden[483], gibt es Kriterien, auf die Rechtsprechung und Praxis regelmäßig zurückgreifen.[484] Davon erfasst sind z.B. die Korrektur von Wettbewerbsverzerrungen, die Vermeidung verschleierter Handelsbeschränkungen und die Stärkung des wirtschaftlichen und sozialen Zusammenhalts.[485] Calliess spricht in diesem Zusammenhang von einem „Test der vergleichenden Effizienz, in dessen Rahmen zu prüfen ist, ob die Mitgliedstaaten die tatsächlichen und finanziellen Mittel zur Erreichung des Ziels zu ihrer Verfügung haben".[486]

Der EuGH prüft dieses Prinzip nur begrenzt und beschränkt die Prüfung regelmäßig darauf, ob die Maßnahme auf europäischer Ebene besser geeignet ist, das Ziel zu verwirklichen.[487]

Es wird zwischen einem Negativkriterium („nicht ausreichend") und einem Positivkriterium („besser") unterschieden.[488] Beide müssen dabei kumulativ verwirklicht sein.[489]

---

[479] Nettesheim, in: König/Uwer, Grenzen Europäischer Normgebung, S. 38.

[480] Nettesheim, in: König/Uwer, Grenzen Europäischer Normgebung, S. 38.

[481] Scholz, in: Dürig/Herzog/Scholz, GG, Losebl. Stand: 88. Lfg. August 2019, Art. 23 Rn. 108.

[482] Calliess, in: Calliess/Ruffert, EUV, 5. Aufl. 2016, Art. 5 Rn. 23.

[483] Vgl. dazu Calliess, in: Calliess/Ruffert, EUV, 5. Aufl. 2016, Art. 5 Rn. 30 ff.

[484] Die Rede ist von den Leitlinien des Europäischen Rates von Edinburgh, vgl. Calliess, in: Calliess/Ruffert, EUV, 5. Aufl. 2016, Art. 5 Rn. 33.

[485] Vgl. Calliess, in: Calliess/Ruffert, EUV, 5. Aufl. 2016, Art. 5 Rn. 33.

[486] Calliess, in: Calliess/Ruffert, EUV, 5. Aufl. 2016, Art. 5 Rn. 33.

[487] Vgl. dazu oben F.II.1.c); vgl. auch Calliess, in: Calliess/Ruffert, EUV, 5. Aufl. 2016, Art. 5 Rn. 34 m.w.N.

[488] Vgl. Scholz, in: Dürig/Herzog/Scholz, GG, Losebl. Stand: 88. Lfg. August 2019, Art. 23 Rn. 108.

[489] Vgl. Scholz, in: Dürig/Herzog/Scholz, GG, Losebl. Stand: 88. Lfg. August 2019, Art. 23 Rn. 108.

aa) Negativkriterium

Calliess sieht darin die Frage, ob mehrere Mitgliedstaaten nach ihrem objektiven Leistungspotential, nicht ihrem subjektiven Leistungswillen, nicht in der Lage sind, das Ziel der in Betracht kommenden Maßnahme zu verwirklichen.[490] Nach Calliess müssen nationale Maßnahmen dabei weder einheitlich noch existent sein.[491] Es reicht vielmehr aus, dass die Mitgliedstaaten die Möglichkeit hätten, eine eigene Regelung zu treffen, ohne dass Kernziele des Vertrages oder Interessen anderer Mitgliedstaaten erheblich oder spürbar beeinträchtigt würden.[492]

bb) Positivkriterium

Das Positivkriterium wird aus der Formulierung „besser" im Wortlaut von Art. 5 Abs. 3 EUV gezogen. In diesem Rahmen soll eine Bewertung vorgenommen werden, welche Effektivität ein Unionshandeln hätte und welche Folgen ein Ausbleiben der Maßnahme hätte.[493] Ein Handeln auf Unionsebene müsse in ihrer Gesamtheit dem Ziel näher kommen als ein individuelles Handeln der Mitgliedstaaten.[494] In der Literatur wird darüber hinaus teilweise eine umfassende Abwägung anhand von Art, Größe und Schwere des Problems, des Umfangs der Betroffenheit, der Bewertung von Handlungsalternativen sowie ein Effizienzvergleich über Kosten und Nutzen der verschiedenen Lösungen gefordert.[495] Calliess fordert neben der Perspektive des Umfangs eine Untersuchung der Spürbarkeit.[496] Er folgert daraus, dass die EU nicht tätig werden darf, wenn der Integrationsgewinn minimal ist, der Eingriff in den Zuständigkeitsbereich der jeweiligen Mitgliedstaaten jedoch hoch ist.[497] Weiter gehört für die Überprüfbarkeit eine Angabe der voraussichtlichen finanziellen Auswirkungen der Maßnahme und die Auswirkungen auf das nationale Recht zu den vorher zu untersuchenden und darzustellenden Informationen, genau wie die Abwägung des europäischen Mehrwerts.[498] Am Ende führt eine Unsicherheit über die Beantwortung dieser Fragen dazu, dass eine eventuell bestehende Kompetenz der EU nicht ausgeübt werden darf.[499] Vor dem Hintergrund des Schutzes vor

---

[490] Calliess, in: Calliess/Ruffert, EUV, 5. Aufl. 2016, Art. 5 Rn. 37.

[491] Calliess, in: Calliess/Ruffert, EUV, 5. Aufl. 2016, Art. 5 Rn. 37.

[492] Calliess, in: Calliess/Ruffert, EUV, 5. Aufl. 2016, Art. 5 Rn. 37.

[493] Calliess, in: Calliess/Ruffert, EUV, 5. Aufl. 2016, Art. 5 Rn. 39.

[494] Calliess, in: Calliess/Ruffert, EUV, 5. Aufl. 2016, Art. 5 Rn. 39.

[495] Calliess, in: Calliess/Ruffert, EUV, 5. Aufl. 2016, Art. 5 Rn. 40 m.w.N.

[496] Calliess, in: Calliess/Ruffert, EUV, 5. Aufl. 2016, Art. 5 Rn. 41.

[497] Calliess, in: Calliess/Ruffert, EUV, 5. Aufl. 2016, Art. 5 Rn. 41.

[498] Vgl. Calliess, in: Calliess/Ruffert, EUV, 5. Aufl. 2016, Art. 5 Rn. 41.

[499] Bast, in: Grabitz/Hilf/Nettesheim, EUV, Losebl. Stand: 65. Lfg. August 2018, § 5 EUV Rn. 57.

Wettbewerbsnachteilen ist im Rahmen einer Vollharmonisierung eine Umsetzung auf Gemeinschaftsebene regelmäßig „besser".[500]

e) Anwendung auf die ATAD

Die ATAD stützt sich auf die Binnenmarktkompetenz der EU und dort auf die Ermächtigungsgrundlage Art. 115 AEUV. Bei der Binnenmarktkompetenz handelt es sich um eine geteilte Zuständigkeit, Art. 4 Abs. 2 lit. a) AEUV, sodass das Subsidiaritätsprinzip Anwendung findet.[501] Das gilt auch im Rahmen der Rechtsangleichungsvorschriften der Art. 114 und 115 AEUV.[502] Unter der Annahme, dass hier grundsätzlich eine Kompetenz der EU zum Erlass von Maßnahmen im Bereich des direkten Steuerrechts besteht, ist zu prüfen, ob das Subsidiaritätsprinzip beachtet wurde.

Erwägungsgrund 16 der ATAD nimmt kurz zum Subsidiaritätsprinzip Stellung. Einzelstaatliche Maßnahmen würden nur die bestehende Fragmentierung des Binnenmarkts im Bereich der direkten Steuern reproduzieren.[503] Unterschiedliche nationale Maßnahmen würden Ineffizienzen und Verzerrungen verursachen.[504] Eine Lösung, die für den Binnenmarkt insgesamt tauglich ist, ließe sich besser auf Unionsebene verwirklichen, weshalb die ATAD auch im Einklang mit dem Subsidiaritätsprinzip stehe.[505] Dass die ATAD nur einen Mindestschutz gewährleisten will und es den Mitgliedstaaten freisteht, schärfere Maßnahmen unterschiedlichster Ausprägung und Wirkungsweise zu erlassen, lässt den Rat nicht an der Einhaltung

---

[500] Vgl. dazu z. B. Höveler, Die „Teilzeitrichtlinie" 97/81/EG im Lichte des europäischen und des deutschen Rechts, S. 146.

[501] Der EuGH hat in der Rechtssache British American Tobacco entschieden, dass Art. 95 EGV (der heutige Art. 114 AEUV) keine ausschließliche Kompetenz der EU begründet und das Subsidiaritätsprinzip insoweit anzuwenden ist, EuGH, Urteil vom 10. 12. 2002 – Rs. C-491/01 – BAT, Slg. 2002 I-11, 453, Rn. 179. Das ergibt sich bereits daraus, dass genau genommen Art. 114 AEUV, genau wie Art. 115 AEUV keine eigene Kompetenz der EU begründen, sondern lediglich Ausformungen der Binnenmarktkompetenz sind, vgl. oben F.I.1.a) aa)(1)(d)(bb)(ii). Vgl. dazu auch Calliess, in: König/Uwer, Grenzen Europäischer Normgebung, S. 18, die Rechtsangleichung fällt damit nicht per se in die Zuständigkeit der EU.

[502] Streitig, vgl. Calliess in, in: König/Uwer, Grenzen Europäischer Normgebung, S. 19 mit Verweis auf die h. M.; vgl. auch Baur, in: FS Friauf, 3, 11; Stein, in: Merten, Die Subsidiarität Europas, 23, 33 ff. A. A.: Schwartz, AfP 1993, 409, 413 ff.; Müller-Graff, ZHR 1995, 34, 76 f.

[503] Vgl. Richtlinie (EU) 2016/1164 des Rates v. 12.07.2016 mit Vorschriften zur Bekämpfung von Steuervermeidungspraktiken mit unmittelbaren Auswirkungen auf das Funktionieren des Binnenmarkts, ABl. 2016 L 193, Erwägungsgrund 16.

[504] Vgl. Richtlinie (EU) 2016/1164 des Rates v. 12.07.2016 mit Vorschriften zur Bekämpfung von Steuervermeidungspraktiken mit unmittelbaren Auswirkungen auf das Funktionieren des Binnenmarkts, ABl. 2016 L 193, Erwägungsgrund 16.

[505] Vgl. Richtlinie (EU) 2016/1164 des Rates v. 12.07.2016 mit Vorschriften zur Bekämpfung von Steuervermeidungspraktiken mit unmittelbaren Auswirkungen auf das Funktionieren des Binnenmarkts, ABl. 2016 L 193, Erwägungsgrund 16.

des Subsidiaritätsprinzips zweifeln. Es gibt lediglich Anlass dazu, die Verhältnismäßigkeit der ATAD in zwei Sätzen zu bejahen.[506]

Es wird auch nicht dargelegt, welche tatsächlichen Auswirkungen von einer Umsetzung der ATAD-Hinzurechnungsbesteuerung im Vergleich zu einer Nicht-Umsetzung zu erwarten sind. Ebenso fehlt es an einem hinreichenden Vergleich zu einer jeweiligen einzelstaatlichen Umsetzung der Mitgliedstaaten. Die Begründung der ATAD verweist insoweit nur auf die Unterschiede 28 verschiedener Steuersysteme, weshalb die Vorgaben für die Mitgliedstaaten auf „allgemeine Bestimmungen beschränkt" werden sollen.[507]

aa) Negativkriterium

Es ist aus den Begründungen der ATAD ebenso wenig wie aus den Ausführungen im Entwurf[508] ersichtlich, warum es den Mitgliedstaaten am faktischen Vermögen fehlen soll, die Vorgaben der OECD umzusetzen. Das gilt vor allem vor dem Hintergrund, dass die OECD teilweise sehr konkrete Vorschläge macht und zum anderen in manchen Mitgliedstaaten bereits Regelungen bestehen, die als Vorbild hätten herangezogen werden können. Vor dem Hintergrund des Einstimmigkeitserfordernisses ist auch nicht ersichtlich, warum es den Mitgliedstaaten an einem tatsächlichen Willen zur Verabschiedung eigener entsprechender Maßnahmen fehlen sollte. Verschlechterungen für den Binnenmarkt durch einzelstaatliche Maßnahmen sollten bereits bei grundfreiheitskonformer Ausgestaltung durch die Mitgliedstaaten minimal sein. Schließlich ist auch jetzt die Ausgestaltung, wie ja auch die Richtlinie selbst erkennt, den Mitgliedstaaten überlassen, die sogar über den Mindeststandard hinausgehen können.

Das Negativkriterium ist nicht erfüllt.

bb) Positivkriterium

Vor diesem Hintergrund stellt sich bereits die Frage, was die EU im Rahmen der ATAD besser gemacht hat, als die Mitgliedstaaten es hätten machen können.

---

[506] Vgl. Richtlinie (EU) 2016/1164 des Rates v. 12.07.2016 mit Vorschriften zur Bekämpfung von Steuervermeidungspraktiken mit unmittelbaren Auswirkungen auf das Funktionieren des Binnenmarkts, ABl. 2016 L 193, Erwägungsgrund 16.

[507] Vgl. Richtlinie (EU) 2016/1164 des Rates v. 12.07.2016 mit Vorschriften zur Bekämpfung von Steuervermeidungspraktiken mit unmittelbaren Auswirkungen auf das Funktionieren des Binnenmarkts, ABl. 2016 L 193, Erwägungsgrund 3.

[508] Vorschlag für eine Richtlinie des Rates mit Vorschriften zur Bekämpfung von Steuervermeidungspraktiken mit unmittelbaren Auswirkungen auf das Funktionieren des Binnenmarkts vom 28.01.2016, COM(2016) 26 final S. 4 ff.

Die ATAD stellt darauf ab, dass eine einheitliche Lösung erforderlich ist, um eine Fragmentierung des Marktes zu verhindern.[509] Während diese unbestimmte pauschale Formulierung sicherlich auf viele Sachverhalte zutrifft und deshalb nur eine geringe Aussagekraft haben kann, wird dieses Kriterium von der ATAD selbst nicht erfüllt. Das folgt daraus, dass im Rahmen der ATAD nach Art. 3 der ATAD nur ein Mindeststandard festgesetzt wird, von dem die Mitgliedstaaten zu Lasten der Steuerpflichtigen abweichen können. Zusätzlich wird im Rahmen der Hinzurechnungsbesteuerung den Mitgliedstaaten eine Wahl zwischen zwei verschiedenen Systemen gegeben, nämlich dem Passivkatalog[510] und dem Principal Purpose Test[511]. Während diese beiden Mechanismen theoretisch in einer Vielzahl von Fällen zu einem identischen Ergebnis kommen können, so ist die genaue Ausgestaltung, Auslegung und Handhabung in den einzelnen Mitgliedstaaten noch völlig offen. Die Verhinderung der Fragmentierung des Marktes oder die Beseitigung von Inkongruenzen und Marktverzerrungen ist damit durch die ATAD keinesfalls gesichert. Insofern kann auch nicht von einer besseren Umsetzung durch die EU gesprochen werden.

Es kommt bei der Harmonisierung zwar grundsätzlich nicht darauf an, eine vollständige Uniformität der Rechtsordnungen zu erreichen. Vielmehr sollen die größten Schranken und Hindernisse abgebaut werden.[512] Welche Schranken und Hindernisse vorher bestanden haben, die nun nicht mehr bestehen, wird durch die ATAD allerdings ebenfalls nicht erläutert.

Auch das Positivkriterium ist daher nicht erfüllt.

f) Ergebnis

Vor dem Hintergrund der restriktiven Auslegung des Subsidiaritätsprinzips und der Tatsache, dass Zweifel bei der Erfüllung zu Lasten des EU-Gesetzgebers gehen, verstößt die ATAD hier gegen die Vorgaben des Art. 5 Abs. 3 EUV und somit gegen das Subsidiaritätsprinzip. Es ist nicht ersichtlich, warum die einzelnen Mitgliedstaaten die Ziele der ATAD nicht ausreichend allein verwirklichen können. Zudem stellt die Regelung durch die EU hier keine Verbesserung im Vergleich zu einer nationalen Maßnahme dar.

---

[509] Vgl. Richtlinie (EU) 2016/1164 des Rates v. 12.07.2016 mit Vorschriften zur Bekämpfung von Steuervermeidungspraktiken mit unmittelbaren Auswirkungen auf das Funktionieren des Binnenmarkts, ABl. 2016 L 193, Erwägungsgrund 2.

[510] Vgl. dazu oben E.II.5.b)aa)(1).

[511] Vgl. dazu oben E.II.5.b)aa)(2).

[512] So auch Calliess, in: König/Uwer, Grenzen Europäischer Normgebung, S. 19.

2. Verhältnismäßigkeit

Art. 5 Abs. 4 EUV enthält den Verhältnismäßigkeitsgrundsatz. Danach gehen die Maßnahmen der Union inhaltlich wie formal nicht über das zur Erreichung der Ziele der Verträge erforderliche Maß hinaus.

Während das Subsidiaritätsprinzip im Wesentlichen die Frage des „ob" regelt[513], befasst sich die Verhältnismäßigkeit mit der Frage des „wie".

Im Rahmen der Prüfung der Verhältnismäßigkeit bei EU-Maßnahmen werden zwar auch die Begriffe „Geeignetheit", „Erforderlichkeit" und „Notwendigkeit" verwendet, diese stimmen aber oftmals nicht mit der deutschen Terminologie überein und werden teilweise sogar lediglich als Synonym für die Verhältnismäßigkeit an sich verwendet.[514] Dennoch soll die Prüfung der Verhältnismäßigkeit anhand dieser Kriterien aufgebaut werden.

Das BVerfG hat das Verhältnismäßigkeitsprinzip sowohl als ein grundrechtliches Übermaßverbot als auch als Beschränkung der Regelungsintensität von Gemeinschaftsmaßnahmen zur Wahrung der nationalen Identität der Mitgliedstaaten und damit der Aufgaben und Befugnisse ihrer Parlamente gegen ein Übermaß europäischer Regelungen bezeichnet.[515]

a) Ziele der ATAD

Nach den Erwägungsgründen hat die ATAD im Kern die folgenden Ziele:

- Umsetzung der OECD-Vorgaben.
- Gutes Funktionieren des Binnenmarktes.
- Verhinderung von aggressiver Steuerplanung.
- Verhinderung der Doppelbesteuerung.
- Verhinderung der Fragmentierung des Marktes.
- Wirksame Ausübung der Steuerhoheit.

Erwägungsgrund 16 geht auf das „wesentliche Ziel" der ATAD ein. Die Resilienz des Binnenmarkts insgesamt gegenüber grenzüberschreitenden Steuervermeidungspraktiken soll gestärkt werden (Funktionieren des Binnenmarktes, Verhinderung von aggressiver Steuerplanung), was nicht ausreichend durch unilaterale

---

[513] Vgl. dazu bereits oben F.II.1.; vgl. auch Calliess, in: Calliess/Ruffert, EUV, 5. Aufl. 2016, Art. 5 Rn. 43 mit Verweis auf die Verschmelzung von Verhältnismäßigkeitsprüfung mit der Subsidiaritätsprüfung.

[514] Vgl. Calliess, in: Calliess/Ruffert, EUV, 5. Aufl. 2016, Art. 5 Rn. 44; Kischel, EuR 2000, 380, 383.

[515] BVerfG, Urteil vom 12. 10. 1993 – 2 BvR 2134/92 u. a. BVerfGE 89, 155, 212.

Maßnahmen der Mitgliedstaaten erreicht werden könnte (Fragmentierung des Marktes).

b) Geeignetheit

Die Prüfung der Geeignetheit war für den EuGH bisher eher von untergeordneter Bedeutung.[516] So prüft er im Rahmen des gesetzgeberischen Ermessens lediglich, ob die Maßnahme zur Erreichung des Ziels offensichtlich ungeeignet ist.[517]

In den Erwägungsgründen der ATAD wird zunächst auf die Priorität der Besteuerung an dem Ort der Gewinnerwirtschaftung und der Wertschöpfung sowie auf die Fairness der Steuersysteme verwiesen.[518] Weiter soll den Regierungen eine wirksame Ausübung der Steuerhoheit ermöglicht werden.[519] Sodann wird darauf abgestellt, den durchschnittlichen Schutz gegen aggressive Steuerplanung im Binnenmarkt anzuheben.[520] Die genaue Umsetzung soll aber den Mitgliedstaaten überlassen werden, weil es anders zu kompliziert wäre.[521] Allerdings wird der Anwendungsbereich schon in Erwägungsgrund 4 wieder eingeschränkt auf Körperschaftsteuerpflichtige. Sonst müsste nämlich ein zu breites Spektrum an nationalen Steuern erfasst werden.[522] Die Vorschriften sollen der Aushöhlung der Steuerbe-

---

[516] Vgl. Calliess, in: Calliess/Ruffert, EUV, 5. Aufl. 2016, Art. 5 Rn. 44.

[517] EuGH, Urteil vom 10.12.2002 – Rs. C-491/01 – BAT, Slg. 2002 I-11, 453, Rn. 123; Urteil vom 21.07.2011 – Rs. C-15/10 – Etimine, Slg. 2011, I-6681, Rn. 125; Urteil vom 07.02.1973 – Rs. 40/72 – Schroeder KG, Slg. 1973, 125 Rn. 14; Urteil vom 21.02.1979 – Rs. 138/78 – Stoelting, Slg. 1979, 713 Rn. 7.

[518] Vgl. Richtlinie (EU) 2016/1164 des Rates v. 12.07.2016 mit Vorschriften zur Bekämpfung von Steuervermeidungspraktiken mit unmittelbaren Auswirkungen auf das Funktionieren des Binnenmarkts, ABl. 2016 L 193, Erwägungsgrund 1.

[519] Vgl. Richtlinie (EU) 2016/1164 des Rates v. 12.07.2016 mit Vorschriften zur Bekämpfung von Steuervermeidungspraktiken mit unmittelbaren Auswirkungen auf das Funktionieren des Binnenmarkts, ABl. 2016 L 193, Erwägungsgrund 1.

[520] Vgl. Richtlinie (EU) 2016/1164 des Rates v. 12.07.2016 mit Vorschriften zur Bekämpfung von Steuervermeidungspraktiken mit unmittelbaren Auswirkungen auf das Funktionieren des Binnenmarkts, ABl. 2016 L 193, Erwägungsgrund 3.

[521] „Da diese Vorschriften sich in 28 verschiedene Systeme der Unternehmensbesteuerung einfügen müssen, sollten sie auf allgemeine Bestimmungen beschränkt sein und ihre Umsetzung sollte den Mitgliedstaaten überlassen bleiben, da diese am besten in der Lage sind, den verschiedenen Elementen der Vorschriften eine ihren Steuersystemen angemessene Form zu geben". Diese Formulierung in Erwägungsgrund 3 der ATAD kann allgemeinsprachlich als „es ist sonst zu kompliziert" gelesen werden. Diese Formulierung ist eines der Beispiele der unausgegorenen Gesamtkonzeption der ATAD, die sich deshalb nicht auf die Ermächtigungsgrundlage des Art. 115 AEUV stützen kann.

[522] Vgl. Richtlinie (EU) 2016/1164 des Rates v. 12.07.2016 mit Vorschriften zur Bekämpfung von Steuervermeidungspraktiken mit unmittelbaren Auswirkungen auf das Funktionieren des Binnenmarkts, ABl. 2016 L 193, Erwägungsgrund 4.

messungsgrundlage im Binnenmarkt und der Verlagerung von Gewinnen in Drittländer entgegenwirken.[523]

Im Rahmen der ATAD besteht die Möglichkeit, dass alle Mitgliedstaaten die Richtlinie nahezu identisch nach den Grundvorgaben umsetzen, ohne über den so postulierten Mindeststandard hinauszugehen. Damit wäre das Ziel der Verhinderung der Fragmentierung des Marktes sogar vollständig erreicht. Doppelbesteuerungen werden im vorgegebenen Maß vermieden. Auch sind die Vorschriften im Rahmen einer weiten gesetzgeberischen Einschätzungsprärogative[524] nicht offensichtlich ungeeignet, der Aushöhlung der Steuerbemessungsgrundlage und der Verlagerung von Einkünften in Drittländer entgegenzuwirken.

Die ATAD ist damit nicht offensichtlich ungeeignet, die selbst postulierten Ziele zu verwirklichen.

c) Erforderlichkeit

Nach Art. 5 Abs. 4 EUV dürfen die Maßnahmen „nicht über das [...] erforderliche Maß hinaus" gehen.

Nach deutschem Verständnis ist eine Maßnahme erforderlich, wenn es keine gleich geeigneten, milderen Mittel zur Erreichung des Ziels gibt.[525] Im Rahmen der Erforderlichkeit prüft der EuGH, ob das Ziel der Maßnahme ebenso wirksam durch andere Maßnahmen erreicht werden kann, die Schutzgüter weniger beeinträchtigen.[526] Die grundsätzlichen Voraussetzungen ähneln scheinbar dem deutschen Vorbild. Allerdings fehlt es in der Rechtsprechung des EuGH regelmäßig an einer sauberen Abgrenzung der Prüfungspunkte.[527] So führt der EuGH aus, dass insoweit dem Gesetzgeber ein weiter Spielraum bliebe und der EuGH nur überprüfe, ob ein offensichtlicher Irrtum oder ein Befugnismissbrauch vorliegt oder ob das Organ die Grenzen seiner Befugnis offenkundig überschritten hat.[528]

---

[523] Vgl. Richtlinie (EU) 2016/1164 des Rates v. 12.07.2016 mit Vorschriften zur Bekämpfung von Steuervermeidungspraktiken mit unmittelbaren Auswirkungen auf das Funktionieren des Binnenmarkts, ABl. 2016 L 193, Erwägungsgrund 5.

[524] EuGH, Urteil vom 07.07.2009 – Rs. C-558/07 – S.P.C.M., Slg. 2009, I-5783 Rn. 42; vgl. Pache, in: Frankfurter Kommentar, EUV, 2017, Art. 5 Rn. 151.

[525] Vgl. z.B. BVerfG, Beschluss vom 29. Juni 2016 – 1 BvR 1015/15, BVerfGE 142, 268 Rn. 71; Schulze-Fielitz, in: Dreier, GG, 3. Aufl. 2015, Art. 20 Rn. 183.

[526] EuGH, Urteil vom 10.11.1982 – Rs. 261/81 – Margarineverpackung, Slg. 1982, 3961 Rn. 17; vgl. Kischel, EuR 2000, 380, 383 f.

[527] Zur Verschmelzung von Subsidiaritätsprüfung und Verhältnismäßigkeitsprüfung Calliess in Calliess/Ruffert, EUV, 5. Aufl. 2016, Art. 5 Rn. 43.

[528] EuGH Urteil vom 12.11.1996 – Rs. C-84/94 – Großbritannien/Rat, Slg. 1996, I-5755 Rn. 58.

Bast definiert die Erforderlichkeit nach Art. 5 Abs. 4 EUV daher als Prüfung der Rechtfertigung für die Beschränkung mitgliedstaatlicher Autonomie durch die Maßnahme.[529]

Wie bereits der Wortlaut des Art. 5 Abs. 4 EUV vorgibt, muss es sich „inhaltlich wie formal“ um die Maßnahme handeln, die den Handlungsspielraum der Mitgliedstaaten am wenigstens einschränkt.[530]

Kriterien der Bewertung erstrecken sich dabei auf die Wirkungsintensität der gewählten Handlungsform, Regelungsdichte, finanzielle Folgen, Harmonisierungsniveau und die Rücksichtnahme auf die organisatorische und verfahrensrechtliche Autonomie der Mitgliedstaaten.[531]

Eine Maßnahme kann auch mehrere Ziele haben. So will die ATAD eine Fragmentierung des Marktes verhindern, vor Doppelbesteuerung schützen und aggressive Steuerplanung verhindern und für ein gutes Funktionieren des Binnenmarktes sorgen. Dabei hängt es von der Gewichtung der Ziele untereinander ab, welche Maßnahmen im Einzelfall erforderlich sind.[532]

Art. 115 AEUV gibt die Art der Maßnahme vor, nämlich die Richtlinie, die bereits regelmäßig das mildere Mittel im Vergleich zur Verordnung ist.[533]

Dabei ist zu berücksichtigen, dass die EU in der Vergangenheit auch Richtlinien erlassen hat, die die Umsetzung von Vorgaben Dritter anordnet und dabei im Rahmen der Vorgaben lediglich bzw. zum Teil „Soll-Vorschriften“ enthält, die für die Mitgliedstaaten keine verbindlichen Pflichten festlegen.[534] Ebenso kann eine Richtlinie unverbindliche Form- und Mittelangaben enthalten.[535]

---

529 Bast, in: Grabitz/Hilf/Nettesheim, EUV, Losebl. Stand: 65. Lfg. August 2018, Art. 5 Rn. 71.

530 Vgl. Kadelbach, in: von der Groeben/Schwarze/Hatje, EUV, 7. Aufl. 2015, Art. 5 Rn. 52.

531 So Kadelbach, in: von der Groeben/Schwarze/Hatje, EUV, 7. Aufl. 2015, Art. 5 Rn. 52.

532 Vgl. dazu auch Kadelbach, in: von der Groeben/Schwarze/Hatje, EUV, 7. Aufl. 2015, Art. 5 Rn. 52, nach dem die Auswahl des Instruments und dessen Intensität an der Gesamtheit der Ziele auszurichten sei, was einen komplexen Vergleich zwischen verschiedenen in Frage kommenden Maßnahmen notwendig machen könne. Vgl. auch EuGH, Urteil vom 12.11. 1996 – Rs. C-84/94 – Großbritannien/Rat, Slg. 1996, I-5755 Rn. 28.

533 Vgl. z.B. Calliess, in: Calliess/Ruffert, EUV, 5. Aufl. 2016, Art. 5 Rn. 48. Kritisch insoweit Bast, in: Grabitz/Hilf/Nettesheim, EUV, Losebl. Stand: 65. Lfg. August 2018, Art. 5 Rn. 72.

534 Vgl. z.B. die Richtlinie zu der von UNICE, CEEP und EGB geschlossenen Rahmenvereinbarung über Teilzeitarbeit vom 15.12.1997, RL 97/81/EG, Amtsbl. L 14/9. Vgl. dazu auch Höveler, Die „Teilzeitrichtlinie“ 97/91/EG im Lichte des europäischen und des deutschen Rechts, 2002, S. 147.

535 Vgl. Prokopf, Das gemeinschaftsrechtliche Rechtsinstrument der Richtlinie, S. 65.

aa) Ziel: Umsetzung der OECD-Vorgaben

Die ATAD soll die Vorgaben und Schlussfolgerungen der OECD zum Thema BEPS umsetzen.[536] Ein Mittel, das weniger in die mitgliedstaatliche Autonomie eingreifen würde, wäre die Verpflichtung in einer Richtlinie die Vorgaben der OECD zu BEPS umzusetzen. Die OECD Materialien enthalten dabei auch konkrete Vorschläge, aus denen Vorschriften erarbeitet werden könnten, geben den Mitgliedstaaten aber bei der konkreten Umsetzung einen weiteren Spielraum. Dabei ist keine geringe Eignung zur Umsetzung der OECD-Vorgaben erkennbar.

bb) Ziel: Gutes Funktionieren des Binnenmarktes

Die ATAD soll dafür sorgen, dass „der Binnenmarkt gut funktionieren kann“[537]. Da die ATAD selbst nicht der Verwirklichung der Grundfreiheiten dient, kann damit also nur gemeint sein, Wettbewerbsverzerrungen zu beseitigen, die von einer natürlichen Selektion der Standorte abhalten. Der ATAD fehlen Ausführungen, inwieweit tatsächlich solche Verzerrungen bestehen und inwieweit diese durch die Regelungen der ATAD beseitigt werden sollen. Vor diesem Hintergrund könnte es bereits ein milderes Mittel sein, lediglich Empfehlungen für die Einführung von Vorschriften zur Verhinderung solcher Verzerrungen zu geben. Da die Eignung der ATAD, für ein gutes Funktionieren des Binnenmarktes zu sorgen, gering ist, ist diesbezüglich die Erforderlichkeit abzulehnen.

cc) Ziel: Verhinderung von aggressiver Steuerplanung und Aushöhlung der Steuerbemessungsgrundlage

Geht es nur um die Einführung von Vorschriften zum Schutz gegen aggressive Steuerplanung, hätte die Richtlinie den Mitgliedstaaten lediglich vorschreiben können, entsprechende Vorschriften einzuführen. Das Gleiche gilt für den Schutz der Aushöhlung der Steuerbemessungsgrundlage. Die genaue Ausgestaltung hätte den Mitgliedstaaten überlassen werden können. Es ist nicht ersichtlich, dass eine autonomere Umsetzung weniger geeignet wäre. Immerhin haben alle Mitgliedstaaten im Rat der Richtlinie zugestimmt. Als Orientierung hätte die EU Empfehlungen herausgeben können, an denen sich die Mitgliedstaaten orientieren können.

---

[536] Vgl. Richtlinie (EU) 2016/1164 des Rates v. 12.07.2016 mit Vorschriften zur Bekämpfung von Steuervermeidungspraktiken mit unmittelbaren Auswirkungen auf das Funktionieren des Binnenmarkts, ABl. 2016 L 193, Erwägungsgrund 2.

[537] Vgl. Richtlinie (EU) 2016/1164 des Rates v. 12.07.2016 mit Vorschriften zur Bekämpfung von Steuervermeidungspraktiken mit unmittelbaren Auswirkungen auf das Funktionieren des Binnenmarkts, ABl. 2016 L 193, Erwägungsgrund 2.

dd) Ziel: Verhinderung der Doppelbesteuerung

Die ATAD verhindert die Doppelbesteuerung nur in beschränktem Maße.[538] So wird teilweise lediglich eine durch die ATAD selbst verursachte Doppelbesteuerung verhindert.[539] Teilweise enthalten die Vorschriften keine Regelungen zur Vermeidung von Doppelbesteuerungen. In diesen beiden Fällen wird das Ziel bereits nicht verwirklicht, sodass ein milderes Mittel die Auslassung der entsprechenden Vorschriften wäre.

Für die verbliebenen Bereiche wäre eine singuläre Richtlinie, die den Mitgliedstaaten vorschreibt, im Falle von einer nationalen Hinzurechnungsbesteuerung die Doppelbesteuerung zu vermeiden, ein milderes Mittel gewesen.

ee) Ziel: Verhinderung der Fragmentierung des Marktes – Vollharmonisierung vs. Mindeststandard

Die ATAD gibt nur einen Mindeststandard vor, was grundsätzlich einer Vollharmonisierung vorzuziehen ist.[540] Sie verhindert aber nur bedingt eine Fragmentierung des Marktes, da sie die genaue Ausgestaltung der Regelungen in vielen Bereichen den Mitgliedstaaten überlässt und im Falle der Hinzurechnungsbesteuerung sogar die Wahl zwischen zwei unterschiedlichen Systemen lässt.[541] Um eine Fragmentierung der Marktes effektiv zu verhindern, wäre eine Vollharmonisierung der fraglichen Vorschriften vorzugswürdig.[542] Allerdings greift eine Vollharmonisierung grundsätzlich tiefer in die mitgliedstaatliche Autonomie ein als eine Mindestharmonisierung.[543] Das alleine hat in der Vergangenheit aber die EU nicht davon abgehalten, Maßnahmen zu erlassen, die beträchtlich in die mitgliedstaatliche Autonomie eingreifen. Im Bereich des Umsatzsteuerrechts wurde ein System eingeführt, das in manchen Mitgliedstaaten wesentliche Umgestaltungen erforderte, weil sie vorher ein anderes System hatten.[544]

In der Praxis haben Mindeststandards oftmals den Mitgliedstaaten einen Raum dafür gelassen, Maßnahmen mit einem höheren Schutzniveau zu treffen.[545]

---

[538] Vgl. oben E.II.5.b)cc)(4).

[539] Vgl. oben E.II.5.b)cc)(4).

[540] Vgl. Calliess, in: Calliess/Ruffert, EUV, 5. Aufl. 2016, Art. 5 Rn. 48.

[541] Vgl. dazu oben E.II.5.b)aa).

[542] Vgl. dazu auch Schröder, in: Streinz, AEUV, 3. Aufl. 2018, Art. 114 Rn. 47.

[543] Vgl. dazu auch Schröder, in: Streinz, AEUV, 3. Aufl. 2018, Art. 114 Rn. 49 ff.

[544] Vgl. Kadelbach, in: von der Groeben/Schwarze/Hatje, EUV, 7. Aufl. 2015, Art. 5 Rn. 52.

[545] Vgl. z.B. zur DSGVO Maschmann, in: Kühling/Buchner, DSGVO, 3. Aufl. 2020, Art. 88 Rn. 31.

Die ATAD gesteht aber selbst ein, dass die Zielerreichung insoweit nicht gewiss ist, da die Umsetzung den Mitgliedstaaten überlassen ist.[546]

ff) Ziel: Wirksame Ausübung der Steuerhoheit

Die Vorstellung, dass das Ziel, den Regierungen eine wirksame Ausübung der eigenen Steuerhoheit zu ermöglichen dadurch umzusetzen, dass den Regierungen steuerliche Regelungen vorgegeben werden, ist absurd. Das Vorschreiben von Regelungen durch eine Richtlinie ist nämlich das Gegenteil von Ausübung eigener Steuerhoheit. Der einzige Kontext, in dem diese Aussage als sinnvoll bezeichnet werden könnte, wäre, wenn die Mitgliedstaaten allein nicht in der Lage wären ihre Steuerhoheit autonom und qualifiziert auszuüben. Diese Ansicht verkennt die Realität, dass die Mitgliedstaaten ihr Steuersystem gerade auch als bewussten Standortvorteil erschaffen und gestalten.

gg) Gesamtschau

Um die Erforderlichkeit der Richtlinie insgesamt zu beurteilen sind die einzelnen Ziele zu gewichten. Dabei wird man grundsätzlich der Verhinderung von aggressiver Steuerplanung sowie der Verhinderung der Fragmentierung des Marktes nur eine geringe Bedeutung zumessen können. Denn das bloße Interesse der Harmonisierung sowie die Verhinderung von aggressiver Steuerplanung sind nicht von der Kompetenz der Europäischen Union und nicht vom Tatbestand des Art. 115 AEUV erfasst.[547] Würde man hierin also den Schwerpunkt der Richtlinie sehen, so wäre diese bereits aufgrund des Verstoßes gegen die Kompetenzordnung der EU rechtswidrig. Im Sinne der kompetenzwahrenden Auslegung müssen diese Gründe daher zurücktreten. Die Verhinderung von Doppelbesteuerung hingegen fällt in die Zuständigkeit der EU und unter den Tatbestand des Art. 115 AEUV.[548] Der Zweck des guten Funktionierens des Binnenmarktes fällt zwar grundsätzlich in den Bereich der Binnenmarktkompetenz der EU. Auch dieser Grund ist hier aber in der Bedeutung zurückzustufen, da die Ausführungen der Richtlinie zu wage und unbestimmt sind[549], um ein bedeutendes Ziel mit einer hohen Gewichtung darzustellen. Damit ist der Schwerpunkt auf einer Vermeidung der Doppelbesteuerung zu sehen. Insoweit wäre aber eine Richtlinie, die hier einen erhöhten Schwerpunkt setzt und die Regelungsintensität in den anderen Bereichen reduziert oder gar von der Richtlinie ausnimmt und im Übrigen lediglich im Rahmen der Koordinierung der Wirt-

---

[546] Vgl. Richtlinie (EU) 2016/1164 des Rates v. 12.07.2016 mit Vorschriften zur Bekämpfung von Steuervermeidungspraktiken mit unmittelbaren Auswirkungen auf das Funktionieren des Binnenmarkts, ABl. 2016 L 193, Erwägungsgrund 3. „Dieses Ziel *könnte* durch die Einführung [der ATAD] erreicht werden".

[547] Vgl. oben F.I.1.b)ee).

[548] Vgl. oben F.I.1.b)ee).

[549] Vgl. oben F.I.1.b)ee).

schaftspolitik als Empfehlungen an die Mitgliedstaaten herausgibt ebenso wirksam, wenn nicht sogar wirksamer, ohne so weit in die mitgliedstaatliche Autonomie einzugreifen.

Die ATAD ist damit bereits nicht erforderlich.

d) Angemessenheit/Verhältnismäßigkeit im engeren Sinn

Art. 5 Satz 5 Subsidiaritätsprotokoll, auf das Art. 5 Abs. 4 UAbs. 2 EUV verweist, gibt vor, dass Maßnahmen in einem angemessenen Verhältnis zum angestrebten Ziel stehen müssen.

Im Rahmen der Verhältnismäßigkeit im engeren Sinne bzw. der Angemessenheit wägt auch der EuGH zwischen dem Nutzen der Maßnahme und der Beeinträchtigung anderer Rechtsgüter ab. Als Beeinträchtigung anderer Rechtgüter kommt insbesondere ein Verstoß gegen die Grundfreiheiten in Betracht. Die Grundfreiheiten binden nämlich nicht nur die Mitgliedstaaten, sondern auch die Europäische Union insbesondere auch bei der Sekundärrechtsetzung.[550] Geprüft werden soll vor allem ein Verstoß durch die Vorschriften zur Hinzurechnungsbesteuerung.

aa) Vereinbarkeit mit den Grundfreiheiten

Bereits die bestehenden deutschen Regelungen zur Hinzurechnungsbesteuerung, die den Vorgaben der ATAD grundsätzlich ähnlich sind[551], werden als europarechtswidrig kritisiert.[552] Es wird zu untersuchen sein, ob die durch die ATAD vorgeschlagenen Regelungen (auch) gegen die Grundfreiheiten verstoßen.

Da sich die ATAD nur an Körperschaftsteuersubjekte richtet, kommen vor allem die Niederlassungsfreiheit, Art. 49, 54 AEUV, und die Kapitalverkehrsfreiheit, Art. 63 AEUV, als relevante Grundfreiheiten in Betracht.

Nach der Rechtsprechung des EuGH ist das Verhältnis zwischen Niederlassungsfreiheit und Kapitalverkehrsfreiheiten nicht immer klar umrissen.[553] Dabei gilt

---

[550] Vgl. dazu ausführlich Schwemer, Die Bindung des Gemeinschaftsgesetzgebers an die Grundfreiheiten, 1995.

[551] Vgl. dazu z. B. Schnitger/Nietzschke/Gebhardt, IStR 2016, 960, 975; Schönfeld, IStR 2017, 721, 728 f.

[552] Einen Verstoß gegen die Grundfreiheiten bejahend z. B. Rehfeld, Die Vereinbarkeit des Außensteuergesetzes mit den Grundfreiheiten des EG-Vertrags; Reissinger, Die Hinzurechnungsbesteuerung gemäß Außensteuergesetz – Grenzen und Möglichkeiten der Gesetzgebung; zweifelnd Schmidt, in: Schmidt, Kommentar zum AStG, 2012, § 7 AStG Rn. 2.

[553] So stellt der EuGH bisweilen darauf ab, ob die nationale Maßnahme, die die Grundfreiheiten betrifft, eine sichere Einflussmöglichkeit auf die Entscheidungen der Gesellschaft fordert (vgl. z. B. EuGH, Urteil vom 18.07.2007 – Rs. C-231/05 – Oy AA, Slg. 2007, I-6373). Teilweise geht der EuGH davon aus, dass die Kapitalverkehrsfreiheit von der Niederlassungsfreiheit verdrängt wird (EuGH, Urteil vom 26.06.2006 – Rs. C-284/06 – Burda, Slg. 2008, I-04571), teilweise wird der Kapitalverkehrsfreiheit der Vorrang eingeräumt (vgl.

die Kapitalverkehrsfreiheit auch im Verhältnis zu Drittstaaten, während die Niederlassungsfreiheit nur innerhalb der Mitgliedstaaten gilt.[554] Daher sind die jeweiligen Anwendungsbereiche voneinander abzugrenzen.

Die Abgrenzung der Anwendungsbereiche von Niederlassungsfreiheit und Kapitalverkehrsfreiheit ist dabei im Einzelnen schwierig.[555] Die Judikatur des EuGH weist nämlich bei der Abgrenzung keine durchgehende Konsistenz auf.[556] Kraft bricht die Abgrenzung „verkürzt, vereinfacht und formelhaft" darauf herunter, dass die Niederlassungsfreiheit anwendbar ist, wenn es um die Ausübung eines sicheren Einflusses auf die Gesellschaft geht und die Kapitalverkehrsfreiheit bei der bloßen Absicht der Geldanlage Anwendung findet.[557]

Ress/Ukrow haben unter Berücksichtigung der EuGH-Judikatur die folgenden Abgrenzungsregelungen aufgestellt:[558]

1. „Ausschlaggebend ist, ob eine nationale Norm ausdrücklich oder nach ihrer Zielsetzung allgemein und vorbehaltlos gegen ‚jedermann' wirkt – dann besteht ein Anwendungsvorrang der Kapitalverkehrsfreiheit – oder ob sie qualifizierte Beteiligungsmerkmale verlangt – dann besteht ein Anwendungsvorrang der Niederlassungsfreiheit. Die tatsächlichen Verhältnisse spielen insoweit keine unmittelbare Rolle; sie werden vom EuGH lediglich ergänzend herangezogen, um den zur Abgrenzung eingeforderten ‚sicheren Einfluss' für den konkret zu beurteilenden Einzelfall festzustellen.
2. Liegt ein unmittelbarer Eingriff in die Freiheit des Kapitalverkehrs vor, der nur mittelbar zu einem Hindernis für die Niederlassung führt, bzw. ein Eingriff vor, bei dem die Beziehung zur Niederlassungsfreiheit gegenüber derjenigen zur Kapitalverkehrsfreiheit ‚völlig zweitrangig' ist, so sind insoweit allein die Vorschriften über den Kapitalverkehr anwendbar.
3. Liegt ein unmittelbarer Eingriff in die Niederlassungsfreiheit vor, der wegen der Behinderung der Niederlassung mittelbar zu einer Reduzierung der Kapitalströme zwischen den MS führt, bzw. ein Eingriff vor, bei dem die Beziehung zur Kapitalverkehrsfreiheit gegenüber derjenigen zur Niederlassungsfreiheit völlig

---

z. B. EuGH, Urteil vom 19. 09. 2009 – Rs. C-182/08 – Glaxo Wellcome Slg. 2009, I-08591), teilweise werden trotz einer beherrschenden Beteiligung beide Grundfreiheiten geprüft (EuGH, Urteil vom 24. 05. 2007 – Rs. C-157/05 – Holböck, Slg. 2007, I-04051). Vgl. dazu auch Tippelhofer/Lohmann, IStR 2008, 857 ff.

[554] Vgl. Kahler, ISR 2013, 57 ff.

[555] Oppermann/Classen/Nettesheim bezeichnen die Abgrenzung als „noch nicht geklärt", Oppermann/Classen/Nettesheim, Europarecht, 8. Aufl. 2018, § 28 Rn. 7.

[556] Ress/Ukrow, in: Grabitz/Hilf/Nettesheim, Das Recht der Europäischen Union, Losebl. Stand: 73. Lfg. Mai 2021, Art. 63 AEUV Rn. 383, vgl. Fn. 552.

[557] Kraft, NWB 2018, 698, 699.

[558] Ress/Ukrow, in: Grabitz/Hilf/Nettesheim, Das Recht der Europäischen Union, Losebl. Stand: 73. Lfg. Mai 2021, Art. 63 AEUV Rn. 396.

zweitrangig ist, so sind insoweit allein die Vorschriften über die Niederlassungsfreiheit anwendbar.

4. Liegt ein unmittelbarer Eingriff sowohl in die Freiheit des Kapitalverkehrs als auch in das Niederlassungsrecht vor, so sind beide Grundfreiheiten anwendbar und die staatliche Maßnahme muss den Anforderungen beider genügen. So kann z. B. eine nationale Regelung, die nicht nur auf Beteiligungen anwendbar ist, die es ermöglichen, einen sicheren Einfluss auf die Entscheidungen der Gesellschaft auszuüben und deren Tätigkeiten zu bestimmen, sondern unabhängig vom Umfang der Beteiligung eines Aktionärs an einer Gesellschaft gilt, sowohl unter Art. 49 AEUV als auch unter Art. 63 AEUV fallen."

Beide Definitionen haben Schwierigkeiten, die Hinzurechnungsbesteuerung nach der ATAD einzuordnen.

Die Regelungen der Hinzurechnungsbesteuerung setzen nach Art. 7 Abs. 1 ATAD ein beherrschtes Unternehmen voraus, sodass nach beiden Definitionen die Niederlassungsfreiheit anzuwenden ist. Allerdings handelt es sich bei dem Kriterium der „Beherrschung" um eine Schwelle von 50 % der Stimmrechte oder eine 50 %ige Beteiligung am Kapital oder einen Anspruch auf mehr als 50 % der Gewinne des Unternehmens. Bezüglich der Stimmrechte wird man von einer sicheren Einflussnahme i. S. der oben genannten Kriterien sprechen können. Problematisch ist dabei jedoch, dass diese 50 % nicht vom Steuerpflichtigen selbst gehalten werden müssen. Vielmehr ist es ausreichend, dass die Grenze durch eine Beteiligung des Mutterunternehmens (oder sogar Großmutterunternehmens oder noch höher in der Beteiligungskette) erreicht wird. Die Vorschriften können also auch Anwendung finden, wenn die Beteiligung des Steuerpflichtigen lediglich 1 % beträgt.[559] Dabei würde es sich nicht um eine bloß mittelbare Auswirkung auf den Kapitalverkehr handeln.

Nach der Definition von Ress/Ukrow wären daher sowohl die Niederlassungsfreiheit als auch die Kapitalverkehrsfreiheit hier betroffen. Etwas missverständlich sind insoweit die Ausführungen, dass es nur auf die Zielsetzung und nicht auf die tatsächliche Höhe der Beteiligung ankommt. Damit scheint die Hinzurechnungsbesteuerung nach der ATAD zunächst nur der Niederlassungsfreiheit zu unterliegen. Wie bereits ausgeführt ist die Frage nach der Höhe der Beteiligung jedoch kein Tatbestandsmerkmal, das der Steuerpflichtige verwirklichen muss. Ausreichend ist insoweit, dass ein höheres Unternehmen in der Kette dieses Tatbestandsmerkmal verwirklicht. Damit kann die Vorschrift „jedermann" treffen. Etwas anderes würde dann gelten, wenn geringe Beteiligungen nur auf höherer Ebene zu einer Hinzurechnungsbesteuerung führen würden.

Auch nach der Definition von Kraft können beide Grundfreiheiten zur Anwendung kommen, da die Vorschrift sowohl bei der Ausübung eines sicheren Einflusses

---

[559] Vgl. dazu oben E.II.5.a)aa).

durch den Steuerpflichtigen als auch bei einer bloßen Geldanlage durch den Steuerpflichtigen Anwendung finden kann.[560]

Das zeigt sich auch bei der „Beherrschung“ durch bloßen Anspruch auf 50 % der Gewinne des Unternehmens. Zwar wird dann in der Praxis wohl regelmäßig auch ein beherrschender Einfluss auf das Unternehmen bestehen. Zwingend ist das aber nicht. Gerade in dem Fall, dass ein Unternehmen zur Kapitalanlage einlädt und dafür hohe Gewinnanteile ausgibt, die Stimmrechte aber weitgehend behält, läge zwar ggf. eine „Beherrschung“ i. S. d. ATAD vor, ohne jedoch einen „sicheren Einfluss“ auf das ausländische Unternehmen ausüben zu können.

Damit kommt für die ATAD bzw. den Regelungen zur Hinzurechnungsbesteuerung sowohl eine Anwendung der Niederlassungsfreiheit, als auch der Kapitalverkehrsfreiheit in Betracht.

bb) Niederlassungsfreiheit

(1) Anwendungsbereich der Niederlassungsfreiheit

Für die Anwendung der Niederlassungsfreiheit ist zunächst entscheidend, dass die ausländischen Unternehmen oder Betriebsstätten als grenzüberschreitende Niederlassung i. S. d. Art. 49 AEUV eingeordnet werden. Nach Art. 54 AEUV ist der Anwendungsbereich der Niederlassungsfreiheit für Gesellschaften mit Sitz oder Ort der Geschäftsleitung in einem EU-Mitgliedstaat eröffnet. Betriebsstätten sind als Zweigniederlassungen i. S. d. Art. 49 Abs. 1 Satz 2 AEUV erfasst.

Damit sind grenzüberschreitende Unternehmen und Betriebsstätten[561] im Sinne des Art. 7 Abs. 1 ATAD grundsätzlich vom Schutzbereich der Niederlassungsfreiheit erfasst.

Problematisch wäre die Eröffnung des Anwendungsbereichs der Niederlassungsfreiheit nur bei mehrstufigen Beteiligungen (nachgeschaltete Zwischeneinkünfte), die nicht im EU-Ausland sind.

(2) Persönlich

Die Niederlassungsfreiheit gilt für Gesellschaften, die nach dem Recht eines der Mitgliedstaaten gegründet sind[562] und ihren satzungsmäßigen Sitz, ihre Hauptverwaltung oder ihre Hauptniederlassung innerhalb der Union haben, Art. 54 AEUV.

Nach Art. 1 ATAD gilt die Richtlinie für Steuerpflichtige, die in einem oder mehreren Mitgliedstaaten körperschaftsteuerpflichtig sind, einschließlich der in

---

[560] Vgl. dazu oben Fn. 557.

[561] Vgl. dazu auch EuGH, Urteil vom 15.05.2008 – Rs. C-414/06 – Lidl Belgium, Slg. 2008, I-03601.

[562] Ob das der Fall ist richtet sich nach der sog. Strukturtheorie, vgl. dazu Jung, in: Schwarze, EU-Kommentar, 4. Aufl. 2019, Art. 54 AEUV Rn. 9.

einem oder mehreren Mitgliedstaaten belegenen Betriebsstätten von Unternehmen, die steuerlich in einem Drittland ansässig sind.

Als Gesellschaften gelten nach Art. 54 Abs. 2 AEUV die Gesellschaften des bürgerlichen Rechts und des Handelsrechts einschließlich der Genossenschaften und die sonstigen juristischen Personen des öffentlichen und privaten Rechts mit Ausnahme derjenigen, die keinen Erwerbszweck verfolgen.[563] Der Begriff der Gesellschaft ist daher zunächst weiter als der Begriff der Körperschaftsteuerpflicht, da er auch Personengesellschaften erfasst, die jedoch nicht nach deutschem Recht körperschaftsteuerpflichtig sind.[564]

Das weitere Kriterium, Sitz, Hauptverwaltung oder Hauptniederlassung in der Union, wird in der Regel nicht problematisch sein, da auch im Rahmen der unbeschränkten Körperschaftsteuerpflicht regelmäßig an eines dieser Merkmale angeknüpft wird.

(3) Sachlich

Um in den Schutzbereich zu fallen, muss der Betroffene mit seiner Tochtergesellschaft oder Zweigniederlassung in stabiler und kontinuierlicher Weise am Wirtschaftsleben teilnehmen und den Willen haben, daraus Nutzen zu ziehen.[565] Dies ist dann der Fall, wenn eine feste Einrichtung zur Erwerbstätigkeit genutzt wird und dadurch eine Eingliederung in die Volkswirtschaft des Quellenstaates erfolgt.[566]

Fraglich ist, wann Betriebsstätten diese Kriterien erfüllen. Eine Betriebstätte im Sinne des OECD-MA ist gemäß Art. 5 OECD-MA eine feste Geschäftseinrichtung, durch die die Tätigkeit eines Unternehmens ausgeübt wird. Eine feste Einrichtung liegt dann vor, wenn eine örtliche Verbindung besteht und diese über einen gewissen Zeitraum andauert.[567] Liegt diese Verfestigung nicht vor, sondern eine bloße

---

[563] Vgl. dazu auch Forsthoff, in: Grabitz/Hilf/Nettesheim, AEUV, Losebl. Stand: 74. EL September 2021, Art. 54 Rn. 5 f.

[564] Vgl. von Thunen, in: Gsell/Krüger/Lorenz/Reymann, Internationales Personengesellschaftsrecht, Losebl. Stand: August 2022, Rn. 45 ff.; vgl. auch Kainer, in: Frankfurter Kommentar, AEUV, 2017, Art. 54 Rn. 2. Allerdings ist nach deutschem Recht das Vorliegen von Einkünften bzw. der Erwerbszweck nicht Voraussetzung für das Vorliegen der unbeschränkten Körperschaftsteuerpflicht. Anders ist es bei der beschränkten Körperschaftsteuerpflicht, die eine Einkünfteerzielung und damit regelmäßig auch den Erwerbszweck voraussetzt, vgl. dazu Pfirrmann, in: Gosch, KStG, 4. Aufl. 2020, § 2 Rn. 26. Soweit jedoch kein Erwerbszweck vorliegt, wird sich auch die steuerliche Relevanz in Grenzen halten, sodass diese Fallgruppe vernachlässigt werden kann.

[565] EuGH, Urteil vom 30.11.1995 – Rs. C-55/94 – Gebhard, Slg. 1995, I-04165 Rn. 25; Fischer, Europarecht, S. 215.

[566] EuGH, Urteil vom 12.09.2006 – Rs. C-196/04 – Cadbury Schweppes Slg. 2006, I-07995 Rn. 53.

[567] Vgl. Görl, in: Vogel/Lehner, DBA, 7. Aufl. 2021, Art. 5 Rn. 12 f.; Forsthoff, in: Grabitz/Hilf/Nettesheim, AEUV, Losebl. Stand: 74. Lfg. September 2021, Art. 49 AEUV Rn. 36.

Geschäftstätigkeit, ist noch keine Betriebsstätte begründet. Die örtliche Verfestigung sorgt für die stabile Eingliederung in die Wirtschaft, i. S. d. Art. 49 AEUV. Liegt diese Eingliederung für eine gewisse Dauer vor, ist auch das für die Eröffnung des Schutzbereichs der Niederlassungsfreiheit erforderliche Kriterium der Kontinuität erfüllt.[568] Damit fällt auch die Betriebsstätte unter die Niederlassungsfreiheit.[569]

Die Hinzurechnungsbesteuerung nach der ATAD findet Anwendung auf beherrschte ausländische Unternehmen und Betriebsstätten. Soweit die Unternehmen oder Betriebsstätten in einem Drittstaat belegen sind, findet die Niederlassungsfreiheit schon deshalb keine Anwendung. In diesem Fall wäre der Vorgang nicht vom persönlichen Schutzbereich der Niederlassungsfreiheit umfasst. Liegt das Unternehmen oder die Betriebsstätte innerhalb der Union, so ist zu prüfen, ob das grenzüberschreitende Beteiligungsverhältnis eine Niederlassung im Sinne des Art. 49 AEUV darstellt. Der Begriff der Niederlassung selbst ist in Art. 49 AEUV nicht definiert. Eine Umschreibung des Schutzbereichs findet sich jedoch in Art. 49 Abs. 2 AEUV. Danach sind die Aufnahme und Ausübung selbständiger Erwerbstätigkeit sowie die Gründung und Leitung von Unternehmen umfasst. Nach der Rechtsprechung des EuGH fallen beherrschte ausländische Unternehmen i. S. d. ATAD innerhalb der EU darunter.[570]

Eine Person macht von ihrer Niederlassungsfreiheit Gebrauch, wenn sie eine Beteiligung an einer Gesellschaft mit Sitz im anderen Mitgliedstaat hält, die ihr einen unmittelbaren oder mittelbaren Einfluss auf die Entscheidungen der Gesellschaft vermittelt, so dass sie deren Tätigkeit bestimmen kann.[571] Der EuGH schränkt diese Auslegung jedoch in seiner Rechtsprechung ein[572] und macht die Entscheidung, ob ein Sachverhalt der Niederlassungsfreiheit unterfällt, von den Umständen des Einzelfalls abhängig.

Wassermeyer schlägt als Abgrenzung z. B. eine Beteiligungsgrenze von 10 % vor.[573] Bei niedrigeren Beteiligungen soll nur eine Verletzung der Kapitalverkehrsfreiheit in Betracht kommen.[574]

---

[568] Vgl. Haratsch/König/Pechstein, Europarecht, 12. Aufl. 2020, Rn. 1001.

[569] Vgl. EuGH, Urteil vom 28.01.1986 – Rs. 270/83 – avoir fiscal, Slg. 1986, 273 Rn. 26; EuGH, Urteil vom 21.09.1999 – Rs. C-307/97 – Saint-Gobain, Slg. 1999, I-06161 Rn. 35.

[570] Vgl. z. B. EuGH, Urteil vom 21.09.1999 – Rs. C-307/97 – Saint-Gobain, Slg. 1999, I-06161.

[571] Vgl. EuGH, Urteil vom 13.04.2000 – Rs. C-251/98 – Baars, Slg. 2000, I-02787, Rn. 22; Wassermeyer, in: Flick/Wassermeyer/Baumhoff, AStG, Losebl. Stand: 84. Lfg. März 2018 Vor §§ 7–14 Rn. 32.

[572] Vgl. EuGH, Urteil vom 13.04.2000 – Rs. C-251/98 – Baars, Slg. 2000, I-02787, Rn. 26 ff.

[573] Wassermeyer, in: Flick/Wassermeyer/Baumhoff, Kommentare zum AStG Losebl. Stand: 84. Erg. Lfg. März 2018 Vor §§ 7–14 Rn. 32.

[574] Vgl. zur Abgrenzung oben F.II.2.d)aa).

Die Hinzurechnungsbesteuerung nach der ATAD setzt lediglich eine geringfüge mittelbare Beteiligung voraus. Das Kriterium der Beherrschung kann auch über die Zurechnung der Anteile von Muttergesellschaften bzw. Schwestergesellschaften vermittelt werden. Damit ist im Rahmen der Hinzurechnungsbesteuerung nach der ATAD nicht notwendigerweise eine Einflussnahme im Sinne der Niederlassungsfreiheit von dem Steuerpflichtigen auf die Betriebsstätte oder das Unternehmen in einem anderen Staat möglich. Dennoch besteht im Rahmen des Anwendungsbereichs der Hinzurechnungsbesteuerung nach ATAD auch die Möglichkeit von Beteiligungen mit entsprechender Einflussmöglichkeit, die dem sachlichen Anwendungsbereich der Niederlassungsfreiheit unterliegen.[575]

Einschränkend ist vielleicht dazu noch auszuführen, dass bloße Domizilgesellschaften nicht unter den Anwendungsbereich der Niederlassungsfreiheit fallen.[576]

(4) Grenzüberschreitender Bezug

Die Anwendung der Grundfreiheiten setzt ferner einen grenzüberschreitenden Bezug voraus. Dies ergibt sich bereits aus dem Wortlaut des Art. 49 AEUV, „freie Niederlassung von Staatsangehörigen *eines* Mitgliedstaates im Hoheitsgebiet eines *anderen* Mitgliedstaats“.

Ein grenzüberschreitender Bezug ist grundsätzlich immer dann gegeben, wenn die betroffene Tätigkeit innerunionale Grenzen überschreitet, überschritten hat oder überschreiten soll.[577]

Der EuGH hat es für die Anwendung der Niederlassungsfreiheit als ausreichend erachtet, dass ein Sachverhalt, der sich nur zwischen italienischen Staatsangehörigen innerhalb eines einzigen Mitgliedstaats (Italien) abgespielt hat, Wirkungen entfalten kann, die sich nicht auf diesen Mitgliedstaat beschränken.[578]

Konkreter hat der EuGH entschieden, dass ein grenzüberschreitender Bezug vorliegt, wenn eine Person in Mitgliedstaat A ein Grundstück in Mitgliedstaat B an eine Person in Mitgliedstaat A (oder C) überträgt und Mitgliedstaat B diesen Vor-

---

[575] Vgl. dazu bereits oben F.II.2.d)bb)(1).

[576] Vgl. auch Forsthoff, in: Grabitz/Hilf/Nettesheim, AEUV, Losebl. Stand: 66. Lfg. Februar 2019, Art. 49 Rn. 24 f.; der EuGH bewegt sich in seiner Rechtsprechung auf einem schmalen Grat zwischen Versagung der durch die Niederlassungsfreiheit gewährten Vergünstigungen mangels tatsächlicher Ausübung einer Erwerbstätigkeit und Anwendung der Niederlassungsfreiheit. In letzterem Fall werden die Vorteile dennoch ggf. unter Hinweis auf Missbrauch versagt. Vgl. zur ersten Fallgruppe EuGH, Urteil vom 25.07.1991 – Rs C-221/89 – Factortame, Slg. 1991, I-03905, Rn. 34 f.; Urteil vom 12.07.2012 – Rs. C-378/10 – VALE, Rn. 34 f.; vgl. zur zweiten Fallgruppe EuGH, Urteil vom 12.09.2006 – C-196/04 – Cadbury Schweppes, Slg. 2006, I-07995; Urteil vom 25.10.2017 – C-106/16 – Polbud, Rn. 37 ff.

[577] Vgl. Pache, in: Schulze/Zuleeg/Kadelbach, Europarecht, 3. Aufl. 2015, § 10 Rn. 13.

[578] EuGH, Urteil vom 05.12.2013 – Rs. C-159/12 bis C-161/12 – Venturini.

gang besteuert.[579] Auch hat der EuGH entschieden, dass ein relevanter Auslandsbezug vorliegt, wenn eine anteilserwerbende Gesellschaft ihren Sitz im Ausland hat, auch wenn sich der übrige Sachverhalt im Inland abspielt.[580]

Der grenzüberschreitende Bezug ist hier bereits durch die Grundkonzeption der Hinzurechnungsbesteuerung nach der ATAD gegeben.[581] Im Rahmen der allgemeinen Missbrauchsvermeidungsvorschrift ist ein grenzüberschreitender Bezug nicht zwingend. Allerdings kann die Vorschrift auch in grenzüberschreitenden Sachverhalten Anwendung finden.

(5) Beeinträchtigung

Die Niederlassungsfreiheit enthält ein Diskriminierungs- und ein Beschränkungsverbot.

Das Diskriminierungsverbot umfasst direkte und indirekte Diskriminierungen. Eine Diskriminierung liegt dann vor, wenn Staatsangehörige unterschiedlicher Mitgliedstaaten, die sich in objektiv vergleichbaren Situationen befinden, ungleich behandelt werden. Indirekt ist die Diskriminierung dann, wenn unterschiedliche steuerliche Behandlung zwar nicht an die Staatsangehörigkeit knüpft, jedoch aufgrund anderer Anknüpfungsmerkmale das gleiche Ergebnis wie eine Differenzierung nach der Staatsangehörigkeit verursacht.[582]

Dementsprechend hat der EuGH entschieden, dass der Grundsatz der Gleichbehandlung nicht nur offensichtliche, sondern auch versteckte Formen der Diskriminierung umfasst, die zwar nicht an die Staatsangehörigkeit anknüpfen, die durch die Anwendung anderer Unterscheidungsmerkmale tatsächlich aber zu dem gleichen Ergebnis führen.[583] Insbesondere Verbote seien unterschiedslos anwendbare Voraussetzungen, die von Inländern leichter erfüllt werden können als von Ausländern. Das gilt auch bei Anknüpfung an regulatorische Eigenheiten der jeweiligen mitgliedstaatlichen Rechtsordnung.[584] Auch verfahrensrechtliche Benachteiligungen können zu einer Ungleichbehandlung führen.[585]

---

[579] Vgl. EuGH, Urteil vom 17. 10. 2013 – Rs. C-181/12 – Welte; Urteil vom 11. 09. 2008 – Rs. C-43/07 – Arens-Sikken, Slg. 2008, I-06887.

[580] EuGH, Urteil vom 21. 11. 2002 – Rs. C-436/00 – X und Y, Slg. 2002, I-10829, Rn. 34.

[581] Eine Ausnahme könnte sich im Falle der Hinzurechnungsbesteuerung ergeben, wenn man die Vorschrift auch auf reine Inlandssachverhalte anwenden will, vgl. dazu oben E.II.5.c).

[582] Vgl. EuGH, Urteil vom 08. 05. 1990 – Rs. C-153/88 bis C-157/88 – Biehl, Slg. 1990, I-00649, Rn. 13; Haase, Internationales und Europäisches Steuerrecht, 5. Aufl. 2017, Rn. 820.

[583] EuGH, Urteil vom 12. 09. 1996 – C-278/94 – Kommission/Belgien, Slg. 1996, I-04307, Rn. 27 m. w. N.

[584] EuGH, Urteil vom 09. 10. 2014 – C-326/12 – van Caster, Rn. 25 ff.

[585] Reimer, in: Schaumburg/Englisch, Europäisches Steuerrecht, 2. Aufl. 2020, Rz. 7.160.

Die ATAD sieht vor, dass Einkünfte der beherrschten ausländischen Unternehmen oder der ausländischen Betriebsstätte in die Bemessungsgrundlage des Steuerpflichtigen einbezogen werden, Art. 7 Abs. 2 ATAD. Je nach Auslegung ist aber entweder eine solche Einbeziehung für inländische Tochterunternehmen oder Betriebsstätten nicht vorgesehen oder die inländischen Unternehmen erfüllen regelmäßig nicht das Kriterium der niedrigen Besteuerung. Damit fehlt es bei inländischen Tochterunternehmen an der Hinzurechnung, wodurch die grenzüberschreitende Tätigkeit schlechter gestellt ist als die inländische.

Die Doppelbesteuerung, die dadurch entsteht, wird dabei ggf. nicht vollständig beseitigt, weil es je nach Ausgestaltung zu Überhängen und Divergenzen kommen kann.[586] Verluste, die im Ausland erzielt werden, können unter den Regeln der Hinzurechnungsbesteuerung nicht in die Steuerbemessungsgrundlage einbezogen werden, sondern nur nach nationalem Recht vorgetragen und in den nachfolgenden Steuerzeiträumen berücksichtigt werden, Art. 8 Abs. 1 ATAD für schädliche passive Einkünfte.

Wassermeyer bezeichnet die Hinzurechnungsbesteuerung sogar als „Strafsteuer“ für die Beteiligung eines unbeschränkt Steuerpflichtigen.[587]

Die Niederlassungsfreiheit wird also durch die Vorschriften der ATAD, speziell die Vorschriften über die Hinzurechnungsbesteuerung, beeinträchtigt.

(6) Rechtfertigung

Eine Rechtfertigung einer Beschränkung der Niederlassungsfreiheit ist grundsätzlich im Rahmen des Art. 52 AEUV möglich.[588] Unter Art. 52 AEUV fallen Sonderregelungen für Ausländer und Gründe der öffentlichen Ordnung[589], Sicherheit oder Gesundheit.[590]

---

[586] Vgl. dazu oben E.II.5.b)cc)(4). So könnte z.B. durch einen Progressionsvorbehalt eine höhere Steuer im Sitzstaat entstehen, als im Ausland tatsächlich auf den Betrag gezahlt wurde.

[587] Wassermeyer, in: Flick/Wassermeyer/Baumhoff, Kommentare zum AStG Losebl. Stand: 84. Erg. Lfg. März 2018 Vor §§ 7–14 Rn. 35.

[588] Vgl. dazu z.B. Forthoff, in: Grabitz/Hilf/Nettesheim, AEUV, Losebl. Stand: 74. Lfg. September 2021, Art. 52 Rn. 1 ff.

[589] Zwar zählt das Steuerrecht in den Bereich der öffentlichen Ordnung, die Vorgaben der ATAD sollen aber keine Verstöße gegen das Steuerrecht beheben, sondern die legale Ausnutzung des bestehenden Systems verhindern. Die öffentliche Ordnung als Rechtfertigungsgrund scheidet somit aus, vgl. dazu auch Korte, in: Calliess/Ruffert, AEUV, 6. Aufl. 2022, Art. 52 Rn. 13; Kainer, in: Frankfurter Kommentar, AEUV, 2017, Art. 52 Rn. 9.

[590] Die ATAD tangiert weder die öffentliche Sicherheit, noch die Gesundheit. Insoweit scheiden diese Rechtfertigungsgründe daher aus.

Daneben gibt es noch den ungeschriebenen Rechtfertigungsgrund „zwingende Gründe des Allgemeininteresses“.[591] Was darunter genau zu verstehen ist, hat der EuGH bisher nicht genau bestimmt. Im Rahmen dieser „zwingenden Gründe“ gibt es aber eine Reihe „anerkannter“ Schutzanliegen.[592] Die meisten der anerkannten Rechtfertigungsgründe sind dabei im Rahmen des Steuerrechts nicht relevant. Relevant sind z. B. die Wirksamkeit der Steueraufsicht[593] und die steuerliche Kohärenz[594].

Die ATAD versucht nicht die Wirksamkeit der Steueraufsicht zu verbessern. Insofern kann dieser Grund nicht zur Rechtfertigung der Beschränkung der Niederlassungsfreiheit dienen. Auch sind die Nachteile der Hinzurechnungsbesteuerung nach der ATAD nicht das Spiegelbild einer anderen nationalen (steuerrechtlichen) Maßnahme, sodass auch das Argument der Kohärenz hier nicht einschlägig ist.[595]

Im Gegensatz dazu gibt es auch eine Reihe nicht anerkannter Gründe.[596] Darunter fallen z. B. wirtschaftliche Gründe[597], administrative Erfordernisse[598], Schaf-

---

[591] Der EuGH verwendet keine einheitliche Terminologie, so finden sich z. B. Gründe des Allgemeininteresses (EuGH, Urteil vom 30. 11. 1995 – Rs. C-55/94 – Gebhard, Slg. 1995, I-04165, Rn. 37), des Gemeinwohls (EuGH, Urteil vom 21. 10. 1999 – Rs. C-67/98 – Zenatti, Slg. 1999, I-07289, Rn. 28) oder auch zwingende Erfordernisse (EuGH, Urteil vom 20. 02. 1979 – Rs. C-120/78 – Rewe-Zentral-AG, Slg. 1979, 00649, Rn. 8). Die insoweit von EuGH entwickelten Grundsätze sind gleichermaßen für die Rechtfertigung von Beschränkungen und indirekten Diskriminierungen bei sämtlichen Freiheiten anzuwenden, vgl. Forsthoff, in: Grabitz/Hilf/Nettesheim, AEUV, Losebl. Stand: 42. Lfg. September 2010, Art. 45 AEUV Rn. 371.

[592] Vgl. dazu die Auflistung bei Forsthoff, in: Grabitz/Hilf/Nettesheim, AEUV, Losebl. Stand: 42. Lfg. September 2010, Art. 45 AEUV, Rn. 380.

[593] EuGH, Urteil vom 15. 05. 1997 – Rs. C-250/95 – Futura, Slg. 1997, I-02471, Rn. 31. Bzw. wirksame steuerliche Kontrolle EuGH, Urteil vom 20. 02. 1979 – Rs. C-120/78 – Rewe-Zentral-AG, Slg. 1979, 00649, Rn. 8.

[594] EuGH, Urteil vom 28. 01. 1992 – Rs. C-204/90 – Bachmann, Slg. 1992, I-00249, Rn. 21 f., 33; EuGH, Urteil vom 28. 01. 1992 – Rs. C-300/90 – Kommission Belgien, Slg. 1992, I-00305, Rn. 14 ff.; EuGH, Urteil vom 26. 10. 1999 – Rs. C-294/97 – Eurowings, Slg. 1999, I-07447, Rn. 41.

[595] Zwar könnte man argumentieren, dass zum Beispiel bei der Verlagerung von Lizenzeinkünften die hohen Entwicklungskosten vorher von der Steuer absetzbar waren. Die Hinzurechnungsbesteuerung differenziert aber nicht danach, ob vorher bezüglich dieser Einkünfte steuerliche Vorteile in Anspruch genommen wurden. So könnte das beherrschte ausländische Unternehmen auch Patente halten, die in einem beliebigen anderen Land entwickelt wurden.

[596] Vgl. dazu auch die Ausführungen von Forsthoff, in: Grabitz/Hilf/Nettesheim, AEUV, Losebl. Stand: 42. Lfg. September 2010, Art. 45 AEUV, Rn. 381 ff.

[597] EuGH, Urteil vom 25. 07. 1991 – Rs. C-288/89 – Gouda, Slg. 1991, I-04007, Rn. 11; EuGH, Urteil vom 04. 05. 1993 – Rs. C-17/92 – Fedicine, Slg. 1993, I-02239, Rn. 17; EuGH, Urteil vom 05. 06. 1997 – Rs. C-398/95 – Ergasias, Slg. 1997, I-03091, Rn. 23; EuGH, Urteil vom 16. 07. 1998 – Rs. C-264/96 – ICI, Slg. 1998, I-04695, Rn. 28; EuGH, Urteil vom 13. 07. 2007 – Rs. C-260/04 – Kommission/Italien, Slg. 2007, I-07083, Rn. 35; EuGH, Urteil vom 11. 03. 2010 – Rs. C-384/08 – Attanasio Group, Slg. 2010, I-02055, Rn. 55.

fung gleicher Wettbewerbsbedingungen[599] und die Vermeidung von Vorteilen für den Einzelnen[600].

Zu prüfen ist also, ob die Vorgaben der ATAD bzw. der Hinzurechnungsbesteuerung nach der ATAD zwingenden Gründen des Allgemeininteresses dienen.

(a) Umsetzung der OECD-Vorgaben

Die ATAD hat zum Ziel, die OECD-Vorgaben zu BEPS umzusetzen.[601] Es ist bereits nicht erkennbar, warum die grundsätzliche Umsetzung von Vorgaben EU externer bzw. fremder Einrichtung so dringend von der EU umgesetzt werden muss, dass Grundfreiheiten beeinträchtigt werden. Jedenfalls kann die bloße Tatsache, dass „irgendjemand" (hier die OECD) Vorgaben macht, kein zwingender Grund des Allgemeininteresses sein.

Etwas anderes kann aber bezüglich des Inhalts der Vorgaben gelten. So kann die Vorgabe selbst inhaltlich ein zwingender Grund des Allgemeininteresses sein.

Die OECD hält die Vorgaben für erforderlich, weil sonst Unternehmen einen ungerechten Steuer- und damit Wettbewerbsvorteil dadurch erlangen könnten, dass sie sich einer gerechten und gleichmäßigen Besteuerung entziehen.[602] Der EuGH hat dazu jedoch entschieden, dass die Schaffung gleicher Wettbewerbsbedingung kein zwingender Grund des Allgemeininteresses ist, wenn es darum geht, Vorteile eines in einem anderen Mitgliedstaat Ansässigen auszugleichen, die dadurch entstehen, dass er in diesem anderen Mitgliedstaat einer geringeren steuerlichen Belastung unterliegt.[603] Das ist überzeugend. Solange der EU keine ausdrücklichen Kompetenzen zur Harmonisierung des Steuerrechts gegeben werden, werden zahlreiche steuerliche Unterschiede zwischen den Mitgliedstaaten bestehen bleiben. Diese können teilweise enorme Wettbewerbsvorteile für Unternehmen aus anderen Mit-

[598] EuGH, Urteil vom 03.02.1983 – Rs. C-29/82 – van Luipen, Slg. 1983, 00151, Rn. 12; EuGH, Urteil vom 04.12.1986 – Rs. C-205/84 – Kommission/Deutschland, Slg. 1986, 03755, Rn. 53 f.; EuGH, Urteil vom 06.07.1996 – Rs. C-101/94 – Kommission/Italien, Slg. 1996, I-02691, Rn. 22 ff. und 31 f.; EuGH, Urteil vom 26.01.1999 – Rs. C-18/95 – Terhoeve, Slg. 1999, I-00345, Rn. 44 f.; EuGH, Urteil vom 03.10.2000 – Rs. C-58/98 – Corsten, Slg. 2000, I-07919, Rn. 42; EuGH, Urteil vom 21.01.2010 – Rs. C-546/07 – Kommission/Italien, Slg. 2010, I-00439, Rn. 51.

[599] EuGH, Urteil vom 03.02.1982, Rs. C-62 und 63/81 – Seco, Slg. 1982, 00223, Rn. 13 f.; EuGH, Urteil vom 26.10.1999 – Rs. C-294/97 – Eurowings, Slg. 1999, I-07447, Rn. 43.

[600] EuGH, Urteil vom 26.01.1999 – Rs. C-18/95 – Terhoeve, Slg. 1999, I-00345, Rn. 46.

[601] Vgl. Richtlinie (EU) 2016/1164 des Rates v. 12.07.2016 mit Vorschriften zur Bekämpfung von Steuervermeidungspraktiken mit unmittelbaren Auswirkungen auf das Funktionieren des Binnenmarkts, ABl. 2016 L 193, Erwägungsgrund 2.

[602] Vgl. oben E.I.2. Vgl. auch OECD (2015), Designing Effective Controlled Foreign Company Rules, Action 3 – 2015 Final Report, OECD/G20 Base Erosion and Profit Shifting Project, OECD Publishing, Paris. http://dx.doi.org/10.1787/9789264241152-en, Rn. 3.

[603] Vgl. auch EuGH, Urteil vom 26.10.1999 – Rs. C-294/97 – Eurowings, Slg. 1999, I-07447, Rn. 43.

gliedstaaten bedeuten. Würde man das aber als Rechtfertigungsgrund ansehen, dann könnte jedes Land protektionistische Besteuerungsregelungen treffen, nur weil ein anderes Land niedrigere Steuern hätte. Das würde die Verwirklichung der Grundfreiheiten aushöhlen. Die Verhinderung von Wettbewerbsvorteilen aufgrund der unterschiedlichen Steuersysteme der Mitgliedstaaten stellt damit keinen zwingenden Grund des Allgemeininteresses dar.

Weiter hält die OECD die Maßnahmen für erforderlich, weil sonst das Vertrauen von „normalen Bürgern" in die Steuergerechtigkeit erschüttert werde.[604] Dieser Grund ist bereits an sich zu wage, um einen entsprechenden Rechtfertigungsgrund zu liefern. Es ist völlig unklar, in welchem Ausmaß das Vertrauen erschüttert wird und welche negativen Folgen daraus entstehen (könnten). Tatsächlich wird vielen „normalen Bürgern" die z. B. durch die „Panama Papers" aufgedeckten Steuerhinterziehungen aufstoßen.[605] Dabei handelt es sich allerdings teilweise um tatsächliche Steuerhinterziehung.[606] Entscheidender ist aber, dass diese Praktiken über Drittstaaten abgewickelt werden.[607] Die Fälle, in denen die Niederlassungsfreiheit greift (also innerhalb der EU), werden von solchen „Vertrauensbrüchen" nicht erfasst. Tatsächlich wird man wohl annehmen müssen, dass der „normale Bürger" keine Vorstellung hat, wie Unternehmen mittels „Base Erosion and Profit Shifting" eine ungerechtfertigt geringere Steuerlast generieren. Die vage Vorstellung, dass die Unternehmen (dann wohl „nicht normale Bürger") etwas Unrechtmäßiges tun, ist erstens im Bereich der Hinzurechnungsbesteuerung falsch und zweitens nicht ausreichend, um eine Beschränkung der Niederlassungsfreiheit zu rechtfertigen. Die Hinzurechnungsbesteuerung deckt darüber hinaus nicht alle möglichen Fälle der Verlagerung ab. So bleibt die Verlagerung von Einkünften in ein Land mit einer niedrigeren Besteuerung, die aber noch oberhalb der Niedrigsteuergrenze liegt, weiterhin möglich. Gleichzeitig erfasst die Vorschrift auch Einkünfte, die möglicherweise gar nicht der Verlagerung unterlegen haben oder aus einem anderen Land verlagert wurden. Das Gerechtigkeitsempfinden der „normalen Bürger" in H kann aber nicht (schützenswert) erfassen, dass eine Gesellschaft in T Einkünfte nach N verlagert. Es handelt sich daher auch dabei nicht um einen zwingenden Grund des Allgemeininteresses.

Schließlich führt die OECD an, dass eine Besteuerung der Unternehmensgewinne am Ort der tatsächlichen wirtschaftlichen Tätigkeit und Wertschöpfung erfolgen müsse. Der EuGH hat insoweit entschieden, dass die ausgewogene Auftei-

[604] Vgl. oben E.I.2. Vgl. auch OECD (2016), BEPS-Projekt Erläuterung: Abschlussberichte 2015, OECD/G20 Projekt Gewinnverkürzung und Gewinnverlagerung, OECD Publishing, Paris. http://dx.doi.org/10.1787/9789264263703-de, Rn. 3.

[605] Vgl. dazu auch Luttermann, RIW 2016, 397 ff.; Stahl, KÖSDI 2018, 20676 ff.; Feldgen, StEd 2016, 258.

[606] Vgl. auch Feldgen, StEd 2016, 258.

[607] Vgl. Stahl, KÖSDI 2018, 20676.

lung der Besteuerungsbefugnisse zwischen den Mitgliedstaaten als Rechtfertigungsgrund in Betracht kommt.[608]

Gerade in Zeiten zunehmender Digitalisierung und Wandlung von Geschäftsmodellen wird es aber immer schwieriger, den tatsächlichen Ort der wirtschaftlichen Tätigkeit und Wertschöpfung zu ermitteln.[609] Oftmals ist unklar, was der tatsächliche Ort der wirtschaftlichen Tätigkeit sein soll.[610] Auch ist unklar, an welchem Ort Wert geschöpft wird.[611] Solange diese Fragen nicht beantwortet sind, kann auch nicht ermittelt werden, wann eine ausgewogene Aufteilung der Besteuerungsbefugnisse vorliegt.

Die Hinzurechnungsbesteuerung kann sicherlich den einen oder anderen Fall abdecken, erfasst aber auch viele Fälle zu Unrecht. Um daraus eine Rechtfertigung ziehen zu können, müsste die Maßnahme zielgerichteter Anwendung finden. Es kann nicht als Rechtfertigungsgrund ausreichen, dass in einem völlig unbestimmten Ausmaß und Verhältnis ggf. auch Fälle zu Unrecht erfasst werden. So könnte z. B. im Bereich der Hinzurechnung von passiven Lizenzeinkünften eine Beschränkung auf solchen Lizenzeinkünfte vorgenommen werden, bei denen die Lizenz tatsächlich im Inland entwickelt wurde und anschließend an das beherrschte ausländische Unternehmen übertragen wurde. Ebenso könnte eine Beschränkung auf solche Lizenzeinkünfte vorgesehen werden, bei denen der Lizenznehmer im Inland sitzt. Ggf. könnte dies noch weiter beschränkt werden auf Fälle, in denen die Lizenzgebühr im Inland von der Bemessungsgrundlage als Betriebsausgabe abgezogen wurde. In einem solchen Fall könnte man auch wieder an eine Rechtfertigung im Rahmen der steuerlichen Kohärenz denken. Während also die Zielsetzung der Besteuerung am Ort der tatsächlichen wirtschaftlichen Tätigkeit und Wertschöpfung grundsätzlich einen Rechtfertigungsgrund bieten kann, greift dieser im Rahmen der Hinzurechnungsbesteuerung nicht ein, weil diese zu undifferenziert und unbestimmt wirkt.

Die Umsetzung der OECD-Vorgaben stellt an sich und inhaltlich keinen zwingenden Grund des Allgemeininteresses dar, der die Beschränkung der Niederlassungsfreiheit rechtfertigen könnte.

(b) Gutes Funktionieren des Binnenmarktes

Das gute Funktionieren des Binnenmarktes ist sicherlich insgesamt das Ziel der europäischen Verträge. In dieser Pauschalität kann es jedoch nicht als zwingender

[608] EuGH, Urteil vom 13. 12. 2005 – Rs. C-446/03 – Marks & Spencer, Slg. 2005, I-10837, Rn. 44–46; EuGH, Urteil vom 21. 01. 2010 – Rs. C-311/08 – SGI, Slg. 2010, I-00487, Rn. 65–69. Vgl. dazu auch unten F.II.2.d)bb)(6)(k).

[609] Vgl. dazu auch Hentschel/Hörnicke/Kraft, Ubg 2019, 673 ff.; Wolff-Seeger/Saliger, ISR 2017, 235, 241; Hidien/Versin, GmbHR 2019, 759, 764, 768; Rodenburg, Ubg 2018, 249, 252.

[610] Vgl. Hentschel/Hörnicke/Kraft, Ubg 2019, 673, 675.

[611] Vgl. Brodersen, Ubg 2019, 123, 124.

Grund des Allgemeininteresses betrachtet werden, der eine Beschränkung der Grundfreiheiten rechtfertigen würde, die ebenfalls das gute Funktionieren des Binnenmarktes sicherstellen sollen.

Aus den Erwägungsgründen wird insoweit nicht klar, was das eigentliche Ziel der ATAD bzgl. des guten Funktionierens des Binnenmarktes ist. Teilweise klingt es, als wäre das Ziel der ATAD eine teilweise Vereinheitlichung der europäischen Steuerrechtssysteme im Bereich der direkten Steuern. Dass darin kein zwingender Grund des Allgemeininteresses liegen kann, ergibt sich bereits daraus, dass die Vereinheitlichung des direkten Steuerrechts kaum von den europäischen Verträgen gedeckt ist.[612] Als erklärtes Ziel lässt sich aber zunächst expressis verbis die Stärkung der Resilienz des Binnenmarkts insgesamt gegenüber grenzüberschreitenden Steuervermeidungspraktiken herausarbeiten.[613] Resilienz ist definiert als die Fähigkeit, schwierige Lebenssituationen ohne anhaltende Beeinträchtigungen zu überstehen.[614] Die Resilienz des Binnenmarktes stärken bedeutet also in Bezug auf Steuervermeidung, dass durch Steuervermeidung keine anhaltenden Beeinträchtigungen für den Binnenmarkt entstehen. Steuervermeidung beeinträchtigt lediglich den Haushalt eines Mitgliedstaates. Gleichzeitig kann es dazu aber zu einer Begünstigung eines anderen Staatshaushaltes kommen. Es kann daher allenfalls um den Unterschiedsbetrag gehen, um den eine höhere Steuer in dem Mitgliedstaat zu zahlen gewesen wäre, in dem nunmehr die Steuer vermieden wird. Im Falle der Hinzurechnungsbesteuerung sind dabei nur grenzüberschreitende Steuervermeidungen überhaupt relevant, die den Substanz-Escape oder Principal-Purpose-Test nicht erfüllen können.

Die Beeinträchtigung der Haushalte der Mitgliedstaaten müsste also derartig schwerwiegend und lang anhaltend sein, dass die Beschränkung der Grundfreiheiten durch die Hinzurechnungsbesteuerung nach der ATAD zu einem zwingenden Grund des Allgemeininteresses wird. Die (bisher) legale Steuervermeidung muss also ein solches Problem geworden sein, dass die Widerstandsfähigkeit des Binnenmarktes so stark beeinträchtigt wird, dass andere Teile des Binnenmarktes (die Grundfreiheiten) eher beeinträchtigt werden müssen, als diese Beeinträchtigung zu tolerieren.

Am Beispiel von Deutschland zeigt sich, dass dieses Maß noch nicht erreicht ist. So lag der Anteil der Körperschaftsteuer am Gesamtsteueraufkommen in Deutsch-

---

[612] Vgl. dazu oben F.I.1.a)aa)(1)(e).

[613] Vgl. Richtlinie (EU) 2016/1164 des Rates v. 12.07.2016 mit Vorschriften zur Bekämpfung von Steuervermeidungspraktiken mit unmittelbaren Auswirkungen auf das Funktionieren des Binnenmarkts, ABl. 2016 L 193, Erwägungsgrund 16. Die Bekämpfung von „Steuervermeidungspraktiken“ ist dabei von der Bekämpfung von Steuermissbrauch zu unterscheiden, zum Rechtfertigungsgrund Bekämpfung von Steuermissbrauch vgl. unten F.II.2. d)bb)(6)(j).

[614] https://www.duden.de/rechtschreibung/Resilienz.

land 2020 bei lediglich ca. 3,3 % (24,3 Mrd. Euro von 739,7 Mrd. Euro insgesamt).[615] Auch in früheren Jahren sind die Zahlen vergleichbar.[616]

Mit kleiner Anfrage vom 27.01.2020[617] hat die FDP-Fraktion unter anderem das geschätzte Steueraufkommen durch die Hinzurechnungsbesteuerung angefragt.

Laut Antwort der Bundesregierung waren in den Jahren 2014 bis 2016 bis zu 2510 Gesellschaften erfasst. Dabei wurden die folgenden Beträge hinzugerechnet:

Jahr	**Hinzurechnungsbetrag**	**Maximale Körperschaftsteuer**	**Anteil an gesamter Körperschaftsteuer**
2014	283 Mio. Euro	42,45 Mio. Euro	0,21 %
2015	781 Mio. Euro	117,15 Mio. Euro	0,6 %
2016	590 Mio. Euro	88,5 Mio. Euro	0,3 %

Der Anteil der Hinzurechnungsbesteuerung am deutschen Steueraufkommen lag damit maximal zwischen ca. 0,007 % und 0,017 %. Vergleicht man das Steueraufkommen aus der Hinzurechnungsbesteuerung z. B. mit den erhöhten Baukosten staatlicher Bauprojekte (als Beispiel seien hier die von ursprünglich 77 Mio. Euro auf 866 Mio. Euro gestiegenen Baukosten für die Elbphilharmonie in Hamburg angeführt)[618] oder mit der grob geschätzten jährlichen Steuerhinterziehung in Deutschland von ca. 100 Mrd. Euro[619], fällt es schwer, von einer derartig nachhal-

[615] https://www.destatis.de/DE/Themen/Staat/Steuern/Steuereinnahmen/Tabellen/steuerhaushalt-kassenmaessige-steuereinnahmen-vor-steuerverteilung.html.

[616] Daten ab 1999 abrufbar unter https://www-genesis.destatis.de/genesis//online?operation=table&code=71211-0001&bypass=true&levelindex=0&levelid=1639995517491#abreadcrumb.

Jahr	Steueraufkommen	Angabe in %
1992	31,2 Mrd. Euro	4,3 %
1997	33,4 Mrd. Euro	4,1 %
2005	16,3 Mrd. Euro	3,6 %
2007	22,9 Mrd. Euro	4,3 %
2010	12,0 Mrd. Euro	2,3 %
2012	16,9 Mrd. Euro	2,8 %
2014	20,0 Mrd. Euro	3,1 %
2015	19,4 Mrd. Euro	2,9 %
2016	27,4 Mrd. Euro	3,9 %
2018	33,4 Mrd. Euro	4,3 %
2019	32,0 Mrd. Euro	4,0 %

[617] BT-Drucks. 19/16433.

[618] Vgl. https://de.wikipedia.org/wiki/Elbphilharmonie.

[619] Vgl. Eich/Winkler, AO-StB 2020, 256, 259 mit Verweis eine Schätzung der Schätzungen der Hans-Böckler-Stiftung; nach einer Schätzung der University of London betrug das

tigen und schwerwiegenden Beeinträchtigung der Haushalte zu sprechen. Zwar sind die Summen nicht unerheblich. Es steht jedoch jedem Mitgliedstaat frei, soweit erforderlich, Maßnahmen zu erlassen, die diese Praktiken unterbinden. Vor dem Hintergrund der Verhältnisse z. B. zu Steuerhinterziehungen scheint jedoch das Bedürfnis an der Behebung bei vielen Mitgliedstaaten nicht hinreichend hoch für eine eigene Regelung gewesen zu sein. Jedenfalls ist nicht ersichtlich, dass durch Praktiken in diesem Ausmaß das gute Funktionieren nachhaltig und schwerwiegend beeinträchtigt wird.

Auch ist nicht dargestellt, wie die Resilienz des Binnenmarktes durch die Maßnahmen tatsächlich gestärkt werden soll. Dem entspricht es, dass die Kommission die Umsetzung der Richtlinie bewerten und dem Rat Bericht erstatten soll.[620] Es steht also bisher noch nicht fest, welche Auswirkungen eine Umsetzung der ATAD-Vorschriften tatsächlich haben kann. Deutschland ist sicherlich eines der Länder, bei dem bereits ein breites Spektrum an Maßnahmen zur Verhinderung der Steuervermeidung implementiert ist und daher eher nur ein geringer Anpassungsbedarf besteht. Das bedeutet, dass bereits ein hoher Umsetzungsstand besteht. Die Praxis zeigt dabei, dass diese Maßnahmen lediglich Ausschlag für eine abweichende Strukturierung der Unternehmen sind und teilweise auch als Investitionshindernis angesehen werden.[621]

Etwas anderes ergibt sich auch nicht, wenn man die Resilienz des Binnenmarktes darin sieht, dass eine „Fairness" der Besteuerung wiederhergestellt werden muss. Dabei ist zunächst zu beurteilen, was hier als faire Besteuerung angesehen wird. Die Frage ist bei Fairness, wem gegenüber diese bestehen soll und wer der Vergleichsmaßstab ist. Denn das, was wohl vom „Bürger" als „faires Steuersystem" verstanden wird, ist sicherlich etwas ganz anderes als das Verständnis von Staaten oder Unternehmen. Fairness zwischen nationalen und internationalen Unternehmen kann die Hinzurechnungsbesteuerung nach der ATAD sicherlich nicht herstellen. Es obliegt den Steuerrechtsordnungen der Mitgliedstaaten, die Besteuerungsregime für Unternehmen vorzugeben. Etwaige Differenzierungen werden grundsätzlich nicht durch die ATAD behoben. Gleichzeitig stand (falls diese jetzt tatsächlich durch die ATAD behoben sein sollte) eine „schädliche Strukturierung" im Sinne der ATAD grundsätzlich allen Unternehmen gleichermaßen offen. Kann ein Unternehmen diese nicht nutzen, ist es nicht Aufgabe der EU, diese Ungleichheit zu beseitigen, solange eine Angleichung nicht durch die Grundfreiheiten im Wege der Aufhebung von Maßnahmen geboten ist. Die Ungleichheiten durch unterschiedliche Systeme zwischen den Ländern können ebenfalls nicht behoben werden, da die

---

hinterzogene Steuervolumen 2015 z. B. geschätzt 125,1 Mrd. Euro, vgl. https://de.statista.com/infografik/16785/hoehe-der-hinterzogenen-steuern-in-den-eu-staaten/.

[620] Vgl. Richtlinie (EU) 2016/1164 des Rates v. 12.07.2016 mit Vorschriften zur Bekämpfung von Steuervermeidungspraktiken mit unmittelbaren Auswirkungen auf das Funktionieren des Binnenmarkts, ABl. 2016 L 193, Erwägungsgrund 17.

[621] Vgl. z. B. Pinkernell, Ubg 2012, 332, der die Regelungen der Hinzurechnungsbesteuerung als nicht unerhebliches Investitionshindernis im E-Commerce ansieht.

signifikantesten Unterschiede in der Höhe der Besteuerung liegen, die von der ATAD jedoch nicht angeglichen wird. Was die Richtlinie durch die ATAD erreichen will, ist Fairness zwischen den Mitgliedstaaten in dem Sinne, dass manche Mitgliedstaaten ein günstigeres Steuersystem anbieten als andere. Alles andere wäre durch die ATAD nur schwer zu erreichen.[622] Dieses Ziel steht jedoch im Widerspruch zur Grundkonzeption der europäischen Verträge.[623]

Insgesamt kann daher das gute Funktionieren des Binnenmarktes im Sinne der Verhinderung von Steuervermeidung nicht als zwingender Grund des Allgemeininteresses hier zur Rechtfertigung der Verstöße gegen die Niederlassungsfreiheit herangezogen werden.

(c) Verhinderung von aggressiver Steuerplanung

Die ATAD soll den durchschnittlichen Schutz gegen aggressive Steuerplanung im Binnenmarkt anheben.[624]

Der EuGH hat in der Rechtssache Terhoeve entschieden, dass ein Verstoß gegen Grundfreiheiten nicht damit gerechtfertigt werden kann, Vorteile für den Einzelnen zu vermeiden, die sich aus dem Ausnutzen des Nebeneinanders der verschiedenen Rechtsordnungen ergeben.[625] Generalanwalt Léger unterstreicht diese Auslegung in seinen Schlussanträgen in der Sache Cadbury Schweppes.[626] Es handele sich nicht um eine missbräuchliche Ausnutzung der Niederlassungsfreiheit, wenn eine in der EU ansässige Muttergesellschaft in einem anderen Mitgliedstaat eine Tochtergesellschaft gründet mit dem erklärten Zweck, in den Genuss der dort geltenden günstigeren Steuerregelungen zu kommen. Eine missbräuchliche Inanspruchnahme läge nur vor, wenn die gegründete Tochtergesellschaft keiner tatsächlichen Tätigkeit nachgehen würde und damit nicht in stabiler und kontinuierlicher Weise am

---

[622] Körperschaften werden grundsätzlich von den einzelnen Steuerrechtsordnungen in sich gleichbehandelt. „Unfair" wird es erst dann, wenn ein Unternehmen im Nachbarland „besseren" Bedingungen ausgesetzt ist. Insofern steht es den Unternehmen aber frei, verbürgt durch die Niederlassungsfreiheit, diese Vorteile ebenfalls zu nutzen. Lediglich im Wettkampf der Staaten um die größte Attraktivität ergibt sich ein dauerhaftes Missverhältnis, dass nur unter Kompromittierung der eigenen Steuerrechtsordnung behoben werden kann.

[623] Siehe oben F.I.1.a).

[624] Vgl. Richtlinie (EU) 2016/1164 des Rates v. 12.07.2016 mit Vorschriften zur Bekämpfung von Steuervermeidungspraktiken mit unmittelbaren Auswirkungen auf das Funktionieren des Binnenmarkts, ABl. 2016 L 193, Erwägungsgrund 3.

[625] EuGH, Urteil vom 26.01.1999 – Rs. C-18/95 – Terhoeve, Slg. 1999, I-00345, Rn. 46f. der entschieden hat, dass eine höhere Belastung nicht damit gerechtfertigt werden kann, dass damit andere Vorteile oder Nachteile ausgeglichen werden sollen. Vgl. dazu auch Forsthoff, in: Grabitz/Hilf/Nettesheim, AEUV, Losebl. Stand: 74. Lfg. September 2021, Art. 45 Rn. 388, der dieser Entscheidung eine besondere Bedeutung für das Steuerrecht zumisst.

[626] Schlussanträge des GA Léger vom 02.05.2006 – Rs. C-196/04 – Cadbury Schweppes, Slg. 2006, I-07995, Rn. 60.

Wirtschaftsleben des Sitzstaates der Kapitalgesellschaft partizipieren würde.[627] Im Falle der „rein künstlichen Gestaltungen“ liegt jedoch bereits kein Verstoß gegen die Niederlassungsfreiheit vor.[628]

Verhinderung von Steuerplanung an sich ist damit richtigerweise kein Rechtfertigungsgrund für eine Beschränkung der Grundfreiheiten. Fraglich ist aber, was unter „aggressiver“ Steuerplanung zu verstehen ist. Soweit man darunter die Planung mittels funktions- und substanzloser Gesellschaften versteht, ist bereits der Schutzbereich der Niederlassungsfreiheit nicht eröffnet[629], sodass es auch keines Rechtfertigungsgrundes bedürfte. „Aggressiv“ muss daher einen weiteren Anwendungsbereich haben. Im Rahmen des steuerlichen Systemwettbewerbs kann es aber nicht darauf ankommen, ob die steuerlichen Möglichkeiten maximal ausgenutzt werden. Wenn die Mitgliedstaaten mit derartigen Praktiken nicht einverstanden wären, könnten sie sich auf eine Harmonisierung der Steuersysteme einigen. Soweit das nicht passiert, kann die legale Ausnutzung der durch dieses Versäumnis entstehenden Möglichkeiten nicht als „zwingender Grund des Allgemeininteresses“ gesehen werden. Ansonsten könnte jede Beschränkung von Grundfreiheiten mit der Verhinderung der Ausnutzung von Unterschieden in den nationalen Rechtordnungen gerechtfertigt werden.

Der EuGH hat daher jüngst in seiner Entscheidung Lexel[630] entschieden, dass die Absicht, aggressive Steuerplanung zu bekämpfen, für sich allein kein unionsrechtlich anerkannter Rechtfertigungsgrund ist.

Der Verstoß gegen die Niederlassungsfreiheit durch die Hinzurechnungsbesteuerung gem. ATAD lässt sich also auch nicht durch die Verhinderung aggressiver Steuerplanung rechtfertigen.

(d) Verhinderung der Aushöhlung der Steuerbemessungsgrundlage

Der EuGH hat entschieden, dass der Rückgang von Steuereinnahmen bereits nicht als zwingender Grund des Allgemeininteresses betrachtet werden kann, der zur Rechtfertigung einer grundsätzlich gegen eine Grundfreiheit verstoßenden Maßnahme angeführt werden kann.[631] Eine Rechtfertigung mit der Verhinderung der Aushöhlung der Steuerbemessungsgrundlage ist daher nicht möglich.

---

[627] Schlussanträge des GA Léger vom 02.05.2006 – Rs. C-196/04 – Cadbury Schweppes, Slg. 2006, I-07995, Rn. 42, 50.

[628] Vgl. dazu oben F.II.2.d)bb)(3).

[629] Vgl. dazu oben F.II.2.d)bb)(3).

[630] EuGH, Urteil vom 20.01.2021 – Rs. C-484/19 – Lexel, Rn. 52–55.

[631] EuGH, Urteil vom 13. Dezember 2005 – Rs. C-446/03 – Marks & Spencer, Slg. 2005, I-10837, Rn. 44 m.w.N.; EuGH, Urteil vom 21.11.2002 – Rs. C-436/00 – X und Y, Slg. 2002, I-10829, Rn. 50; zuletzt bestätigt durch EuGH, Urteil vom 20.01.2021 – Rs. C-484/19 – Lexel, Rn. 68.

(e) Verhinderung der Doppelbesteuerung

Die Verhinderung von Doppelbesteuerung sorgt regelmäßig dafür, dass die Verwirklichung der Grundfreiheiten sichergestellt wird. Doppelbesteuerung kann gegen die Grundfreiheiten verstoßen. Ihre Verhinderung gleicht einen solchen Verstoß in einem gewissen Umfang wieder aus. Eine Maßnahme, die gegen die Grundfreiheiten verstößt, kann also nicht damit gerechtfertigt werden, dass dadurch eine Doppelbesteuerung vermieden wird, wenn diese nur durch die Grundfreiheiten beschränkende Maßnahme überhaupt entstanden ist. Jedenfalls ist eine überhängende, nicht durch die Verhinderung der Doppelbesteuerung ausgeglichene Maßnahme bereits denklogisch nicht mehr durch die Verhinderung der Doppelbesteuerung zu rechtfertigen.

Es ist also zu berücksichtigen, dass hier keine Doppelbesteuerung verhindert werden soll, die sich aus den Inkongruenzen der unterschiedlichen Steuersysteme ergibt, sondern aus der Anwendung neu geschaffener Beschränkungen. Auch wenn es also Möglichkeiten gibt, die neu geschaffene Doppelbesteuerung zu verhindern, ist diese mit zusätzlichem Aufwand und teilweise erhöhter Rechtsunsicherheit verbunden.[632] Allein dadurch wird eine grenzüberschreitende Tätigkeit weniger attraktiv. Eine Rechtfertigung dieser Beschränkung ist jedoch nicht mit der Verhinderung der Doppelbesteuerung zu rechtfertigen.

Wenn die ATAD also ausführt, dass sie verhindern soll, dass Markthemmnisse wie Doppelbesteuerung entstehen, können die mit den Regelungen einhergehenden Beschränkungen der Niederlassungsfreiheit nicht durch die Vermeidung von Doppelbesteuerung gerechtfertigt werden.

(f) Verhinderung der Fragmentierung des Marktes

Weil die nationalen Körperschaftsteuersysteme zu unterschiedlich seien, würden unilaterale Maßnahmen die bestehende Fragmentierung des Binnenmarkts im Bereich der direkten Steuern reproduzieren.[633] „Ineffizienz und Verzerrungen in der Wechselwirkung unterschiedlicher nationaler Maßnahmen würden so fortgeschrieben“[634]. Diese versuchte Rechtfertigung in der Richtlinie steht im direkten Widerspruch zur Idee und Kodifizierung der europäischen Verträge[635] wie auch im Gegensatz zu der EuGH-Rechtsprechung[636].

---

[632] Vgl. dazu oben E.II.5.b)cc)(4).

[633] Vgl. Richtlinie (EU) 2016/1164 des Rates v. 12.07.2016 mit Vorschriften zur Bekämpfung von Steuervermeidungspraktiken mit unmittelbaren Auswirkungen auf das Funktionieren des Binnenmarkts, ABl. 2016 L 193, Erwägungsgrund 16.

[634] Vgl. Richtlinie (EU) 2016/1164 des Rates v. 12.07.2016 mit Vorschriften zur Bekämpfung von Steuervermeidungspraktiken mit unmittelbaren Auswirkungen auf das Funktionieren des Binnenmarkts, ABl. 2016 L 193, Erwägungsgrund 16.

[635] Vgl. dazu oben F.I.1.a)aa)(1)(d).

[636] Vgl. EuGH, Urteil vom 26.01.1999 – Rs. C-18/95 – Terhoeve, Slg. 1999, I-00345, Rn. 46.

Darüber hinaus haben die Mitgliedstaaten im Rahmen ihrer Kompetenzübertragungen an die EU eine Entscheidung getroffen, in welchen Bereichen eine Regelung durch die EU wichtig ist. Die Harmonisierung der direkten Steuern zählt nicht dazu.[637] Die Fragmentierung des Marktes in diesem Bereich ist also gegeben. Sie wird auch durch die ATAD nicht wirklich behoben, da z. B. im Bereich der Hinzurechnungsbesteuerung zwei verschiedene Umsetzungssysteme gewählt werden können und die genaue Ausgestaltung der Umsetzung den Mitgliedstaaten überlassen ist.[638] Ebenso verweist die ATAD im Rahmen der Anwendung auf die Anwendung von Vorschriften des nationalen Rechts. So regelt Art. 8 Abs. 1 ATAD, dass die in die Steuerbemessungsgrundlage einzubeziehenden Einkünfte nach den Körperschaftsteuervorschriften des jeweiligen Mitgliedstaats berechnet werden. Wäre die Verhinderung der Fragmentierung des Marktes als zwingend angesehen worden, hätten diese Unterschiede ebenfalls beseitigt werden müssen.

Bei der Beurteilung, ob es sich um einen zwingenden Grund des Allgemeininteresses handelt, muss auch auf die bisherigen Erfahrungen und Auswirkungen zurückgegriffen werden.[639] Die Erwägungsgründe der ATAD bleiben dabei jedoch zu wage. Es ist weder ersichtlich, welche zwingend zu beseitigende Fragmentierung bereits besteht, noch welche Fragmentierung bei einer uneinheitlichen Umsetzung der OECD-Vorgaben befürchtet wird.

Die Verhinderung der Fragmentierung des Marktes im Bereich des Steuerrechts stellt damit keinen zwingenden Grund des Allgemeininteresses dar.

Würde man dies als Argument zur Rechtfertigung von Beschränkungen der Grundfreiheiten erlauben, könnte jede Beschränkung gerechtfertigt werden, solange sie nur in allen Mitgliedstaaten gleichermaßen anzuwenden ist. Dieser Ansicht scheint der Rat zu sein, wenn er ausführt, dass die Steuerpflichtigen bei einer EU-weit ausgerichteten Umsetzung die Gewähr haben, dass die betreffenden Maßnahmen mit dem Unionsrecht in Einklang stehen.[640] Diese Einschätzung geht jedoch fehl. Zum einen können auch Richtlinien selbst europarechtswidrig sein.[641] Zum

[637] Vgl. dazu oben F.I.1.a)bb).

[638] Vgl. dazu bereits oben E.II.5.b)aa).

[639] Vgl. auch zur einzelfallorientierten Betrachtungsweise des EuGH und zur Einschätzungsprärogative Forsthoff, in: Grabitz/Hilf/Nettesheim, AEUV Losebl. Stand: 74. Lfg. September 2021, Art. 45 Rn. 390 ff.

[640] Vgl. Richtlinie (EU) 2016/1164 des Rates v. 12.07.2016 mit Vorschriften zur Bekämpfung von Steuervermeidungspraktiken mit unmittelbaren Auswirkungen auf das Funktionieren des Binnenmarkts, ABl. 2016 L 193, Erwägungsgrund 2.

[641] Vgl. dazu z. B. EuGH, Urteil vom 11.11.1997 – Rs. C-408/95 – Eurotunnel, Slg. 1997, I-06315, Rn. 32. Die Rechtsfolgen einer rechtswidrigen Richtlinie und die Auswirkungen auf die jeweiligen nationalen Rechtsordnungen können zudem zu weiteren Unsicherheiten und Verwerfungen führen, vgl. dazu unten F.III.1. Vgl. dazu auch Nettesheim, in: Grabitz/Hilf/Nettesheim, AEUV, Losebl. Stand: 74. Lfg. September 2021, Art. 288 Rn. 226.

anderen müssen die Mitgliedstaaten auch im Rahmen eine über den Mindeststandard hinausgehende Umsetzung der Grundfreiheiten beachten.[642]

Die Verhinderung der Fragmentierung des Marktes stellt daher keinen zwingenden Grund des Allgemeininteresses dar und eine Rechtfertigung aus diesem Grund ist nicht möglich.

(g) Verhinderung von Wettbewerbsverzerrungen

Wie bereits oben ausgeführt, hat der EuGH entschieden, dass die Schaffung gleicher Wettbewerbsbedingung kein zwingender Grund des Allgemeininteresses ist, wenn es darum geht, Vorteile eines in einem anderen Mitgliedstaat Ansässigen auszugleichen, die dadurch entstehen, dass er in diesem anderen Mitgliedstaat einer geringeren steuerlichen Belastung unterliegt.[643] Inwieweit eine darüber hinausgehende Verzerrung bestehen soll, die eine andere Bewertung dieses Grundsatzes erfordern könnte, wird im Rahmen der ATAD nicht dargelegt. Wörtlich heißt es in dem EuGH-Urteil weiter: „Ein etwaiger Steuervorteil für Dienstleistende in Form ihrer geringen steuerlichen Belastung in dem Mitgliedstaat, in dem sie ansässig sind, gibt einem anderen Mitgliedstaat nicht das Recht, die in seinem Gebiet ansässigen Empfänger der Dienstleistungen steuerlich ungünstiger zu behandeln“[644]. Überträgt man das auf die Hinzurechnungsbesteuerung nach der ATAD lautet der Ausspruch z.B. wie folgt: Dass eine Lizenzholding im Staat ihrer Ansässigkeit einer niedrigen Steuer unterliegt, gibt einem anderen Mitgliedstaat nicht das Recht, die in seinem Gebiet ansässigen Empfänger der Dienstleistung steuerlich ungünstiger zu behandeln. Das ist aber der Fall, wenn die an die CFC übertragenen Lizenzen an das beherrschende Unternehmen zurücklizensiert werden. Zwar führt das Element der Beherrschung zu einer zusätzlichen Komponente, die jedoch nicht im Rahmen einer Hinzurechnungsbesteuerung auszugleichen wäre, sondern ggf. im Rahmen einer Korrektur von Fremdvergleichspreisen.[645]

Die Hinzurechnungsbesteuerung erfasst jedoch auch weitere Sachverhalte, die über einen derartig direkten Konnex hinausgehen.

Grundsätzlich kann die Verhinderung oder Beseitigung von Wettbewerbsverzerrungen einen zwingenden Grund des Allgemeininteresses darstellen, wenn die Verzerrungen so signifikant sind, dass sie ihrerseits zu einer erheblichen Beein-

---

[642] Vgl. auch Linn, IStR 2016, 645, 646; Musil, in: Musil/Weber-Grellet, Europäisches Steuerrecht, 2019, Art. 3 ATAD Rn. 2.

[643] Vgl. auch EuGH, Urteil vom 26.10.1999 – Rs. C-294/97 – Eurowings, Slg. 1999, I-07447, Rn. 43.

[644] Vgl. EuGH, Urteil vom 26.10.1999 – Rs. C-294/97 – Eurowings, Slg. 1999, I-07447, Rn. 44.

[645] Vgl. dazu unten F.II.2.d)bb)(6)(1).

trächtigung des (System-)Wettbewerbs zwischen den Mitgliedstaaten führen und die Verwirklichung der Grundfreiheiten insgesamt dadurch in Frage stellen.[646]

Solche Wettbewerbsverzerrungen werden regelmäßig dann gesehen, wenn bestimmte Wirtschaftszweige in bestimmten Mitgliedstaaten derartig stark bevorteilt oder benachteiligt werden, dass die Verwirklichung der Grundfreiheiten i.S. des funktionierenden Binnenmarktes in Frage gestellt werden.[647] Tietje definiert die Wettbewerbsverzerrung als eine durch Unterschiede in den Rechtsordnungen der Mitgliedstaaten bewirkte Wettbewerbsverfälschung, die einen bestimmten Wirtschaftszweig in einem oder in mehreren Mitgliedstaaten in besonders nachhaltiger Weise begünstigt oder benachteiligt.[648]

Eine solche Verzerrung ist im Anwendungsbereich der Hinzurechnungsbesteuerung nicht ersichtlich. Zwar findet die Hinzurechnungsbesteuerung regelmäßig auf bestimmte Bereiche Anwendung (z.B. Lizenzholdings). Insofern könnte dieser Rechtfertigungsgrund Regelungen rechtfertigen, die gerade die Vor- oder Nachteile durch bestimmte Steuergestaltungen verhindern oder angleichen sollen. Die Schwelle besonderer Nachhaltigkeit der Begünstigung oder Benachteiligung ist hier jedoch nicht überschritten. Zwar kann ein solches Maß im Einzelfall durch entsprechende Steuergestaltungen erreicht werden. Das reicht jedoch nicht aus, um eine derartige systemische Verzerrung zu begründen, deren Behebung die Beschränkung von Grundfreiheiten hier rechtfertigen könnte.

Wie die oben genannten Zahlen[649] zeigen, sind die zu erwartenden Auswirkungen in Deutschland eher als gering einzuschätzen. Die tatsächlichen Verzerrungen ergeben sich eher aus den Unterschieden der jeweiligen Steuerrechtsordnungen allgemein, als aus der uneinheitlichen Implementierung einer Hinzurechnungsbesteuerung für bestimmte Wirtschaftszweige. Die oben genannten Beispiele[650] zeigen, dass noch immer eine Verlagerung von Einkünften möglich ist, ohne dass Vorschriften über die Hinzurechnungsbesteuerung greifen. Der Effekt wird möglicherweise durch die ATAD etwas abgemildert. Das kann jedoch nicht dazu führen, dass hier eine derart starke Verzerrung gesehen werden kann, die entgegen der Kompetenzverteilung in der Europäischen Union eine Regelung durch diese rechtfertigen könnte.

---

[646] Vgl. dazu oben die Ausführungen zu Art. 116 AEUV unter F.I.1.b)(cc)(1). – dieser Rechtfertigungsgrund sollte bereits deshalb nicht eingreifen, weil sich die Maßnahme auf Art. 115 AEUV stützt und insoweit wohl eher der Art. 116 AEUV einschlägig wäre, der nach seinem Wortlaut ausdrücklich für die Verhinderung von Wettbewerbsverzerrungen vorgesehen ist.

[647] Vgl. dazu mit weiteren Nachweisen Tietje, in: Grabitz/Hilf/Nettesheim, AEUV, Losebl. Stand: 65. EL August 2018, AEUV Art. 116 Rn. 11.

[648] Tietje, in: Grabitz/Hilf/Nettesheim, Losebl. Stand: 65. EL August 2018, AEUV Art. 116 Rn. 13.

[649] Vgl. oben Fn. 615.

[650] Vgl. oben F.I.1.b)dd)(2).

Die Beschränkung der Niederlassungsfreiheit kann also nicht mit der Verhinderung von Wettbewerbsverzerrungen gerechtfertigt werden.

(h) Wirtschaftliche Gründe

Nicht anerkannt als Rechtfertigungsgrund sind lediglich „rein wirtschaftliche Gründe".[651] Das hat der EuGH zum Beispiel bejaht bei der Wahrung des Arbeitsfriedens als Mittel einen Tarifkonflikt zu beenden und so negative Auswirkungen auf einen Wirtschaftszweig und damit auf die Wirtschaft des Landes zu verhindern.[652]

Die ATAD verfolgt mit den Zielen der Vermeidung der Doppelbesteuerung, der Umsetzung der OECD-Maßnahmen sowie der Verhinderung von Fragmentierung des Marktes und die Beseitigung von Wettbewerbsverzerrungen zwar auch nicht „rein wirtschaftliche Gründe". Die Rechtfertigung kann sich dennoch nicht auf die wirtschaftlichen Gründe berufen.

(i) Administrative Erfordernisse

Der EuGH hat entschieden, dass Erwägungen administrativer Art es nicht rechtfertigen, von den Vorschriften des Gemeinschaftsrechts abzuweichen, erst recht nicht, wenn derartige Abweichungen darauf hinauslaufen, die Ausübung einer vom Vertrag garantierten Grundfreiheit auszuschließen.[653] Administrative Erfordernisse können nur Rechtfertigungsgrund sein, wenn sie zur Durchsetzung einer materiell-rechtlich gerechtfertigten Maßnahme erforderlich sind.[654] Insoweit erhält dieser Rechtfertigungsgrund gerade im Steuerrecht Relevanz, sofern es um die effektive Kontrolle der Einhaltung von rechtlichen Vorgaben geht.[655] Mit diesem Rechtfertigungsgrund können daher z.B. steuerliche Erklärungs- oder Anmeldepflichten gerechtfertigt werden.[656] Die Einführung eines neuen Steuertatbestandes wie der Hinzurechnungsbesteuerung erfüllt diese Voraussetzungen jedoch nicht.

---

[651] EuGH, Urteil vom 05.06.1997 – Rs. C-398/95 – Ergasias, Slg. 1997, I-03091, Rn. 23; bestätigt durch EuGH, Urteil vom 28.04.1998 – Rs. C-158/96 – Kohll, Slg. 1998, I-01931, Rn. 41.

[652] EuGH, Urteil vom 05.06.1997 – Rs. C-398/95 – Ergasias, Slg. 1997, I-03091, Rn. 23.

[653] EuGH, Urteil vom 04.12.1986 – Rs. C-205/84 – Kommission/Deutschland, Slg. 1986, 03755, Rn. 54; EuGH, Urteil vom 26.01.1999 – Rs. C-18/95 – Terhoeve, Slg. 1999, I-00345, Rn. 45; EuGH, Urteil vom 23.11.1999 – Rs. C-369/96 und C-376/96 – Arblade, Slg. 1999, I-08453, Rn. 37.

[654] EuGH, Urteil vom 23.11.1999 – Rs. C-369/96 und C-376/96 – Arblade, Slg. 1999, I-08453, Rn. 38 f.; vgl. Forsthoff, in: Grabitz/Hilf/Nettesheim, AEUV, Losebl. Stand: 74. Lfg. September 2021, Art. 45 AEUV Rn. 386 m.w.N.

[655] So Forsthoff, in: Grabitz/Hilf/Nettesheim, AEUV, Losebl. Stand: 74. Lfg. September 2021, Art. 45 AEUV Rn. 386 mit Verweis auf das Steuerrecht.

[656] Vgl. z.B. zur ungarischen Werbesteuer EuGH, Urteil vom 03.03.2020 – Rs. C-482/18 – Google.

Die ATAD selbst sieht keine eigenen Erklärungspflichten für die Hinzurechnungsbesteuerung vor, sodass eine Rechtfertigung sich hier nicht auf die administrativen Erfordernisse stützen kann.

(j) Bekämpfung von Missbräuchen

Als primären Rechtfertigungsgrund für die ATAD führt der Rat die Missbrauchsabwehr an. Um zu klären, was genau davon erfasst werden soll, ist zu untersuchen, was genau als „Missbrauch" zu verstehen ist. Nach der Rechtsprechung des EuGH kann eine die Grundfreiheiten beeinträchtigende Vorschrift aus Gründen der Verhinderung von missbräuchlichen Gestaltungen gerechtfertigt sein.[657] Der EuGH hat aber in seiner Rechtsprechung den Begriff Missbrauchsabwehr nicht umfassend definiert. Ein pauschaler Verweis auf „Missbrauchsabwehr" war bisher aber nicht als zwingender Grund des Allgemeininteresses als Rechtfertigungsgrund ausreichend.[658] Vielmehr bezieht der EuGH sich auf konkrete Bereiche wie z.B. die Bekämpfung der Steuerhinterziehung oder die Notwendigkeit, die Wirksamkeit der steuerlichen Überwachung zu gewährleisten.[659] Dabei arbeitet der EuGH leider oftmals nicht trennscharf und vermischt die Ebenen Steuerhinterziehung und Steuerumgehung.[660] Daraus folgt aber auch, dass Missbrauch nicht grundsätzlich auf illegale Praktiken der Steuerpflichtigen begrenzt ist.[661] Im Rahmen der Verhältnismäßigkeitsprüfung ist jedoch zu berücksichtigen, ob eine Gestaltung grundsätzlich legal ist.[662]

Kokott definiert in diesem Zusammenhang Missbrauch als Vorgänge, die trotz Einhaltung der einschlägigen Rechtsvorschriften einen Steuervorteil zum Ergebnis haben, dessen Gewährung ihrem Ziel widerspräche.[663]

Im Rahmen der Einordnung von legalen Praktiken der Steuerpflichtigen als Missbrauch lässt sich eine Beschränkung von Grundfreiheiten dann aus zwingenden Gründen des Allgemeininteresses rechtfertigen, wenn sie sich speziell auf rein künstliche, jeder wirtschaftlichen Realität bare Gestaltungen bezieht, deren einziger Zweck ist, die Steuer zu umgehen, die normalerweise auf die durch Tätigkeiten im

[657] EuGH, Urteil vom 12.09.2006 – Rs. C-196/04 – Cadbury Schweppes, Slg. 2006, I-08031, Rn. 55 f.

[658] Vgl. zur Hinzurechnungsbesteuerung insoweit EuGH, Urteil vom 12.09.2006 – Rs. C-196/04 – Cadbury Schweppes, Slg. 2006, I-08031.

[659] EuGH, Urteil vom 24.11.2016 – Rs. C-464/14 – SECIL, Rn. 58.

[660] EuGH, Urteil vom 24.11.2016 – Rs. C-464/14 – SECIL, Rn. 58 f. wonach das Gebot der Verhinderung der Steuerhinterziehung als Rechtfertigungsgrund erfüllt ist bei rein künstlichen, jeder wirtschaftlichen Realität baren Gestaltung, deren einziger Zweck die Steuerumgehung ist. Vgl. dazu auch Kokott, Steuerrecht der Europäischen Union, 2018, § 2 Rn. 97.

[661] Vgl. Kokott, Steuerrecht der Europäischen Union, 2018, § 2 Rn. 97.

[662] Vgl. Kokott, Steuerrecht der Europäischen Union, 2018, § 2 Rn. 97, die bei illegalen Gestaltungen die Interessen des Staates stärker wertet und bei legalen Gestaltungen die Interessen des Steuerpflichtigen.

[663] Kokott, Steuerrecht der Europäischen Union, 2018, § 2 Rn. 99.

Inland erzielten Gewinne zu zahlen ist, oder insoweit eine Steuervergünstigung zu erhalten.[664]

Übertragen auf die Hinzurechnungsbesteuerung bedeutet das, dass von einer missbräuchlichen Gestaltung grundsätzlich erstmal nur ausgegangen werden kann, wenn die Zwischengesellschaft keinerlei wirtschaftliche Substanz hat.[665] So hat der EuGH entschieden, dass Gestaltungen oder Handlungen, die aus steuerlichen Gründen oder zur Erlangung steuerlicher Vorteile genutzt werden, nicht rechtsmissbräuchlich sind, wenn sie im Rahmen einer echten wirtschaftlichen Tätigkeit erbracht werden.[666]

Im Rahmen der Hinzurechnungsbesteuerung nach der ATAD werden die Anforderungen an eine Rechtfertigung aus Gründen der Missbrauchsvermeidung nicht erfüllt. Die Vorschriften des Art. 7 Abs. 2 ATAD nehmen nämlich Gestaltungen nur dann von einer Anwendung der Hinzurechnungsbesteuerung aus, wenn das ausländische Unternehmen, gestützt auf Personal, Ausstattung, Vermögenswerte und Räumlichkeiten, eine wesentliche wirtschaftliche Tätigkeit ausübt (Buchstabe a) oder die nicht ausgeschütteten Einkünfte nicht aus unangemessenen Gestaltungen stammt, deren wesentlicher Zweck darin besteht, einen steuerlichen Vorteil zu erlangen (Buchstabe b).

(aa) Buchst. a

Soweit man diese Vorschrift so auslegt, dass sie eigentlich den Maßstäben der Cadbury-Schweppes-Rechtsprechung des EuGH entsprechen soll[667] könnte sie zwar insoweit mit dem Argument der Bekämpfung von Missbräuchen gerechtfertigt werden, als Einkünfte der beherrschten Gesellschaft betroffen sind, die sonst im Inland zu besteuern wären. Das bedeutet aber, dass bezüglich der Frage, inwieweit ein Substanz-Escape geführt werden kann, jedenfalls dann ein Escape möglich sein

[664] So EuGH, Urteil vom 12.09.2006 – Rs. C-196/04 – Cadbury Schweppes, Slg. 2006, I-08031, Rn. 51; EuGH Urteil vom 16.06.1998 – Rs. C-264/96 – ICI, Slg. 1998, I-04695, Rn. 26; EuGH, Urteil vom 24.11.2016 – Rs. C-464/14 – SECIL, Rn. 59; EuGH, Urteil vom 13.03.2007 – Rs. C-524/04 – Test Claimants, Slg. 2007, I-02107, Rn. 72 f. m. w. N.; vgl. auch Kokott, Steuerrecht der Europäischen Union, 2018, § 2 Rn. 98, die es als Kernvoraussetzung ansieht, dass Missbrauch, Steuerflucht, Steuerumgehung, Steuerhinterziehung oder Steuerbetrug mit Hilfe von „rein künstlichen Konstruktionen“ begangen werden.

[665] Wassermeyer, in: Flick/Wassermeyer/Baumhoff, Kommentare zum AStG Losebl. Stand: 84. Erg. Lfg. März 2018 Vor §§ 7–14 Rn. 35.

[666] EuGH, Urteil vom 22.12.2010 – Rs. C-277/09 – RBS Deutschland Holding, Slg. 2010, I-13805 Rn. 52.

[667] Also eine „wirkliche wirtschaftliche Tätigkeit“ i. S. d. Rechtsprechung des EuGH ausreicht bzw. insoweit keine Unterschiede zur „wesentlichen wirtschaftlichen Tätigkeit“ i. S. d. ATAD bestehen, vgl. EuGH, Urteil vom 12.09.2006 – C-196/04 – Cadbury Schweppes, Slg. 2006, I-08031; kritisch bereits Kahlenberg, FR 2018, 499, 504; Schönfeld, IStR 2018, 325, 328.

muss, wenn bezüglich einer Einkunftsquelle ausreichend Substanz vorliegt. In diesem Fall müsste eine Hinzurechnung unterbleiben.[668]

Auch insoweit ist eine Rechtfertigung jedoch nicht möglich, soweit nicht die inländische Steuer, sondern eine ausländische Steuer vermieden wird. Der EuGH formuliert dazu nämlich, dass eine Rechtfertigung nur möglich ist, wenn es Steuern betrifft, „die normalerweise für durch Tätigkeiten im Inland erzielte Gewinne geschuldet wird".[669]

> Beispiel:
>
> Ein Konzern errichtet eine Patentholding als Briefkastengesellschaft in einem (europäischen) Niedrigsteuerland N. Die Bündelung der Patente in einer Gesellschaft war dabei nicht Motiv für die Gründung und Verlagerung. Es ging nur darum, eine besonders günstige Besteuerung der Lizenzeinnahmen zu erreichen. An der Briefkastengesellschaft ist auch eine Gesellschaft beteiligt, die Sitz und Ort der Geschäftsleitung in einem europäischen Hochsteuerland H hat, welches die ATAD-Hinzurechnungsbesteuerung mittels Aktivitätskatalog umgesetzt hat. In H waren zu keiner Zeit Patente des Konzerns, weder wurden sie je in H gehalten noch in H entwickelt. Sämtliche Patente, die an die Holdinggesellschaft in N übertragen wurden, stammen aus anderen Hoch- und Niedrigsteuerländern. Hier würde eine Hinzurechnungsbesteuerung greifen, obwohl aus Sicht von H keine inländische Steuer vermieden wurde und auch keine Einkünfte aus H heraus verlagert wurden.

Eine Rechtfertigung durch die Bekämpfung von Missbräuchen muss hier daher ausscheiden, soweit nicht sichergestellt ist, dass nur aus dem Inland verlagerte Einkünfte betroffen sind oder jedenfalls solche Einkünfte nicht erfasst sind, die aus anderen Ländern oder Mitgliedstaaten herausverlagert wurden. Eine Rechtfertigung scheidet auch aus, soweit man die Formulierung der ATAD nicht entsprechend der bisherigen EuGH-Rechtsprechung auslegt. Rein nach dem Wortlaut sind die Anforderungen des Substanz-Escapes nach der ATAD („keine wesentliche wirtschaftliche Tätigkeit") deutlich höher als die vom EuGH aufgestellte Anforderung, dass es sich um eine „jeder wirtschaftlichen Realität bare Gestaltung" handelt.

Die Ausgestaltung der Hinzurechnungsbesteuerung mittels Passivkatalog nach der ATAD erfüllt daher nicht die Anforderungen, die für eine Rechtsfertigung mit der Verhinderung missbräuchlicher Gestaltungen erforderlich wären.

(bb) Buchst. b

Auch die zweite Regelungsalternative entspricht diesen Vorgaben nicht. Auch wenn der wesentliche Zweck in der Erzielung eines steuerlichen Vorteils liegt (was

---

[668] Vgl. dazu oben E.II.5.b)aa)(1).

[669] EuGH, Urteil vom 12.09.2006 – Rs. C-196/04 – Cadbury Schweppes, Slg. 2006, I-08031, Rn. 55.

an sich nicht verwerflich ist[670]), muss es sich nicht um eine rein künstliche, jeder wirtschaftlichen Realität bare Gestaltung handeln.

Im Wesentlichen scheitert eine Rechtfertigung an zwei Punkten. Legt man die Vorschrift weiter aus, dann könnten auch Fälle erfasst sein, bei denen nicht die Steuer vermieden wird, die normalerweise für eine entsprechende Tätigkeit im Inland geschuldet wird. Werden z. B. im Sinne des obigen Beispiels von der ausländischen beherrschenden Muttergesellschaft Lizenzen in eine beherrschte ausländische Gesellschaft verlagert, können der dazwischenliegenden inländischen Gesellschaft die nicht ausgeschütteten Lizenzeinnahmen unter Erfüllung der weiteren Voraussetzungen zugerechnet werden. Selbst wenn aber die Sammlung von Patenten in einer Gesellschaft den wesentlichen Zweck hat, von der niedrigen Steuer eines bestimmten Staates zu profitieren, wäre diese Steuer bereits nicht im Inland entstanden.

Der Anwendungsbereich des Buchst. b ist daher entweder dahingehend zu reduzieren, dass die Vorschrift bereits nur Anwendung finden kann, wenn es um Einkünfte geht, die tatsächlich aus dem Inland herausverlagert wurden, um einen entsprechenden steuerlichen Vorteil zu erlangen. Es wäre daher in europarechtskonformer Auslegung zu fordern, dass auch die Personalfunktionen zumindest von einem inländischen beherrschenden Unternehmen ausgeübt werden müssen.[671] Oder die Verletzung von Grundfreiheiten durch Buchst. b kann bereits aus diesem Grund nicht durch die Bekämpfung von Missbräuchen gerechtfertigt werden.

Um die Hinzurechnung von Einkünften mit der Bekämpfung von Missbräuchen zu rechtfertigen, reicht es nicht aus, dass der wesentliche Zweck darin besteht, einen steuerlichen Vorteil zu erlangen. Vielmehr muss es im Sinne der Cadbury-Schweppes-Rechtsprechung es an jeglichen auch nur nachrangigen außersteuerlichen Gründen fehlen, um eine Gestaltung bar jeder wirtschaftlichen Realität zu sein.

Legt man die Vorschrift jedoch dahingehend aus, dass lediglich rein künstliche Gestaltungen erfasst sind,[672] und schränkt den Anwendungsbereich weiter dahingehend ein, dass auch nur solche Gestaltungen erfasst sind, die zu einer Verlagerung inländischer Einkünfte führen, dann wäre insoweit eine Rechtfertigung möglich.[673]

---

[670] Vgl. EuGH, Urteil vom 26.01.1999 – Rs. C-18/95 – Terhoeve, Slg. 1999, I-00345, Rn. 46 f.; Schlussanträge des GA Léger vom 02.05.2006 – Rs. C-196/04 – Cadbury Schweppes, Slg. 2006, I-07995, Rn. 60.

[671] Vgl. dazu oben E.II.5.b)aa)(2).

[672] Vgl. dazu oben E.II.5.b)aa)(2)(b).

[673] Vgl. dazu EuGH, Urteil vom 12.09.2006 – Rs. C-196/04 – Cadbury Schweppes, Slg. 2006, I-08031, Rn. 51; EuGH Urteil vom 16.06.1998 – Rs. C-264/96 – ICI, Slg. 1998, I-04695, Rn. 26; EuGH, Urteil vom 24.11.2016 – Rs. C-464/14 – SECIL, Rn. 59; EuGH, Urteil vom 13.03.2007 – Rs. C-524/04 – Test Claimants, Slg. 2007, I-02107, Rn. 72 f. m. w. N.

Dann ist jedoch fraglich, inwieweit überhaupt noch ein Anwendungsbereich der Vorschrift verbleibt.[674] Die bloße Ausnutzung unterschiedlicher Steuerregelungen kann nicht als missbräuchlich angesehen werden.[675]

Lediglich für die Hinzurechnungsbesteuerung im Rahmen eines Principal-Purpose-Tests nach Art. 7 Abs. 2 Buchst. b ATAD kommt bei einer sehr engen Auslegung eine Rechtfertigung durch die Abwehr und Bekämpfung von Missbräuchen in Betracht. Die Einschränkung des Anwendungsbereichs auf die Verlagerung inländischer Einkünfte in europarechtskonformer Auslegung würde jedoch die Grenzen der möglichen Auslegung überschreiten. Weder im Wortlaut noch in den Erwägungen der Richtlinie lässt sich die Möglichkeit einer solchen Einschränkung entnehmen.

(k) Aufteilung der Besteuerungsbefugnisse

Die Wahrung einer ausgewogenen Aufteilung der Besteuerungsbefugnisse gehört zu den vom EuGH anerkannten Rechtfertigungsgründen bei Beeinträchtigungen von Grundfreiheiten.[676] Dabei hat der Rechtfertigungsansatz in der Literatur auch verschiedene Kritik erfahren.[677] Der Rechtfertigungsgrund der ausgewogenen Aufteilung der Besteuerungsbefugnisse steht damit abermals im Konflikt zwischen der mitgliedstaatlichen Autonomie im Bereich der Steuerrechts, als dem Recht zu entscheiden, was nach nationalem Verständnis eine ausgewogene Aufteilung ist, und der Wirkung der Grundfreiheiten als Beschränkungsverbot.[678] Kokott bildet daher als Maßstab, dass die willkürliche Inanspruchnahme der Steuerhoheit und darauf aufbauende unausgewogene Aufteilung kein tauglicher Rechtfertigungsgrund seien.[679]

---

[674] Vgl. dazu oben E.II.5.b)aa)(2)(b) zur Auslegung sowie F.II.1. zur Subsidiarität und F.II.2.c) zur Erforderlichkeit.

[675] So Rust, in: Schön/Heber, Grundfragen des Europäischen Steuerrechts, S. 95 mit Verweis auf EuGH, Urteil vom 22.12.2010 – Rs. C-277/09 – RBS Deutschland Holding, Slg. 2010, I-13805.

[676] EuGH, Urteil vom 20.01.2021 – Rs. C-484/19 – Lexel, Rn. 58 f.; EuGH Urteil vom 12.09.2006 – Rs. C-196/04 – Cadbury Schweppes, Slg. 2006, I-08031, Rn. 56; EuGH, Urteil vom 21.01.2010 – Rs. C-311/08 – SGI, Slg. 2010, I-00487, Rn. 60; EuGH, Urteil vom 15.05.2008 – Rs. C-414/06 – Lidl Belgium, Slg. 2008, I-03601, Rn. 31; vgl. dazu auch Kokott, Das Steuerrecht der Europäischen Union, 2018, § 5 Rn. 2 ff., die zwischen vertikaler und horizontaler Aufteilung unterscheidet. Als vertikal sieht sie die Aufteilung der Kompetenzen zwischen Union und Mitgliedstaaten. Allerdings ist die ausgewogene Aufteilung der Besteuerungsbefugnis nach Kokott kein selbständiger Rechtfertigungsgrund, Rn. 32.

[677] Vgl. z. B. Schön, in: Schön/Heber, Grundfragen des europäischen Steuerrechts, S. 109 ff.

[678] Vgl. dazu Kokott, Steuerrecht der Europäischen Union, 2018, § 5 Rn. 10.

[679] Kokott, Steuerrecht der Europäischen Union, 2018, § 5 Rn. 10.

Dann stellt sich aber die Frage, wann eine Aufteilung angemessen ist und wer das entscheiden soll. So wird vor dem Hintergrund zunehmender Digitalisierung und neuer Geschäftsmodelle an neuen Besteuerungsmodellen gearbeitet.[680]

Der EuGH hat diesen Rechtfertigungsgrund beispielsweise im Bereich der Doppelbesteuerung verwendet. Er hat dabei entschieden, dass die Mitgliedstaaten befugt sind, insbesondere zur Beseitigung der Doppelbesteuerung die Kriterien für die Aufteilung ihrer Steuerhoheit vertraglich oder einseitig festzulegen.[681] Grundsätzlich zulässig sei dabei die Orientierung am OECD-Musterabkommen.[682]

Die Orientierung bei der Beurteilung an unverbindlichem „soft law" wie dem OECD-Musterabkommen ist dabei nicht unproblematisch.[683] Den Ausarbeitungen der OECD fehlt es nämlich an einer demokratischen Legitimation[684], insbesondere des betroffenen Landes. Eine Empfehlung der OECD oder das OECD-MA könnte z. B. dem nationalen Rechtsverständnis einer oder mehrerer beteiligten Staaten zuwiderlaufen. Daher ist der EuGH auch nur dahin zu verstehen, dass eine Maßnahme, die sich an den Maßstäben der OECD orientiert, dann durch eine ausgewogene Aufteilung der Besteuerungsbefugnisse gerechtfertigt werden kann, wenn die OECD-Maßnahme selbst auch eine ausgewogene Aufteilung der Besteuerungsbefugnisse vornimmt. Auch wenn eine Maßnahme sich also auf eine OECD-Empfehlung stützt, ist zu prüfen, ob tatsächlich dadurch eine ausgewogene Aufteilung der Besteuerungsbefugnisse vorgenommen wird.[685]

Traditionell knüpft das Steuerrecht bei den direkten Steuern an Kriterien wie Staatsangehörigkeit, Wohnsitz, Ansässigkeit oder Territorialität an.[686] Die Wahrung der ausgewogenen Aufteilung der Besteuerungsbefugnisse soll insbesondere Verhaltensweisen verhindern, die dazu führen, dass ein Staat das Recht zur Ausübung seiner Steuerhoheit für Tätigkeiten, die in seinem Hoheitsgebiet ausgeführt werden, verliert.[687] Der EuGH hat z. B. für die Korrektur von Verrechnungspreisen eine Rechtfertigung mit der Aufteilung der Besteuerungsbefugnisse zugelassen.[688]

---

[680] Vgl. dazu z. B. die Idee der Einführung einer weltweiten Mindestbesteuerung, „OECD Pillar Two", und „OECD Pillar One" zur Neuverteilung von Besteuerungsrechten bei digitalen Geschäftsmodellen, vgl. Bräutigam/Kellermann/Spengel, IStR 2020, 281 ff.; Boehle/Scholtholt, IStR 2019, 919 ff.; vgl. z. B. Zinowsky, IStR 2019, 811 ff.; Schanz/Sixt, DStR 2018, 1985 ff.

[681] EuGH, Urteil vom 13.03.2007 – Rs.C-524/04 – Test Claimants, Slg. 2007, I-02107, Rn. 49; vgl. dazu bereits oben F.II.2.d)bb)(6)(e).

[682] EuGH, Urteil vom 13.03.2007 – Rs.C-524/04 – Test Claimants, Slg. 2007, I-02107, Rn. 49.

[683] Vgl. Kokott, Steuerrecht der Europäischen Union, 2018, § 1 Rn. 31, die den Rückgriff auf das OECD-MA als „soft law" in Grenzen für legitim hält.

[684] Vgl. dazu oben F.II.2.d)bb)(6)(a). Vgl. auch Kokott, Steuerrecht der Europäischen Union, 2018, § 1 Rn. 31.

[685] Vgl. dazu auch Kokott, Steuerrecht der Europäischen Union, 2018, § 1 Rn. 31 ff.

[686] Vgl. Kokott, Steuerrecht der Europäischen Union, 2018, § 5 Rn. 11.

[687] Kokott, Steuerrecht der Europäischen Union, 2018, § 5 Rn. 21 m. w. N.

Wenn aber kein Anknüpfungspunkt für die Besteuerung besteht, kann es nicht als missbräuchlich angesehen werden, dass es durch Gestaltungen zu keiner Besteuerung kommt.[689]

Kokott zitiert dabei den EuGH und verweist darauf, dass mit dem Kriterium der ausgewogenen Aufteilung der Besteuerungsbefugnisse praktische Konkordanz hergestellt werden soll zwischen den Grundfreiheiten und der Steuerhoheit der Mitgliedstaaten.[690] Insofern könne dem Steuerpflichtigen gerade bei Steuerumgehung und Gewinnverlagerung sowie Verlustimport nicht überlassen werden, wo er Steuern zahle.[691]

In diesem Rahmen hat der EuGH zur Vermeidung von Doppelbesteuerung Anrechnungspflichten vorgesehen.[692] Dabei weist er automatisch das primäre Besteuerungsrecht dem Staat zu, der nicht anrechnen muss. Während eine solche Aufteilung zwar möglich ist, ist sie nicht zwingend.[693] Denn in diesem Fall verfügen beide Staaten über einen Anknüpfungspunkt für ein Besteuerungsrecht. Es gibt allerdings keinen international anerkannten Grundsatz, dass in diesem Fall der Residenzstaat in seinem Besteuerungsrecht zurücktreten müsste.[694]

Bei einer Aufteilung nach dem Territorialitätsprinzip steht einem Staat grundsätzlich zu, die auf seinem Gebiet entstehenden Gewinne zu besteuern. Der Ansässigkeitsstaat des Empfängers der Gewinne ist sodann grundsätzlich verpflichtet, die Doppelbesteuerung zu vermeiden.[695] Es wird also aufgrund der größeren Nähe zur Einkunftsquelle der Quellenstaat bevorteilt.[696]

Im Rahmen der Hinzurechnungsbesteuerung (Passivkatalog) können aber auch Fälle erfasst werden, in denen z. B. eine ausländische Tochterholding sämtliche Patente in einem übergeordneten Konzern hält, unter anderem Patente aus anderen EU-Mitgliedstaaten und Drittländern. Für Einkünfte aus solchen Patenten stünde Deutschland grundsätzlich nach derzeit wohl anerkannten internationalen Aufteilungsgrundsätzen kein Besteuerungsrecht zu. Im Rahmen der Hinzurechnungsbesteuerung können damit auch Fälle erfasst werden, in denen die ausgewogene

---

688 Vgl. EuGH, Urteil vom 21.01.2010 – C-311/08 – SGI, Slg. 2010, I-00487, Rn. 63.

689 Vgl. dazu auch EuGH, Urteil vom 22.12.2010 – C-277/09 – RBS Deutschland, Slg. 2010, I-13805, Rn. 41 f., der es nicht als missbräuchlich angesehen hat, wenn einer steuerpflichtiger seine Tätigkeit so gestaltet, dass er in keinem Mitgliedstaat besteuert wird.

690 Kokott, Steuerrecht der Europäischen Union, 2018, § 5 Rn. 22.

691 Kokott, Steuerrecht der Europäischen Union, 2018, § 5 Rn. 22.

692 Vgl. dazu m. w. N. Kokott, Steuerrecht der Europäischen Union, 2018, § 5 Rn. 24.

693 Vgl. dazu kritisch Schön, in: Schön/Heber, Grundfragen des Europäischen Steuerrechts, 2015, 109, 153.

694 Kokott, Steuerrecht der Europäischen Union, 2018, § 5 Rn. 25.

695 Kokott, Steuerrecht der Europäischen Union, 2018, § 5 Rn. 26.

696 Vgl. Kokott, Steuerrecht der Europäischen Union, 2018, § 5 Rn. 26 ff., Rn. 30 f. Der EuGH macht dabei eine Reihe von Ausnahmen z. B. im Bereich der Berücksichtigung von Verlusten, bei denen er von den grundsätzlichen Aufteilungsmaßstäben abweicht.

Aufteilung der Besteuerungsbefugnisse kein Rechtfertigungsgrund sein kann. Die Vorschriften machen zwar innerhalb der EU eine Ausnahme (Substanz-Escape). Ob eine Patentholding diesen Test regelmäßig erfüllen kann, ist jedoch fraglich.[697]

Der EuGH hat zuletzt in seiner Entscheidung Lexel[698] die Aufteilung der Besteuerungsbefugnis als Rechtfertigungsgrund dann abgelehnt, wenn der Zweck einer Regelung nicht darin liegt, zu verhindern, dass der Steuerpflichtige nach Belieben bestimmen kann, in welchem Mitgliedstaat er Gewinne versteuert und Verluste abzieht.

Die Hinzurechnungsbesteuerung nach der ATAD hat bereits nicht als Ziel, zu verhindern, dass der Steuerpflichtige nach Belieben bestimmen kann, in welchem Mitgliedstaat er seine Gewinne versteuert. Tatsächlich kann bereits nach dieser Begrifflichkeit der Rechtfertigungsgrund der Aufteilung der Besteuerungsbefugnisse auf die Hinzurechnungsbesteuerung keine Anwendung finden. Denn bei der Hinzurechnungsbesteuerung wird grundsätzlich an eine Zurechnung der Einkünfte eines anderen Steuerpflichtigen[699], nämlich der eines beherrschten Unternehmens, angeknüpft. Es geht dann also nicht mehr um „seine Gewinne". Eine „Verlagerung" der Gewinne nach Belieben wird bereits deshalb nicht möglich sein, weil auch im Rahmen von verbundenen Unternehmen nur eine Verlagerung im Bereich des Fremdüblichen möglich wäre. Der EuGH lässt nämlich eine Verrechnungspreiskorrektur zu.[700] Eine Korrektur solcher Praktiken wäre damit anhand von Verrechnungspreisen, nicht mittels einer Hinzurechnungsbesteuerung vorzunehmen.

Der Rechtfertigungsgrund der gerechten Aufteilung der Besteuerungsbefugnisse kann also nicht als Rechtfertigungsgrund für die Beschränkung der Niederlassungsfreiheit durch die Hinzurechnungsbesteuerung nach der ATAD herangezogen werden.

Etwas anderes könnte im Bereich der Hinzurechnung von Betriebsstätteneinkünften gelten. Im Fall der Betriebsstätte besteht nämlich eine territoriale Anknüpfung an ein Besteuerungsrecht, nämlich die Ansässigkeit des Stammhauses.

(1) Fremdvergleichsgrundsatz

Der EuGH hat entschieden, dass eine Beschränkung von Grundfreiheiten auch mit der Einhaltung von Fremdvergleichsgrundsätzen gerechtfertigt werden kann.[701]

---

[697] Dabei ist zwar für rein künstliche Gestaltungen bereits der Anwendungsbereich der Niederlassungsfreiheit nicht eröffnet, der Substanz-Escape hat jedoch höhere Anforderungen, sodass ein Bereich verbleibt in dem zwar die Grundfreiheiten schon Anwendung finden, der Substanz-Escape aber noch nicht greift und die ausländischen Einkünfte der Tochtergesellschaft der Hinzurechnungsbesteuerung unterworfen werden.

[698] EuGH, Urteil vom 20.01.2021 – Rs. C-484/19 – Lexel, Rn. 61.

[699] Zur Behandlung von Betriebsstätten siehe sogleich.

[700] Vgl. EuGH, Urteil vom 21. Januar 2010 – C-311/08 – SGI, Slg. 2010, I-00487, Rn. 63.

[701] EuGH, Urteil vom 05.07.2012 – Rs. C-318/10 – SIAT, Rn. 48; EuGH, Urteil vom 21.01.2010 – Rs. C-311/08 – SGI, Slg. 2010, I-00487, Rn. 69.

Er hat insoweit jedoch entschieden, dass diese Rechtfertigung dann ausscheidet, wenn für die grenzüberschreitenden Tätigkeiten höhere Nachweisanforderungen gelten als für eine vergleichbare inländische Tätigkeit, und die nachteiligen Folgen dieser Regelung für den Steuerpflichtigen nicht von vornherein klar, bestimmt und in ihren Auswirkungen voraussehbar sind.[702]

Die Hinzurechnungsbesteuerung ist dabei kein Korrektiv für unangemessene Fremdvergleichspreise, sodass eine Beschränkung der Grundfreiheiten nicht mit diesem Grund zu rechtfertigen ist. Selbst wenn man diese Grundsätze jedoch auf die ATAD anwendet, scheidet eine Rechtfertigung nach den Maßstäben des EuGH aus.

Die Anwendung der ATAD abhängig vom Besteuerungsregime des ausländischen Staates ist zwar deutlich besser zu bestimmen, als in dem vom EuGH entschiedenen Fall.[703] Allerdings verbleiben gegebenenfalls im weiteren Anwendungsbereich erhebliche Unsicherheiten. So gibt es z.B. keine vorher klar definierten Vorgaben für den Substanz-Escape.[704] Auch ist nach der ATAD unklar, wann eine unangemessene Gestaltung im Sinne des Principal-Purpose-Tests vorliegt.[705]

Zudem muss für die jeweiligen Escape-Tatbestände ein Nachweis geführt werden, der für vergleichbar inländische Vorgänge nicht erbracht werden muss.

Zwar mag die einzelne mitgliedstaatliche Umsetzung insoweit grundfreiheitenkonform sein, indem ähnliche Nachweise für die Anerkennung inländischer Gestaltungen gefordert werden und die Vorschriften klar und vorhersehbar definiert werden. Die Vorschriften der ATAD selbst erfüllen diese Vorgaben jedoch nicht, sodass eine Rechtfertigung auch insoweit ausscheidet.

(m) Grundsatz der Einmalbesteuerung

Der EuGH hat mehrfach entschieden, dass ein Mitgliedstaat die Unmöglichkeit, einen Steuerpflichtigen zu besteuern, nicht dadurch ausgleichen darf, dass er einen anderen Steuerpflichtigen zur Steuer heranzieht.[706] Der Grundsatz der Einmalbesteuerung sei insoweit kein ausreichender Grund zur Rechtfertigung eines Verstoßes gegen die Niederlassungsfreiheit.[707] Die Beschränkung der Niederlassungsfrei-

---

[702] EuGH, Urteil vom 05.07.2012 – Rs. C-318/10 – SIAT, Rn. 57 ff.

[703] Vgl. dazu EuGH, Urteil vom 05.07.2012 – Rs. C-318/10 – SIAT, Rn. 27; danach fanden die Vorschriften Anwendung, wenn im Ausland ein erheblich vorteilhaftes Besteuerungssystem vorlag, wobei nicht genau definiert war, wann das der Fall ist und von den Finanzbehörden auf Einzelfallbasis entschieden wurde.

[704] Vgl. dazu oben E.II.5.b)aa)(1).

[705] Vgl. dazu oben E.II.5.b)aa)(2).

[706] EuGH, Urteil vom 17.09.2015 – Rs. C-589/13 – Familienprivatstiftung Eisenstadt, Rn. 73 m.w.N.

[707] EuGH, Urteil vom 17.09.2015 – Rs. C-589/13 – Familienprivatstiftung Eisenstadt, Rn. 73 m.w.N.

heit durch die ATAD kann also nicht damit gerechtfertigt werden, dass bestimmte Einkünfte sonst nicht der Besteuerung (in voller Höhe) unterliegen.

(n) Zwischenergebnis

Der Verstoß gegen die Niederlassungsfreiheit durch die Hinzurechnungsbesteuerung der ATAD kann nur begrenzt gerechtfertigt werden. Das gilt zum einen für die Verhinderung von Doppelbesteuerung und zum anderen für die Bekämpfung von Missbräuchen für den Fall der Umsetzung der Hinzurechnungsbesteuerung mittels eines Principal-Purpose-Tests, der jedoch nur rein künstliche, jeder wirtschaftlichen Realität bare Gestaltungen erfasst.

Die Verhinderung der Doppelbesteuerung rechtfertigt jedoch nicht die Regelung als Ganzes. Der erst durch die Richtlinie ausgelöste Verstoß gegen die Niederlassungsfreiheit kann nicht mit der Verhinderung von Doppelbesteuerung gerechtfertigt werden.

Im Übrigen ist eine Rechtfertigung weder durch die Umsetzung von OECD-Vorgaben, das gute Funktionieren des Binnenmarktes, die Verhinderung von Wettbewerbsverzerrungen, Verhinderung der Fragmentierung des Marktes oder die Aushöhlung der Steuerbemessungsgrundlage, noch durch sonstige wirtschaftliche Gründe, administrative Erfordernisse, Bekämpfung von Missbräuchen, Aufteilung der Besteuerungsbefugnisse oder die Wahrung von Fremdvergleichsgrundsätzen möglich.

(7) Ergebnis

Die Hinzurechnungsbesteuerung nach der ATAD beeinträchtigt die Niederlassungsfreiheit. Diese Beeinträchtigung ist überwiegend nicht gerechtfertigt. Die Hinzurechnungsbesteuerung nach der ATAD ist damit auch wegen Verstoßes gegen die Niederlassungsfreiheit europarechtswidrig.

cc) Kapitalverkehrsfreiheit

(1) Anwendungsbereich der Kapitalverkehrsfreiheit

Im Unterschied zur Niederlassungsfreiheit findet die Kapitalverkehrsfreiheit auch im Verhältnis zu Drittstaaten Anwendung.[708]

[708] Vgl. dazu auch Ress/Ukrow, in: Grabitz/Hilf/Nettesheim, AEUV, Losebl. Stand: 62. Lfg. Juli 2017, Art. 63, Rn. 120 m. w. N.

(2) Persönlich

Körperschaften, die der Hinzurechnungsbesteuerung der ATAD unterfallen, sind als Gesellschaften i. S. d. Art. 54 Abs. 2 AEUV von der Kapitalverkehrsfreiheit erfasst.[709]

(3) Sachlich

Die Kapitalverkehrsfreiheit schützt den Kapitalverkehr (also den Transfer von Vermögenswerten zu Investitionszwecken) und den Zahlungsverkehr (also den Transfer von Geld) zwischen den Mitgliedstaaten sowie zwischen Mitgliedstaaten und Drittländern.

Was genau der Kapitalverkehr ist, wird jedoch nicht im AEUV definiert. Auch der EuGH hat den Begriff in seiner Rechtsprechung nicht umfassend definiert, sondern grenzt den Begriff in der Regel einzelfallbezogen ab.[710] Aus dem primären und sekundären Europarecht lassen sich aber eine Vielzahl von Anhaltspunkten ziehen. So fallen Sachkapital wie Immobilien und Unternehmensbeteiligungen ebenso unter den Kapitalverkehr wie Geldkapital, wie Wertpapiere, kurz- mittel- und langfristige Kredite und Darlehen.[711] Von einigen Ausnahmen abgesehen, kann Kapitalverkehr definiert werden als einseitige Wertübertragung in Form von Sach- oder Geldkapital aus einem Staat in einen anderen Staat, die regelmäßig der Vermögensanlage dient.[712]

Der EuGH beschäftigte sich erstmals in der Rs. Verkooijen[713] ausführlich mit einem steuerrechtlichen Sachverhalt, den er anhand der Grundfreiheiten prüfte.[714] Als Ausgangspunkt der Abgrenzung des Schutzbereichs legte der EuGH dabei die Kapitalverkehrsrichtlinie zugrunde.[715] Allerdings sei die Aufzählung der Kapitalverkehrsvorgänge in Anhang I zur Kapitalverkehrsrichtlinie nicht abschließend.[716]

---

[709] Vgl. dazu Ress/Ukrow, in: Grabitz/Hilf/Nettesheim, AEUV, Losebl. Stand: 62. Lfg. Juli 2017, Art. 63, Rn. 120.

[710] Vgl. Ress/Ukrow, in: Grabitz/Hilf/Nettesheim, AEUV, Losebl. Stand: 62. Lfg. Juli 2017, Art. 63, Rn. 126.

[711] Vgl. Ress/Ukrow, in: Grabitz/Hilf/Nettesheim, AEUV, Losebl. Stand: 62. Lfg. Juli 2017, Art. 63, Rn. 131.

[712] Vgl. mit weiteren Nachweisen und der Abgrenzung zum Zahlungsverkehr vgl. Ress/ Ukrow, in: Grabitz/Hilf/Nettesheim, AEUV, Losebl. Stand: 62. Lfg. Juli 2017, Art. 63, Rn. 131.

[713] EuGH, Urteil vom 06.06.2000 – Rs. C-35/98 – Verkooijen, Slg. 2000, I-04071.

[714] Vgl. zu der Entscheidung des EuGH und die Relevanz für die deutsche Hinzurechnungsbesteuerung ausführlich Rehfeld, Die Vereinbarkeit des Außensteuergesetzes mit den Grundfreiheiten des EG-Vertrags, S. 254 ff.

[715] EuGH, Urteil vom 06.06.2000 – Rs. C-35/98 – Verkooijen, Slg. 2000, I-04071.

[716] EuGH, Urteil vom 06.06.2000 – Rs. C-35/98 – Verkooijen, Slg. 2000, I-04071, Rn. 18 ff.

Es seien auch sonstiger Kapitalverkehr sowie Vorgänge mit lediglich mittelbarem Bezug zu ausdrücklich genannten Vorgängen umfasst.[717]

Aus den aufgestellten Grundsätzen kann gefolgert werden, dass nicht nur der Erwerb von ausländischen Gesellschaften als Form des grenzüberschreitenden Kapitalverkehrs von der Kapitalverkehrsfreiheit geschützt ist. Vielmehr muss auch die im Rahmen der Hinzurechnungsbesteuerung nach der ATAD erfolgende Hinzurechnung der Einkünfte der niedrigbesteuerten Auslandsgesellschaft in den Schutzbereich der Kapitalverkehrsfreiheit fallen.[718] Der Hinzurechnungsbesteuerung liegt eine Ausschüttungsfiktion zugrunde. Das folgt auch aus Art. 8 Abs. 5 ATAD, wonach eine Ausschüttung dazu führt, dass vorher hinzugerechnete Einkünfte wieder von der Bemessungsgrundlage abzuziehen sind, um eine Doppelbesteuerung zu vermeiden. Auch wenn der Vorgang der Hinzurechnung damit an sich keinen direkten Kapitalverkehr darstellt, muss der Vorgang dem sachlichen Anwendungsbereich der Hinzurechnungsbesteuerung unterfallen.

Der EuGH betont in dem Urteil Verkooijen die Anwendbarkeit für die Ausschüttungen von natürlichen Personen.[719] Allerdings fehlt der Kapitalverkehrsfreiheit der Bezug zu einer persönlichen Anknüpfung wie z.B. bei der Niederlassungsfreiheit. Vielmehr gibt der Wortlaut eine solche Einschränkung nicht her. Danach wird der Kapitalverkehr als solches geschützt, sodass Ausgangs- und Endpunkt des Kapitalverkehrs nicht zu einer personellen Einschränkung führen können. Das folgt bereits aus dem Wortlaut des Art. 63 AEUV, der nur auf den Kapitalverkehr und den Zahlungsverkehr zwischen den Mitgliedstaaten verweist, ohne auf die Teilnehmer an diesem Verkehr einzugehen.

(4) Grenzüberschreitender Bezug

Der grenzüberschreitende Bezug ist auch hier bereits Tatbestandsmerkmal der Kapitalverkehrsfreiheit und wird durch die Natur der Hinzurechnungsbesteuerung als grenzüberschreitende Regelung bereits verwirklicht.

(5) Beeinträchtigung

Auch wenn Steuern eine grundsätzlich beschränkende Wirkung zukommt, führt das allein noch nicht zu einer Beeinträchtigung der Grundfreiheiten. Vielmehr ist es erforderlich, dass darüber hinaus ein beeinträchtigendes Element vorliegt, was die Ausübung der durch die Grundfreiheiten garantierten Möglichkeiten weniger attraktiv macht.[720] Wie bereits oben ausgeführt, liegt es in der Natur der Hinzurech-

---

[717] EuGH, Urteil vom 06.06.2000 – Rs. C-35/98 – Verkooijen, Slg. 2000, I-04071, Rn. 26 ff.

[718] So zur deutschen Hinzurechnungsbesteuerung auch Rehfeld, Die Vereinbarkeit des Außensteuergesetzes mit den Grundfreiheiten des EG-Vertrages, S. 257.

[719] EuGH, Urteil vom 06.06.2000 – Rs. C-35/98 – Verkooijen, Slg. 2000, I-04071, Rn. 5.

[720] EuGH, Urteil vom 30.11.1995 – Rs. C-55/94 – Gebhard, Slg. 1995, I-04165, Rn. 37.

nungsbesteuerung, nur in grenzüberschreitenden Sachverhalten Anwendung zu finden, sodass bereits dadurch eine unterschiedliche Behandlung von inländischen und grenzüberschreitenden Sachverhalten vorliegt.[721] Die Beeinträchtigung kann hier damit auf zwei Aspekten beruhen. Zum einen die Diskriminierung des grenzüberschreitenden Investments als Verstoß gegen die grundfreiheitlich garantierte Inländergleichbehandlung. Zum anderen die Verringerung der Attraktivität eines Auslandsinvestments durch eine Erhöhung der inländischen Steuerbelastung einer ansonsten scheinbar unterschiedslos anwendbaren Maßnahme.

In der Rechtssache Cadbury-Schweppes wurde, ohne einen Belastungsvergleich zwischen inländischen und ausländischen Tochtergesellschaften anzustellen, auf die Abschirmwirkung der britischen Hinzurechnungsbesteuerung als Diskriminierungsfaktor abgestellt.[722] Weiter erkennt der EuGH eine Diskriminierung im Verhältnis von ausländischen Tochtergesellschaften in Hoch- und Niedrigsteuerländern.[723] Allerdings ist bei dieser Unterscheidung fraglich, ob in dem Fall noch wesentlich gleiche Sachverhalte vorliegen.[724] Daher ist als Vergleichsmaßstab lediglich der Auslandssachverhalt mit dem Inlandssachverhalt heranzuziehen.

Verglichen werden also ausländische Tochtergesellschaften mit inländischen Tochtergesellschaften im Fall einer Thesaurierung der Einkünfte und im Falle einer Ausschüttung.

Beispiel:
Die H-GmbH hat eine 100 %ige Tochtergesellschaft X-AG im Inland und ist zu 100 % an der D Ltd. in D beteiligt. D erzielt passive Einkünfte i. H. v. 100. X-AG erzielt passive Einkünfte i. H. v. 100. Die Einkünfte der X-AG werden mit 30 % besteuert, sodass ein Gewinn von 70 bleibt, der nicht ausgeschüttet wird. Für die H-GmbH ergeben sich insoweit keine weiteren steuerlichen Folgen. Die Einkünfte der D-Ltd. werden mit 5 % besteuert, sodass ein Gewinn von 95 bleibt. Die Einkünfte der D-Ltd. werden aber auch der H-GmbH zugerechnet und in ihre Steuerbemessungsgrundlage einbezogen. Die H-GmbH hat diesen Betrag zu versteuern, muss aber die gezahlten 5 % abziehen. Abhängig von der nationalen Umsetzung des Abzugs[725] ergibt sich daraus eine Zahllast von 30 bzw. 33,5.

[721] Vgl. dazu EuGH, Urteil vom 12. 09. 2006 – C-196/04 – Cadbury Schweppes, Slg. 2006, I-07995, Rn. 43 f.

[722] EuGH, Urteil vom 12. 09. 2006 – Rs. C-196/04 – Cadbury Schweppes, Slg. 2006, I-07995, Rn. 45; Schlussanträge des GA Léger vom 02. 05. 2006 – Rs. C-196/04 – Cadbury Schweppes, Rn. 62 ff.

[723] EuGH, Urteil vom 12. 09. 2006 – Rs. C-196/04 – Cadbury Schweppes, Slg. 2006, I-07995, Rn. 43 ff.

[724] Vgl. dazu EuGH, Urteil vom 29. 04. 1999 – Rs. C-311/97 – Royal Bank of Scotland, Slg. C-311/97, Rn. 26 ff. m. w. N. Der EuGH ging in dieser Sache nicht mehr von wesentlich gleichen Sachverhalten aus und verneinte eine Diskriminierung durch die Anknüpfung an die Frage der niedrigen Besteuerung.

[725] Vgl. dazu oben E.II.5.b)cc)(4)(c).

Diese Beeinträchtigung könnte jedoch dadurch vermieden werden, dass die Mitgliedstaaten bei der Umsetzung der Vorschriften dem Wortlaut der ATAD folgen.

Allerdings führt die Hinzurechnung dazu, dass die H-GmbH eine Zahllast von 25 bzw. 28,5 hat, ohne jedoch dafür liquide Mittel erhalten zu haben.

Die Hinzurechnungsbesteuerung führt daher zu einem Liquiditätsnachteil für den inländischen Anteilseigner. Durch die Hinzurechnungsbesteuerung wird das Trennungsprinzip durchbrochen. Beim inländischen Anteilseigner kommt es im Rahmen der Steuerzahlung zu einem Liquiditätsabfluss, der nicht durch eine Ausschüttung der Tochtergesellschaft gedeckt wird. Gerade aufgrund des großen Anwendungsbereichs der Hinzurechnungsbesteuerung der ATAD kann das auch in Fällen passieren, in denen der Steuerpflichtige es auch nicht in der Hand hat, eine solche Ausschüttung herbeizuführen.[726]

Dementsprechend hat der EuGH entschieden, dass ein nachhaltiger Liquiditätsnachteil bei der Steuererhebung eines grenzüberschreitenden gegenüber einem inländischen Sachverhalt zu einem diskriminierenden Eingriff in die Grundfreiheiten führt.[727]

Die Hinzurechnungsbesteuerung nach der ATAD beschränkt also auch die Kapitalverkehrsfreiheit.

(6) Rechtfertigung

Eine Beschränkung der Kapitalverkehrsfreiheit kann zum einen aus den Gründen des Art. 65 AEUV gerechtfertigt werden. Zum anderen ist auch hier eine Rechtfertigung möglich, wenn die Beschränkung einem im Allgemeininteresse liegenden Ziel dient.[728]

(a) Art. 65 AEUV

Nach Art. 65 Abs. 1 Buchst. a AEUV berührt die Kapitalverkehrsfreiheit nicht das Recht der Mitgliedstaaten, die einschlägigen Vorschriften ihres Steuerrechts anzuwenden, die Steuerpflichtige mit unterschiedlichem Wohnort oder Kapitalanlageort unterschiedlich behandeln. Art. 65 Abs. 1 Buchst. b AEUV ermöglicht den Mitgliedstaaten, die unerlässlichen Maßnahmen zu treffen, um Zuwiderhandlungen gegen innerstaatliche Rechts- und Verwaltungsvorschriften, insbesondere auf dem Gebiet des Steuerrechts, zu verhindern.

---

[726] Vgl. dazu oben E.II.5.a)aa).

[727] EuGH, Urteil vom 08.03.2001 – Rs. C-397 und 410/98 – Metallgesellschaft, Slg. 2001, I-01727, Rn. 43 f. bestätigt mit Urteil vom 21.11.2002 – Rs. C-436/00 – XY, Slg. 2002, I-10829, Rn. 36 ff. Vergleiche dazu auch die Ausführungen von Rehfeld, Die Vereinbarkeit des Außensteuergesetzes mit den Grundfreiheiten des EG-Vertrags, S. 215 f.

[728] Ress/Ukrow, in: Grabitz/Hilf/Nettesheim, AEUV, Losebl. Stand: 72. Lfg. Februar 2021, Art. 63, Rn. 225.

Der EuGH hat dabei zwar entschieden, dass Gebietsansässige und Gebietsfremde sich im Hinblick auf die direkten Steuern in der Regel nicht in einer vergleichbaren Situation befinden.[729]

Von der Vorschrift soll jedoch eine unterschiedliche steuerliche Behandlung von Kapitalanlagen in ausländischen oder vergleichbaren inländischen Wertpapieren nicht erfasst sein.[730]

Nach dem Wortlaut der Vorschrift muss es um die Diskriminierung des Steuerpflichtigen gehen. Es kommt also im Fall der Hinzurechnungsbesteuerung auf die Person des beherrschenden nationalen Unternehmens an. Eine Diskriminierung nach Wohnort (lies: Sitz oder Ort der Geschäftsleitung) ist insoweit bereits nicht relevant, als ausländische beherrschende Unternehmen mangels Anwendbarkeit der Regelung nicht schlechter gestellt werden. Es würde sich also um eine reine Inländerdiskriminierung handeln. Allerdings könnte hier eine Diskriminierung nach dem Kapitalanlageort vorliegen. Mit Anlageort könnte dabei der Ort der Zwischengesellschaft gemeint sein.

Allerdings ist die Vorschrift insoweit im Zusammenhang mit der Diskriminierung nach dem „Wohnort" zu lesen. Es geht also nicht um die Frage, wohin das Kapital investiert wird, sondern von wo. Gerade die Freiheit, sein Kapital grenzüberschreitend zu investieren, soll nämlich von der Kapitalverkehrsfreiheit geschützt werden. Es kann sich bei Kapitalanlageort also nur um den Ort des Kapitalursprungs handeln, nicht um den Ort, an dem die Gesellschaft belegen ist, in die investiert wird. Kapitalanlageort ist daher nur der Ort, an dem das Kapital ursprünglich belegen ist oder von dem aus es angelegt werden soll.[731]

Eine Ausnahme nach Art. 65 Abs. 1 lit. a) AEUV scheidet daher aus.

Da es sich bei der Hinzurechnungsbesteuerung nach der ATAD um eine eigenständige Besteuerungsregelung handelt und nicht um eine Regelung zur Überwachung und Durchsetzung einer bereits bestehenden Regelung, kommt auch eine Anwendung von Art. 65 Abs. 1 lit. b) AEUV nicht in Betracht.

Abs. 3 schränkt die Anwendbarkeit des Abs. 1 zudem dahingehend ein, dass die in Abs. 1 genannten Maßnahmen und Verfahren weder ein Mittel zur willkürlichen Diskriminierung noch eine verschleierte Beschränkung des freien Kapitalverkehrs darstellen dürfen.

In Rechtsprechung und Literatur wird im Zusammenspiel dieser Vorschriften die Beschränkung der Kapitalverkehrsfreiheit durch steuerliche Maßnahmen nur dann legitimiert, „wenn die unterschiedliche Behandlung entweder Situationen betrifft,

---

[729] EuGH, Urteil vom 24.02.2015 – Rs. C-559/13 – Grünewald, Rn. 25.

[730] Ress/Ukrow, in: Grabitz/Hilf/Nettesheim, AEUV, Losebl. Stand: 72. EL Februar 2021, Art. 65 Rn. 22, Differenzierung nach dem „Kapitalschuldner" ist nicht erlaubt.

[731] So wohl auch Ress/Ukrow, in: Grabitz/Hilf/Nettesheim, AEUV, Losebl. Stand: 72. EL Februar 2021, AEUV Art. 65 Rn. 22, 26.

die nicht objektiv miteinander vergleichbar sind, oder wenn sie durch zwingende Gründe des Allgemeininteresses gerechtfertigt ist".[732]

(b) Zwingende Gründe des Allgemeininteresses

Der EuGH hat auch hier keine klare Abgrenzung getroffen, was rechtfertigende zwingende Gründe des Allgemeininteresses sein können. In seiner Kasuistik hat er jedoch eine Reihe von Gründen anerkannt.[733] Dazu zählen die wirksame Steueraufsicht, die wirksame steuerliche Kontrolle, Wirksamkeit der Steuereinziehung, Bekämpfung von Steuerhinterziehung, Notwendigkeit, eine doppelte Verlustberücksichtigung zu verhindern und die Kohärenz des Steuerrechts. All diese Rechtfertigungsgründe kommen jedoch im Fall der Hinzurechnungsbesteuerung nach der ATAD nicht in Betracht.[734]

Der EuGH hat allerdings auch die Bekämpfung von Steuerflucht und Steuerumgehung, die Verhinderung missbräuchlicher Praktiken und die Wahrung der ausgewogenen Aufteilung der Besteuerungsbefugnisse zwischen den Mitgliedstaaten als Rechtfertigungsgrund anerkannt.[735]

(aa) Bekämpfung von Steuerflucht und Steuerumgehung, Vermeidung missbräuchlicher Praktiken

Der EuGH hat entschieden, dass ein Mitgliedstaat zur Rechtfertigung der Beschränkung des freien Kapitalverkehrs sich nicht darauf berufen kann, dass im anderen Mitgliedstaat ein steuerlicher Vorteil gewährt wird, der den Nachteil durch die Beschränkung ganz oder teilweise ausgleicht.[736] Ebenso hat der EuGH entschieden, dass die Notwendigkeit, einen Steuerausfall zu vermeiden, nicht zu den zwingenden Gründen des Allgemeininteresses gehört, die eine Beschränkung von Grundfreiheiten rechtfertigen könnte.[737]

---

[732] Ress/Ukrow, in: Grabitz/Hilf/Nettesheim, AEUV, Losebl. Stand: 72. EL Februar 2021, AEUV Art. 65 Rn. 17; EuGH, Urteil vom 06.06.2000 – Rs. C-35/98 – Verkooijen, Slg. 2000, I-04071, Rn. 43; EuGH, Urteil vom 07.09.2004 – Rs. C-319/02 – Manninen, Slg. 2004, I-07477, Rn. 29; EuGH, Urteil vom 30.06.2016 – Rs. C-123/15 – Feilen, Rn. 26; EuGH, Urteil vom 26.02.2019 – Rs. C-135/17 – X GmbH, Rn. 61; EuGH, Urteil vom 17.09.2009 – Rs. C-182/08 – Glaxo Wellcome, Slg. 2009, I-08591, Rn. 68.

[733] Vgl. dazu auch schon die Ausführungen oben F.II.2.d)bb)(6).

[734] Vgl. dazu oben F.II.2.d)bb)(7). Vgl. auch Ress/Ukrow, in: Grabitz/Hilf/Nettesheim, AEUV, Losebl. Stand: 74. Lfg. September 2021, Art. 63 Rn. 288.

[735] Vgl. Ress/Ukrow, in: Grabitz/Hilf/Nettesheim, AEUV, Losebl. Stand: 74. Lfg. September 2021, Art. 63 Rn. 288.

[736] EuGH, Urteil vom 11.09.2008 – Rs. C-43/07 – Arens-Sikken, Slg. 2008, I-6887, Rn. 65 f.

[737] EuGH, Urteil vom 17.09.2015 – Rs. C-589/13 – Familienprivatstiftung Eisenstadt, Rn. 76 mit Verweis auf EuGH, Urteil vom 12.09.2006 – Rs. C-196/04 – Cadbury Schweppes, Slg. 2006, I-07995, Rn. 49.

Der EuGH hat allerdings auch entschieden, „dass eine Regelung, die eine Prüfung objektiver und nachprüfbarer Umstände vorsieht, damit festgestellt werden kann, ob ein geschäftlicher Vorgang eine rein künstliche Konstruktion zu allein steuerlichen Zwecken darstellt, und die dem Steuerpflichtigen, falls das Vorliegen einer derartigen Konstruktion nicht auszuschließen ist, ohne ihn übermäßigen Verwaltungszwängen zu unterwerfen, die Möglichkeit einräumt, Beweise für etwaige wirtschaftliche Gründe für den Abschluss dieses Geschäfts beizubringen, nicht über das hinausgeht, was zur Bekämpfung von Steuerhinterziehung und -umgehung erforderlich ist“[738].

Das ist jedoch bei der Hinzurechnungsbesteuerung nach der ATAD nicht der Fall. Die bloße Tatsache einer niedrigbesteuerten CFC allein kann noch nicht als missbräuchlich angesehen werden. Etwas anderes gilt auch nicht für die Kombination passiver Einkünfte mit einem Substanz-Escape (ggf. nur für EWR-Staaten) oder den Principal-Purpose-Test. In beiden Alternativen fehlt es an einem vorgegebenen Maßstab objektiver und nachprüfbarer Umstände. Gleichzeitig wäre der dadurch entstehende „Generalverdacht“ einer missbräuchlichen Gestaltung bei einer niedrig besteuert CFC mit passiven Einkünften dazu geeignet, den Steuerpflichtigen von der Ausübung seiner Grundfreiheiten abzuhalten.[739]

Der Passivkatalog der ATAD ist bereits deshalb nicht kapitalverkehrsfreiheitskonform, weil er einen Substanz-Escape in Drittstaatensachverhalten freistellt.[740]

Darüber hinaus ist festzuhalten, dass die bloße Existenz von im Sinne der ATAD passiven Einkünften noch keinen grundsätzlichen Missbrauchsverdacht bedeuten kann. Es ist grundsätzlich zu prüfen, ob auch ein „normaler“ Marktteilnehmer ohne eine Missbrauchsabsicht eine Gestaltung oder Transaktion vorgenommen hätte. Nur wenn dies nicht der Fall ist, könnte ein Sachverhalt vorliegen, der unter einem grundsätzlichen Missbrauchsverdacht steht.[741] Dabei ist jedoch auch zu bedenken, dass das bloße Ziel, von einem niedrigeren Steuersatz zu profitieren, noch nicht als missbräuchlich angesehen werden kann.[742]

---

[738] EuGH, Urteil vom 03.10.2013 – Rs. C-282/12 – Itelcar, Rn. 37 mit Verweis auf EuGH, Urteil vom 13.03.2007 – Rs. C-524/04 – Test Claimants, Slg. 2007, I-02107, Rn. 80 ff.

[739] Vgl. dazu auch Ress/Ukrow, in: Grabitz/Hilf/Nettesheim, AEUV, Losebl. Stand: 74. Lfg. September 2021, Art. 63, Rn. 62 mit Verweis auf den „chilling effect“.

[740] Auch der BFH hat zuletzt bestätigt, dass auch im Drittstaatenfall ein Substanz-Escape zu ermöglichen ist, wenn mit dem Drittstaat ein hinreichender Informationsaustausch besteht, vgl. BFH, Urteil vom 18.12.2019 – I R 59/17, BFHE 268, 30, BStBl. II 2021, 270; BFH, Urteil vom 22.05.2019 – I R 11/19, BFHE 265, 322, BStBl. II 2021, 265. Gesetzgeber und Finanzverwaltung scheinen jedoch der Ansicht zu sein, aufgrund der Wahlmöglichkeit nach der ATAD nunmehr nicht verpflichtet zu sein, einen Substanz-Escape auch im Drittstaatenfall noch zuzulassen, vgl. § 8 Abs. 3 AStG.

[741] Vgl. dazu auch Ress/Ukrow, in: Grabitz/Hilf/Nettesheim, AEUV, Losebl. Stand: 74. Lfg. September 2021, Art. 65, Rn. 59.

[742] Vgl. Schlussanträge des GA Léger vom 02.05.2006 – Rs. C-196/04 – Cadbury Schweppes, Slg. 2006, I-07995, Rn. 60.

Die Erzielung von Dividenden und/oder die Bündelung von entsprechenden Beteiligungen in einer ausländischen Holding, die von einem besonders niedrigen Steuersatz profitiert, kann daher nicht als grundsätzlich missbräuchlich angesehen werden. Der Substanztest vermag auch im EU-Sachverhalt nicht unbedingt Abhilfe zu verschaffen, da eine derartige Holding nicht unbedingt Substanz benötigt. In Zeiten von zunehmender Digitalisierung und arbeiten aus dem „Homeoffice" ist nicht einmal die Anmietung von Geschäfts- oder Büroflächen ein Substanzfaktor. Damit läuft der Substanz-Escape aber entweder leer, weil er im Einzelfall kaum rechtssicher geführt werden kann, oder aber er ist auf die rein künstlichen Gestaltungen bar jeder wirtschaftlichen Realität begrenzt. Im ersteren Fall verstößt die Hinzurechnungsbesteuerung nach der ATAD (Passivkatalog) gegen die Kapitalverkehrsfreiheit. Im zweiten Fall wird der Anwendungsbereich so gering, dass die Geeignetheit bzw. der Mehrwert gegenüber einer allgemeinen Missbrauchsklausel in Frage steht. Nach hier vertretener Auffassung müsste die Regelung dann auch unter Berücksichtigung der mangelnden Kompetenz zur Richtliniensetzung[743] dahinstehen.

Der Principal-Purpose-Test stellt mit seinem „wesentlichen Zweck" auch auf subjektive Merkmale ab. Es ist zwar im Einzelfall möglich, diese Anhand objektiver Indizien zu überprüfen. Das kann jedoch verbunden mit den weiteren Unklarheiten der Regelung[744] nicht die Prüfung anhand objektiver und nachprüfbarer Umstände festlegen.

Das wesentliche Problem ist aber auch hier die von der Cadbury-Schweppes-Rechtsprechung[745] vorgegebene Beschränkung auf rein künstliche Konstruktionen (zu allein steuerlichen Zwecken). Wie bereits oben ausgeführt, kann die ATAD auch auf Sachverhalte Anwendung finden, die weder rein künstlich sind noch allein aus steuerlichen Zwecken abgeschlossen wurden.[746]

Es ist im Rahmen der Rechtfertigung auch zu untersuchen, welche anderen Mittel denn zur Verfügung stünden, um „Steuerumgehung" oder „Missbrauch" zu verhindern oder einzuschränken. So besteht bei den passiven Einkünften der Vorwurf, dass diese besonders leicht zu verlagern seien. Anstatt die verlagerten Einkünfte aber nach ihrer Verlagerung einer Hinzurechnungsbesteuerung zu unterwerfen, könnte man bereits die Verlagerung an sich einer Besteuerung unterwerfen. Das Konzept der „Funktionsverlagerung" ist im Bereich der Verrechnungspreise ein bekanntes Konzept.[747] Damit wäre die Anwendung der Regelungen bereits auf die

---

[743] Vgl. dazu oben F.I.1.a)aa)(1).

[744] Vgl. dazu oben E.II.5.b)aa)(2).

[745] EuGH, Urteil vom 12.09.2006 – Rs. C-196/04 – Cadbury Schweppes, Slg. 2006, I-07995.

[746] Vgl. dazu oben E.II.5.

[747] Vgl. § 1 Abs. 3b AStG; kritisch zur Vereinbarkeit der Funktionsverlagerung mit dem Europarecht Lampert, in: Musil/Weber-Grellet, AStG, 2019, Rn. 35. Vgl. zum Verhältnis von Verrechnungspreiskorrekturen zur Hinzurechnungsbesteuerung auch BFH, Urteil vom 13.06.

tatsächliche Verlagerung aus dem Inland heraus mit der Folge der Begrenzung der nationalen Steuerbefugnis beschränkt. Gleichzeitig kann man im Rahmen der Verrechnungspreise auch in späteren Veranlagungszeiträumen Korrekturen vornehmen, z.B. wenn die inländische beherrschende Gesellschaft die wesentlichen Funktionen der CFC ausführt. Es existiert also ein bereits bestehendes System, was unter einer geringeren Beschränkung der Grundfreiheiten zu vergleichbaren Ergebnissen kommen könnte.

Die Beschränkung der Kapitalverkehrsfreiheit durch die ATAD kann daher nicht mit der Bekämpfung von Steuerflucht und -umgehung oder der Vermeidung missbräuchlicher Praktiken gerechtfertigt werden.

(bb) Ausgewogene Aufteilung der Besteuerungsbefugnis

Auch im Rahmen der Beschränkung der Kapitalverkehrsfreiheit kommt eine Rechtfertigung mit der ausgewogenen Aufteilung der Besteuerungsbefugnisse nicht in Betracht.

Die Hinzurechnungsbesteuerung nach der ATAD erfasst auch Fälle, in denen keine beliebige Verschiebung von Einkünften aus einem Staat in einen anderen Staat vorliegen. Die Zielsetzung selbst ist auch nicht, zu verhindern, dass der Steuerpflichtige nach Belieben entscheiden kann, wo er Gewinne versteuert und Verluste abzieht.[748] Im Übrigen wird auf die obigen Ausführungen im Rahmen der Niederlassungsfreiheit verwiesen.[749]

In Bezug auf die Kapitalverkehrsfreiheit hat der EuGH jedoch zusätzlich entschieden, dass, wenn sich ein Mitgliedstaat dazu entschieden hat, die in seinem Hoheitsgebiet ansässigen Empfängergesellschaften im Hinblick auf bestimmte Einkünfte nicht zu besteuern, er sich nicht auf die Notwendigkeit berufen kann, eine ausgewogene Aufteilung der Steuerhoheit zwischen den Mitgliedstaaten sicherzustellen, um die die Besteuerung entsprechender Einkünfte von in einem anderen Mitgliedstaat ansässigen Gesellschaften zu rechtfertigen.[750]

Übertragen auf die Hinzurechnungsbesteuerung bedeutet das, dass die Besteuerung der ausländischen beherrschten Gesellschaft im Inland nicht mit der ausgewogenen Aufteilung der Steuerhoheit gerechtfertigt werden kann, wenn derartige

---

2018 – I R 94/15, BFHE 262, 79, BStBl. II 2020, 755; Ditz/Engelen/Quilitzsch, DStR 2019, 361 ff.

[748] Vgl. auch oben F.II.2.d)bb)(6)(k); vgl. auch EuGH, Urteil vom 20.01.2021 – Rs. C-484/19 – Lexel Rn. 61; EuGH, Urteil vom 18.07.2007 – Rs. C-231/05 – Oy AA, Slg. 2007, I-6373, Rn. 56; EuGH, Urteil vom 21.01.2010 – Rs. C-311/08 – SGI, Slg. 2010, I-00487, Rn. 62.

[749] Vgl. oben F.II.2.d)bb).

[750] EuGH, Urteil vom 08.11.2007 – Rs. C-379/05 – Amurata, Slg. 2007, I-9569 Rn. 59; EuGH, Urteil vom 18.06.2009 – Rs. C-303/07 – Aberdeen Property, Slg. 2009, I-5145 Rn. 67; EuGH, Urteil vom 20.10.2011 – Rs. C-284/09 – Kommission/Deutschland, Slg. 2011, I-9879 Rn. 78.

Sachverhalte im nationalen Kontext nicht besteuert werden (Anwendung auf beherrschte „ausländische“ Unternehmen, vgl. Art. 7 Abs. 1 ATAD).

Die ATAD macht insoweit jedoch keine Vorgaben dafür, auch inländische Sachverhalte der Hinzurechnungsbesteuerung zu unterwerfen.

Damit kann die Beschränkung der Kapitalverkehrsfreiheit durch die Hinzurechnungsbesteuerung nach der ATAD auch nicht durch die ausgewogene Aufteilung der Besteuerungsbefugnisse gerechtfertigt werden.

e) Ergebnis

Die Hinzurechnungsbesteuerung nach der ATAD ist unverhältnismäßig. Sie beschränkt sowohl die Niederlassungsfreiheit als auch die Kapitalverkehrsfreiheit. Eine Rechtfertigung dieser Beschränkung ist dabei überwiegend nicht möglich.

3. Ergebnis

Die ATAD ist materiell rechtswidrig. Sie verstößt gegen das Subsidiaritätsprinzip und ist unverhältnismäßig, weil sie gegen höherrangiges europäisches Recht verstößt.

III. Ultra-vires-Folgefragen

1. Bedeutung von Ultra-vires-Rechtsakten

Als „Ultra-vires“-Rechtsakt bezeichnet man solche Rechtsakte der EU, für die der EU keine Kompetenzen zustehen oder die die bestehenden Kompetenzen überschreiten.[751] Ultra-vires-Rechtsakte sind jedenfalls nicht mehr von den Zustimmungsgesetzen zu den europäischen Verträgen gedeckt.[752] Sie entfalten daher innerstaatlich keine Rechtskraft. Die an der europäischen Rechtsetzung beteiligten deutschen Organe dürfen am Entstehen solcher Rechtsakte nicht mitwirken und müssen bei einem Verstoß sich aktiv bemühen, den Ultra-vires-Rechtsakt zu beseitigen.[753] Unter der Annahme, dass die ATAD ein Ultra-vires-Rechtsakt ist[754], ergeben sich eine Reihe von Folgeproblemen. Zum einen ist fraglich, was es bedeutet, wenn Deutschland einen Ultra-vires-Rechtsakt in Form einer Richtlinie in deutsches Recht umsetzt. Zum anderen ist fraglich, was eine solche Umsetzung für

---

[751] Vgl. Wollenschläger, in: Dreier, GG, 3. Aufl. 2015, Art. 23 Rn. 175; Calliess, in: Liber amicorum für Torsten Stein, 446, 456.

[752] Wollenschläger, in: Dreier, GG, 3. Aufl. 2015, Art. 23 Rn. 175.

[753] Wollenschläger, in: Dreier, GG, 3. Aufl. 2015, Art. 23 Rn. 175.

[754] Vgl. dazu oben F.I.4.

den Steuerpflichtigen bedeutet und welche Rechtsschutzmöglichkeiten für ihn bestehen.

2. Bedeutung im Falle der ATAD

a) Bedeutung für das nationale Umsetzungsgesetz

Welche Auswirkungen ein Ultra-vires-Rechtsakt auf ein nationales Umsetzungsgesetz hat, ist streitig. Im Wesentlichen werden dazu vier Ansichten vertreten:

- Nichtigkeit des nationalen Umsetzungsgesetzes.
- Rechtswidrigkeit des nationalen Umsetzungsgesetzes.
- Keine Auswirkungen auf das nationale Umsetzungsgesetz.
- Auswirkungen bestimmen sich nach nationalem Recht.

aa) Nichtigkeit des nationalen Umsetzungsgesetzes

Payandeh vertritt die Auffassung, dass die Nichtigkeit einer EU-Richtlinie regelmäßig die Nichtigkeit des nationalen Umsetzungsaktes nach sich ziehen müsse.[755] Diese Ansicht wird im Wesentlichen mit dem Demokratieprinzip begründet.

Die Nichtigkeit des nationalen Umsetzungsgesetzes ergibt sich dabei nicht aus gemeinschaftsrechtlichen Vorgaben. Dabei unterscheidet Payandeh zwischen der Verletzung materiellen Gemeinschaftsrechts, die lediglich zu einer Unanwendbarkeit des mitgliedschaftlichen Umsetzungsaktes im gemeinschaftsrelevanten Regelungsbereich führt, und der formellen Gemeinschaftsrechtswidrigkeit, die weder die Gültigkeit noch die Anwendbarkeit des nationalen Umsetzungsrechtsaktes berührt.[756]

Der Gesetzgeber, der davon ausgeht, zur Umsetzung einer Richtlinie verpflichtet zu sein, sei aber einem „verfassungsrelevanten Begründungsfehler" unterlegen, wenn die Richtlinie ex-tunc nichtig war.[757] Zwar beruhe das nationale Umsetzungsgesetz auf einer Entscheidung des Gesetzgebers. Die normative Wirkung folge dann aus Art. 38 Abs. 1 Satz 2 GG. Durch die Öffnung der deutschen Rechtsordnung nach Art. 23 Abs. 1 GG in Verbindung mit den Zustimmungsgesetzen zu den europäischen Verträgen sei jedoch die Verpflichtung zur Umsetzung von Richtlinien in nationales Recht entstanden. Der nationale Gesetzgeber werde sich daher nur in extremen Ausnahmefällen der Umsetzung einer Richtlinie ver-

---

[755] Payandeh, DVBl. 2007, 741, 745; vgl. dazu auch Nettesheim, in: Grabitz/Hilf/Nettesheim, AEUV, Losebl. Stand: 48. Lfg. August 2012, Art. 288 Rn. 171. So wohl auch Linn, IStR 2016, 645, 646.

[756] Payandeh, DVBl. 2007, 741, 742.

[757] Payandeh, DVBl. 2007, 741, 742.

weigern. Zum einen würde das einen Bruch des Gemeinschaftsrechts darstellen, zum anderen mit Sanktionen belegt werden. So hätten Abgeordnete in der Vergangenheit sogar deutlich gemacht, dass sie zwar eigentlich gegen ein Umsetzungsgesetz stimmen würden, sich aber als in ihrer Entscheidung unfrei bzw. durch die europäischen Vorgaben gebunden ansahen.[758]

In Hinblick auf die Umsetzung europäischer Rechtsakte könne daher nicht von einer effektiven demokratischen Willensbildung im deutschen Bundestag gesprochen werden.[759]

Payandeh folgert daraus, dass die demokratische Legitimationskette nicht in der Verabschiedung des nationalen Umsetzungsgesetzes gesehen werden kann, sondern allenfalls im ursprünglichen Zustimmungsgesetz nach Art. 23 Abs. 1 Satz 2 GG und in der Einbindung des Europäischen Parlaments.[760] Ist dann aber der Gemeinschaftsrechtsakt nichtig, scheide eine demokratische Legitimation auf diesem Wege aus. Das gelte vor allem für Ultra-vires-Rechtsakte.

Das nationale Umsetzungsgesetz sei daher wegen Verstoßes gegen das Demokratieprinzip und mangels demokratischer Legitimation nichtig.[761]

Etwas anderes müsste jedoch dann gelten, wenn es bereits vor Erlass der Richtlinie eine entsprechende nationale Regelung gab, sodass es einer Umsetzung nicht mehr bedurfte.[762]

bb) Rechtswidrigkeit des nationalen Umsetzungsgesetzes

Gaitanides und Ehricke vertreten die Ansicht, dass das mitgliedstaatliche Umsetzungsgesetz bei einer nichtigen Richtlinie nicht automatisch ungültig, sondern lediglich rechtswidrig wird.[763] Welche Auswirkungen das in Deutschland haben soll, ist jedoch unklar. Vielleicht soll damit zum Ausdruck kommen, dass in einem solchen Fall das Gesetz weiter gelten soll, bis der Gesetzgeber die Möglichkeit hatte, das Gesetz zu bestätigen oder zu ändern.

---

[758] Payandeh, DVBl. 2007, 741, 744 m. w. N.

[759] Payandeh, DVBl. 2007, 741, 744.

[760] Payandeh, DVBl. 2007, 741, 744.

[761] Payandeh, DVBl. 2007, 741, 745.

[762] Payandeh, DVBl. 2007, 741, 745.

[763] Gaitanides, in: von der Groeben/Schwarze/Hatje, Europäisches Unionsrecht, 7. Aufl. 2015, Art. 264 AEUV Rn. 5; Ehricke, in: Streinz, EUV/AEUV, 3. Aufl. 2018, Art. 264 AEUV Rn. 4 ohne näher auf die Rechtsfolge einzugehen – die Frage der Anwendbarkeit und Nichtigkeit richte sich nach einzelstaatlichem Recht.

cc) Keine Auswirkungen auf das nationale Umsetzungsgesetz

Röttinger scheint ohne nähere Begründung zu vertreten, dass die Nichtigkeit einer Richtlinie keine Auswirkungen auf das nationale Umsetzungsgesetz hat.[764] Die gleiche Ansicht vertritt der wissenschaftliche Dienst des Deutschen Bundestages.[765] Begründet wird dies damit, dass das BVerfG die alleinige Normverwerfungskompetenz hat und eine automatische Nichtigkeit im deutschen Recht nicht vorgesehen sei. Zudem könne nach der Nichtigkeit der Richtlinie der Gesetzgeber eigenständig entscheiden, das Umsetzungsgesetz zu ändern, aufzuheben oder aufrecht zu erhalten. Auch stünden praktische Erwägungen der Annahme einer Nichtigkeit entgegen (z.B. der Wegfall nur einzelner Artikel oder Paragrafen). Zudem sei es unerheblich, aus welchem Grund die Richtlinie nichtig sei.

dd) Auswirkungen bestimmen sich allein nach nationalem Recht

Dörr vertritt die Ansicht, dass das mitgliedstaatliche Umsetzungsgesetz seine unionsrechtliche Rechtfertigung rückwirkend verliert.[766] Die Konsequenzen daraus (Rechtswidrigkeit, Aufhebbarkeit oder Nichtigkeit) würden sich aber allein nach nationalem Recht bestimmen.[767]

Ist ein Gesetz verfassungswidrig, ist die Regelfolge die Nichtigkeit.[768] Dabei ist die ex-tunc-Nichtigkeit[769] automatische Rechtsfolge, die lediglich vom BVerfG festgestellt wird.[770]

Es ist jedoch fraglich, ob der Wegfall der unionsrechtlichen Rechtfertigung hier eine (formelle) Verfassungswidrigkeit bedeutet.

Ein Umsetzungsgesetz entspricht grundsätzlich und formalistisch den Anforderungen an die demokratische Legitimation von Gesetzen. Der Abgeordnete des

---

[764] Röttinger, EuZW 1993, 117, 120; bei aller gemeinschaftsrechtlichen Verpflichtung zur Umsetzung einer Richtlinie bleibe ein nationales Gesetz zur Umsetzung einer Richtlinie immer nationales Recht. Seine Rechtsnatur werde vom Beweggrund seiner Verabschiedung (hier der Umsetzungsverpflichtung) nicht berührt, so wohl auch ohne nähere Begründung Nettesheim in Grabitz/Hilf/Nettesheim, AEUV, Losebl. Stand: 48. Lfg. August 2012, Art. 288 Rn. 171.

[765] Wissenschaftliche Dienste des Deutschen Bundestages, Folgen der Nichtigkeit eines europäischen Rechtsaktes für den mitgliedstaatlichen Umsetzungsakt, 27. November 2007.

[766] Dörr, in: Grabitz/Hilf/Nettesheim, AEUV, Losebl. Stand: 49 EL November 2012, Art. 264 AEUV Rn. 10.

[767] So auch Pechstein, in: Frankfurter Kommentar AEUV, 2017, Art. 264 Rn. 7.

[768] Vgl. § 78 BVerfGG; so auch BVerfG, Urteil vom 22.02.1994 – 1 BvL 30/88 – BverfGE 90, 60, 104; Urteil vom 07.02.2012 – 1 BvL 14/07 – BverfGE 130, 240, 260.

[769] Vgl. zur Möglichkeit der ex-nunc-Nichtigkeit bei Verfassungswidrigkeit durch nachfolgende Umstände Bethge, in: Schmidt-Bleibtreu/Klein/Bethge, Kommentar zum BVerfGG, Losebl. Stand: 60. Lfg. Juli 2020, § 31 Rn. 153.

[770] So Bethge, in: Schmidt-Bleibtreu/Klein/Bethge, Kommentar zum BVerfGG, Losebl. Stand: 60. EL Juli 2020, § 31 Rn. 145 ff.

Bundestages kann sich auf sein Recht aus Art. 38 Abs. 1 Satz 2 GG berufen. Es steht ihm damit frei, dem Umsetzungsgesetz zuzustimmen, wenn er es denn für „richtig" hält oder seine Zustimmung zu verweigern, wenn er z. B. die Richtlinie für nichtig hält oder aber aus anderen Gründen mit den inhaltlichen Regelungen nicht übereinstimmt. Wie Payandeh jedoch zu Recht ausführt[771], wird eine solche formalistische Betrachtungsweise der Realität nicht gerecht. Zum einen droht bei einer Nichtumsetzung einer Richtlinie ein Vertragsverletzungsverfahren nach Art. 258 ff. AEUV, bei dem auch empfindliche Buß- oder Zwangsgelder festgesetzt werden können, vgl. Art. 260 Abs. 2 AEUV. Zum anderen besteht auch nach verfassungsrechtlichen Maßstäben eine Verpflichtung zur Umsetzung von Richtlinien.[772] Diese Verpflichtung besteht natürlich nicht im Rahmen eines Ultra-vires-Rechtsaktes (insbesondere bestünde dann die Verpflichtung, diesen Ultra-vires-Rechtsakt zu beseitigen)[773]. Diese Beurteilung wird jedoch regelmäßig nicht mit Sicherheit feststehen.

Damit sprechen gute Gründe dafür, hier von einem verfassungsrechtlichen Defizit auszugehen, das zu einer Nichtigkeit des Umsetzungsgesetzes führt.

Damit würde diese Ansicht auch die Nichtigkeit des Umsetzungsgesetzes annehmen, die Rechtsfolge wäre aber abhängig von einer Entscheidung des BVerfG.

ee) Stellungnahme

Da die Ansichten zu unterschiedlichen Ergebnissen kommen, ist eine Stellungnahme erforderlich.

Die Ansicht, nach der das nationale Umsetzungsgesetz rechtswidrig wird, ist wohl dahingehend zu verstehen, dass das Gesetz nicht nichtig („ungültig") sein soll. Das deutsche Recht sieht aber eine bloße Rechtswidrigkeit von Gesetzen nicht vor. Entweder das Gesetz ist verfassungswidrig und damit nichtig oder es ist verfassungskonform. Soweit die Ansicht also davon ausgeht, dass das Umsetzungsgesetz zwar „rechtswidrig" aber nicht nichtig sein soll, bleibt diese „theoretische Rechtswidrigkeit" scheinbar folgenlos. Damit stimmt sie mit der Ansicht von Röttinger und dem DWD überein.

Diese Ansicht ist jedoch abzulehnen. Die demokratischen Mängel sind, wie oben dargestellt, als so schwerwiegend zu beurteilen, dass das Umsetzungsgesetz verfassungswidrig und damit nichtig ist. Insoweit ist es nicht ausreichend, dass der Gesetzgeber nach Erkennen der Nichtigkeit einer Richtlinie nunmehr eigenständig entscheiden kann, ob er das Umsetzungsgesetz ändert, aufhebt oder aufrechterhält. Gesetze bedürfen einer aktiven demokratischen Legitimation, die eine aktive Ent-

771 Payandeh, DVBl. 2007, 741, 744.

772 Vgl. BFH, Urteil vom 29. 10. 2013 – VII R 68/11, BStBl. II 2016, 115; Schlachter, EuZA 2015, 1, 3 f.

773 Vgl. dazu oben F.III.1.; Wollenschläger, in: Dreier, GG, 3. Aufl. 2015, Art. 23 Rn. 175.

scheidung der Legislative erfordert. Der Bestand eines verfassungsrechtlich mangelhaften Gesetzes aufgrund Untätigkeit der Legislative darf nicht die Folge sein. Dabei ist auch zu berücksichtigen, dass der Gesetzgeber auch bei einer Nichtigkeit des Umsetzungsgesetzes tätig werden kann und damit dafür sorgen kann, das Umsetzungsgesetz zu ändern oder aufrechtzuhalten. Nur ist hier der Regelfall, dass der Gesetzgeber zur Weitergeltung tätig werden muss.

Im deutschen Recht ist jedoch kein automatischer Wegfall bzw. die sofortige Unanwendbarkeit eines Gesetzes vorgesehen. Vielmehr ist diese erst vom BVerfG festzustellen. Unbillige Ergebnisse wie der spontane Wegfall einzelner Vorschriften oder der Wegfall von Regelungen entgegen dem Willen des Gesetzgebers sind daher nicht zu befürchten. Sollte der Gesetzgeber mit entsprechenden Mehrheiten eine Regelung wünschen, steht es ihm frei diese gesetzlich zu treffen.

Bis zur förmlichen Feststellung der Nichtigkeit durch das BVerfG haben die Gerichte und die Verwaltung die Vorschriften weiter anzuwenden. Die Entscheidung des BVerfG über die Nichtigkeit eines Gesetzes hat gemäß § 31 Abs. 2 BVerfGG Gesetzeskraft. Das BVerfG kann jedoch auch die bloße Unvereinbarkeit mit dem Grundgesetz feststellen und befristet die Weitergeltung einer Norm anordnen.[774] Das ändert zwar nichts an der Nichtigkeit der Norm, sie ist weiterhin unanwendbar.[775] Die weitere Anwendung des Regelungsinhalts der Norm ergibt sich dann aber aus der Weitergeltungsanordnung des BVerfG.[776]

Damit ist auch davon auszugehen, dass zur Vermeidung von schwerwiegenden Folgen bis zu einer Neuregelung oder Bestätigung des Umsetzungsgesetzes durch den Gesetzgeber durch das BVerfG sichergestellt werden könnte, dass ggf. die Reglungen des nichtigen Gesetzes bis zur Neuregelung zur Vermeidung von unbilligen Ergebnissen weitergelten.

Es bestehen also im Wesentlichen für den Fall der ATAD drei Möglichkeiten[777]:

1. Das BVerfG stellt die Nichtigkeit fest, das Umsetzungsgesetz kommt zu keiner Anwendung.
2. Das BVerfG erlässt eine Weitergeltungsanordnung und setzt dem Gesetzgeber eine Frist zur Neuregelung.
3. Das BVerfG erlässt eine Weitergeltungsanordnung, trifft aber eine eigenständige Regelung bezüglich bestimmter Vorschriften, nimmt also eine inhaltliche Mo-

---

[774] Bethge, in: Schmidt-Bleibtreu/Klein/Bethge, Kommentar zum BVerfGG, Losebl. Stand: 60. EL Juli 2020, § 31 Rn. 144.

[775] Bethge, in: Schmidt-Bleibtreu/Klein/Bethge, Kommentar zum BVerfGG, Losebl. Stand: 60. EL Juli 2020, § 31 Rn. 227.

[776] Bethge, in: Schmidt-Bleibtreu/Klein/Bethge, Kommentar zum BVerfGG, Losebl. Stand: 60. EL Juli 2020, § 31 Rn. 227.

[777] Vgl. dazu Bethge, in: Schmidt-Bleibtreu/Klein/Bethge, Kommentar zum BVerfGG, Losebl. Stand: 60. EL Juli 2020, § 31 Rn. 139 ff.

difizierung vor. Die Weitergeltungsanordnung wird befristet bis zu einer Regelung des Gesetzgebers.

Angewendet auf die Umsetzung der Hinzurechnungsbesteuerung nach der ATAD in Deutschland könnte der Automatismus „Nichtigkeit" zu Verwerfungen führen. Denn es bestand bereits vor Umsetzung der Vorgaben der ATAD ein (zwar dringend reformbedürftiges und teilweise europarechtswidriges[778], aber dennoch) durchdachtes Gesamtregelungssystem zur Verfügung. Hätte der Gesetzgeber die Richtlinie nicht unter demokratischen Mängeln versucht umzusetzen, hätte die alte Regelung fortbestanden. Die Nichtigkeit des Umsetzungsgesetzes würde dann dazu führen, dass eine Hinzurechnungsbesteuerung bis zu einer Neuregelung mangels Rechtsgrundlage zu unterbleiben hätte. Insofern sollte das BVerfG entweder die Weitergeltung des Umsetzungsgesetzes oder – im Sinne einer Modifizierung – die Geltung des alten Rechts bis zu einer Bestätigung oder Neuregelung durch den Gesetzgeber anordnen.

ff) Ergebnis

Die ATAD ist als Ultra-vires-Rechtsakt nichtig. Die Nichtigkeit hat auch die Nichtigkeit des deutschen Umsetzungsgesetzes zur Folge. Insoweit sollte das BVerfG aber zur Vermeidung von Unbilligkeiten entweder die Weitergeltung des Umsetzungsgesetzes oder die Geltung der alten Hinzurechnungsbesteuerung anordnen und dem Gesetzgeber eine Frist zur Neuregelung oder Bestätigung auch ohne die Vorgaben der nichtigen Richtlinie setzen. Da die Richtlinie nicht nur einen Ultra-vires-Rechtsakt darstellt, sondern auch gegen die Niederlassungsfreiheit verstößt wäre eine Anwendung der alten Hinzurechnungsbesteuerung[779] vorzugswürdig.

b) Bedeutung für den Rechtsweg

Allerdings ist fraglich, wie bzw. wann das BVerfG überhaupt mit der Sache befasst wird.

[778] Vgl. dazu Rehfeld, Die Vereinbarkeit des Außensteuergesetzes mit den Grundfreiheiten des EG-Vertrags; Reissinger, Die Hinzurechnungsbesteuerung gemäß Außensteuergesetz – Grenzen und Möglichkeiten der Gesetzgebung.

[779] Allerdings wird und wurde auch hier die Vereinbarkeit mit den Grundfreiheiten in Frage gestellt, vgl. dazu auch oben D.

aa) Kontrolle durch BVerfG

Das BVerfG hat sich in einigen Entscheidungen[780] bereits mit der Ultra-vires-Thematik beschäftigt und einige Grundsätze aufgestellt. Diese sind jedoch umstritten und die jeweiligen Voten fielen nicht einstimmig aus.[781]

Ein Verstoß gegen die vom BVerfG aufgestellten Grundsätze soll von diesem überprüfbar sein im Wege der „Ultra-vires-Kontrolle".[782]

In seiner Lissabon-Entscheidung hat das BVerfG bereits zu der Ultra-vires-Problematik Stellung genommen. Es verweist dabei auf den Unterschied in der Rechtsgeltung zwischen z.B. Bundesrecht und Landesrecht und Bundesrecht und europäischem Recht. Während das Bundesrecht das Landesrecht breche (Art. 31 GG) begründe das supranationale Recht eine solche rechtsvernichtende, derogierende Wirkung nicht. Das mitgliedstaatliche Recht trete nur in seiner Anwendung insoweit zurück, wie es die Verträge erfordern und nach dem durch das Zustimmungsgesetz erteilten innerstaatlichen Rechtsanwendungsbefehl auch erlauben.[783] Unionsrechtswidriges Recht werde lediglich soweit unanwendbar, wie es der entgegenstehende unionsrechtliche Regelungsgehalt verlange.[784]

Während dies im Rechtsalltag regelmäßig kaum zu Unterschieden führen werde, habe dies Konsequenzen für das Verhältnis von mitgliedstaatlicher und europäischer Gerichtsbarkeit.[785]

Es sollen nach BVerfG keine die Integration gefährdenden Wirkungen dadurch eintreten, dass die Einheit der Gemeinschaftsrechtsordnung durch unterschiedliche Anwendbarkeitsentscheidungen mitgliedstaatlicher Gerichte in Frage gestellt werden.[786] Das BVerfG führt weiter dazu aus, dass es Entscheidungen des EuGH nur

---

[780] BVerfG, Urteile vom 12.10.1993 – 2 BvR 2134/92, 2 BvR 2159/92, BVerfGE 89, 155 – Maastricht, vom 30.06.2009 – 2 BvE 2/08 u.a. BVerfGE 123, 267 – Lissabon; Beschluss vom 06.07.2010 – 2 BvR 2661/06, BVerfGE 126, 286 – Honeywell; Vorlagebeschluss vom 14.01.2014 – 2 BvR 2728/13 u.a. BVerfGE 134, 366 – OMT. Vgl. zur Entwicklung der Rechtsprechung auch Schwerdtfeger, EuR 2015, 290.

[781] BVerfG, Vorlagebeschluss vom 14.01.2014 – 2BvR 2728/13 u.a., BVerfGE 134, 366 – OMT mit abw. M. Richter Gerhardt, Richterin Lübbe-Wolff. Siehe auch Pötters/Traut, EuR 2011, 580; Schwerdtfeger, EuR 2015, 290; Wendel, ZaöRV 2014, 615; Gött, EuR 2014, 514.

[782] BVerfG, Urteil vom 30.06.2009 – 2 BvE 2/08 u.a. BVerfGE 123, 267 – Lissabon, Rn. 240.

[783] BVerfG, Urteil vom 30.06.2009 – 2 BvE 2/08 u.a. BVerfGE 123, 267 – Lissabon, Rn. 335.

[784] BVerfG, Urteil vom 30.06.2009 – 2 BvE 2/08 u.a. BVerfGE 123, 267 – Lissabon, Rn. 335.

[785] BVerfG, Urteil vom 30.06.2009 – 2 BvE 2/08 u.a. BVerfGE 123, 267 – Lissabon, Rn. 336.

[786] BVerfG, Urteil vom 30.06.2009 – 2 BvE 2/08 u.a. BVerfGE 123, 267 – Lissabon, Rn. 337.

„grundsätzlich" anerkennen könne.[787] Das BVerfG prüfe aber weiterhin, ob Rechtsakte der EU sich in den Grenzen der eingeräumten Hoheitsrechte halten oder aber eine vertragsausdehnende Auslegung der Verträge durch die Gemeinschaftsgerichtsbarkeit vorliege, die einer unzulässigen autonomen Vertragsänderung gleichkomme.[788] Das BVerfG müsse auch entscheiden, wenn die übertragenen Hoheitsrechte mit Wirkung für Deutschland so ausgeübt werden, dass eine Verletzung der unverfügbaren Verfassungsidentität die Folge sei.[789]

Im Grunde genommen behält sich das BVerfG nach den Grundsätzen der Lissabon-Entscheidung damit die Entscheidung vor im Bereich der Identitätskontrolle, der Subsidiaritätskontrolle und der Ultra-vires-Kontrolle.[790]

Allerdings entscheidet auch der EuGH über Kompetenzfragen.[791] Damit besteht grundsätzlich die Möglichkeit, dass sowohl der EuGH als auch das BVerfG prüfen, ob sich Rechtsakte innerhalb der der Europäischen Union eingeräumten Kompetenzen halten. Welcher Instanz bei abweichenden Urteilen zu folgen wäre, wurde bisher vom BVerfG noch nicht klar thematisiert.[792] Scholz meint im Lissabon-Urteil aber erkennen zu können, dass das BVerfG seine eigene Entscheidung als vorrangig sehen würde.[793]

In seinem Lissabon-Urteil wirft das BVerfG auch die Möglichkeit auf, neben den bereits bestehenden Klagemöglichkeiten für eine Überprüfung durch das BVerfG[794] ein besonderes Verfahren für die Ultra-vires-Kontrolle zu entwickeln. Denkbar sei auch die Schaffung eines zusätzlichen, speziell auf die Ultra-vires-Kontrolle zugeschnittenen verfassungsrechtlichen Verfahrens durch den Gesetzgeber zur Absicherung der Verpflichtung deutscher Organe, kompetenzüberschreitende Unionsrechtsakte im Einzelfall in Deutschland unangewendet zu lassen.[795]

---

[787] BVerfG, Urteil vom 30.06.2009 – 2 BvE 2/08 u.a. BVerfGE 123, 267 – Lissabon, Rn. 337.

[788] BVerfG, Urteil vom 30.06.2009 – 2 BvE 2/08 u.a. BVerfGE 123, 267 – Lissabon, Rn. 338.

[789] BVerfG, Urteil vom 30.06.2009 – 2 BvE 2/08 u.a. BVerfGE 123, 267 – Lissabon, Rn. 339.

[790] Vgl. dazu Scholz, in: Dürig/Herzog/Scholz, Kommentar zum GG, Losebl. Stand: Oktober 2009 Art. 23 Rn. 40.

[791] Vgl. z.B. EuGH, Urteil vom 06.10.2015 – Rs. C-362/14 – Schrems; vgl. dazu auch Frenz, EWS 2015, 257; EuGH, Gutachten vom 15.11.1994 – Rs. C-1/94 – TRPIS-Kompetenz, Slg. 1994, I-05267.

[792] Vgl. dazu Scholz, in: Dürig/Herzog/Scholz, Kommentar zum GG, Losebl. Stand: Oktober 2009 Art. 23 Rn. 40.

[793] Scholz, in: Dürig/Herzog/Scholz, Kommentar zum GG, Losebl. Stand: Oktober 2009 Art. 23 Rn. 40.

[794] Abstrakte Normenkontrolle nach Art. 93 Abs. 1 Nr. 2 GG, konkrete Normenkontrolle nach Art. 100 Abs. 1 GG, Organstreitverfahren nach Art. 93 Abs. 1 Nr. 1 GG, Bund-Länder-Streit nach Art. 93 Abs. 1 Nr. 3 GG, Verfassungsbeschwerde nach Art. 93 Abs. 1 Nr. 4a GG.

[795] BVerfG, Urteil vom 30.06.2009 – 2 BvE 2/08 u.a. BVerfGE 123, 267 – Lissabon.

Es ist unwahrscheinlich, dass das BVerfG damit damals davon ausging, dass eine Ultra-vires-Kontrolle nur mit einem solchen neuen Verfahren möglich sei. Vielmehr sollten die bereits genannten bestehenden Verfahrenstypen ausreichen, eine wirksame Ultra-vires-Kontrolle durchzuführen.[796]

Tatsächlich hat sich das BVerfG seit dieser Entscheidung mehrfach mit der Ultra-vires-Thematik befasst, so z. B. in der „Honeywell-Entscheidung"[797] oder im „OMT-Vorlagebeschluss"[798]

(1) Honeywell-Beschluss des BVerfG

In der Honeywell-Entscheidung ging es darum, ob der EuGH mit seinem Mangold-Urteil[799] seine Kompetenzen verletzt hat. Die Problematik entsteht im Rahmen der Übertragung der Kompetenzen auf die EU und dem Prinzip der begrenzten Einzelermächtigung.[800] Die Kompetenzübertragung erfolgt in Deutschland über das Zustimmungsgesetz, welches als nationales Gesetz grundsätzlich der Kontrolle durch das BVerfG unterliegt. Insoweit hat das BVerfG darüber zu entscheiden, welche Kompetenzen in welchem Umfang im Rahmen des Zustimmungsgesetzes tatsächlich an die Europäische Union übertragen wurden.

Auf der anderen Seite ist es nach Art. 19 Abs. 1 Satz 2 EUV Aufgabe des EuGH, das Unionsrecht verbindlich auszulegen. Auch diese Entscheidung zur grundsätzlichen Zuständigkeit des EuGH wurde im Rahmen des Zustimmungsgesetzes durch Deutschland bestätigt. Andernfalls bestünde die Gefahr, dass jedes Land für sich genommen im Einzelfall überprüft, ob eine Kompetenzübertragung tatsächlich im vom EuGH angenommen Umfang stattgefunden hat. Eine europäisch-einheitliche Auslegung wäre damit gefährdet und die vorgesehene Harmonisierung würde durch solche nationalen Superrevisionsinstanzen in Zweifel gezogen.

(a) Entscheidung

Das BVerfG hat in seiner Entscheidung ausgeführt, dass die Ultra-vires-Kontrolle nur zurückhaltend ausgeübt werden und auf erhebliche Kompetenzverstöße beschränkt werden soll.[801] Der Kompetenzverstoß muss damit primär über die unionseigenen Kontrollorgane korrigiert werden. Erst bei einem endgültigen Versagen muss eine Kontrolle durch das BVerfG erfolgen.[802]

---

[796] So auch Scholz, in: Dürig/Herzog/Scholz, Kommentar zum GG, Losebl. Stand: Oktober 2009 Art. 23 Rn. 40.

[797] BVerfG, Beschluss vom 06.07.2010 – 2 BvR 2661/06, BVerfGE 126, 286.

[798] BVerfG, Beschluss vom 14.01.2014 – 2 BvR 2728/13 u. a. BVerfGE 134, 366.

[799] EuGH, Urteil vom 22.11.2005 – Rs. C-144/04 – Mangold, Slg. 2005, I-09981.

[800] Vgl. dazu bereits oben F.I.1.a)aa).

[801] Vgl. BVerfG, Beschluss vom 06.07.2010 – 2 BvR 2661/06, BVerfGE 126, 286, 304; Pötters/Traut, EuR 2011, 580, 582.

[802] Vgl. auch Pötters/Traut, EuR 2011, 580.

Der Kompetenzverstoß muss zudem hinreichend qualifiziert sein.[803] Das setzt laut BVerfG unter Verweis auf die Rechtsprechung des EuGH voraus, dass die dem unionalen Handeln gesetzten Grenzen offenkundig und erheblich überschritten wurden.[804]

Dabei sind anerkannte Grundsätze wie das effet utile, Implied-Powers-Doktrin und die grundsätzlich akzeptierte Rechtsfortbildung durch den EuGH[805] zu beachten. Der EuGH muss sich bei seiner Auslegung an den juristisch anerkannten Auslegungsmethoden messen lassen.[806] Dabei erfolgt die Auslegung nicht allein Anhand der Vertragstexte, sondern auch anhand des gesamten heutigen „acquis communautaire“[807], zu dem auch die Leitlinien der Rechtsprechung inklusive der richterrechtlichen Weiterentwicklung der Verträge gehören sollen. Beispiel für Letzteres sind die unmittelbare Wirkung der Grundfreiheiten, Anwendungsvorrang des Europarechts, Anerkennung des unionsrechtlichen Staatshaftungsanspruchs und der Unionsgrundrechte.[808]

Ein Kompetenzverstoß muss dazu eine ausreichende Schwere aufweisen. Das ist nach BVerfG dann der Fall, wenn der in Frage stehende Rechtsakt der EU im Kompetenzgefüge und unter Berücksichtigung vom Prinzip der begrenzten Einzelermächtigung und rechtsstaatlicher Gesetzesbindung erheblich ins Gewicht fällt.[809] Kompetenzüberschreitungen, die in Hinblick auf Souveränität und verfassungsrechtliche Identität der Mitgliedstaaten besonders sensibel sind, wiegen besonders schwer.[810] In Einzelfällen könne eine Überschreitung aber auch hingenommen werden.[811]

---

[803] BVerfG, Beschluss vom 06.07.2010 – 2 BvR 2661/06, BVerfGE 126, 286; vgl. dazu Pötters/Traut, EuR 2011, 580 Fn. 27.

[804] BVerfG, Beschluss vom 06.07.2010 – 2 BvR 2661/06, BVerfGE 126, 286, 304 mit Verweis auf EuGH, Urteil vom 10.07.2003 – Rs. C-472/00 P – Fresh Marine, Slg. 2003, I-07541, Rn. 26; vgl. auch EuGH, Urteil vom 05.03.1996 – Rs- C-46/93 und 48/93 – Brasserie du pecher, Slg. 1996, I-01029, Rn. 55.

[805] Soweit sich aus der Rechtsprechung des EuGH vor den zuletzt ratifizierten Verträgen, also vor den Verträgen von Lissabon, eine Neuausrichtung oder „Erweiterung“ der zuvor übertragenen Kompetenzen ergäbe, wäre die konkludent durch die neuen Verträge gebilligt worden, vgl. Pötters/Traut, EuR 2011, 580, 586.

[806] Vgl. BVerfG, Beschluss vom 06.07.2010 – 2 BvR 2661/06, BVerfGE 126, 286, 307.

[807] So Pötters/Traut, EuR 2011, 580, 586.

[808] Vgl. dazu Pötters/Traut, EuR 2011, 580, 586.

[809] BVerfG, Beschluss vom 06.07.2010 – 2 BvR 2661/06, BVerfGE 126, 286, 304.

[810] BVerfG, Beschluss vom 06.07.2010 – 2 BvR 2661/06, BVerfGE 126, 286, 307.

[811] BVerfG, Beschluss vom 06.07.2010 – 2 BvR 2661/06, BVerfGE 126, 286, 307.

(b) Bewertung

Das Urteil wurde in der Fachliteratur diskutiert und es wurde von einem Rückzieher des BVerfG im Vergleich zum Lissabon-Urteil gesprochen.[812] Auch wurden die aufgestellten Grundsätze und Kriterien als zu unkonkret beschrieben.[813]

Die Anlehnung des BVerfG an die EuGH-Rechtsprechung zu unionsrechtlichem Haftungsrecht ist allerdings unpassend.[814] Bei der Frage des Ultra-vires-Verstoßes geht es um die Feststellung, ob überhaupt ein Verstoß gegen die Kompetenzverteilung vorliegt, nicht aber um die Frage, ob dieser Verstoß erheblich oder offenkundig war.[815] Nach der Rechtsprechung des BVerfG kommt es nämlich eigentlich darauf an, ob noch eine Auslegung zugunsten der Bejahung einer Kompetenz möglich war oder nicht. Das Kriterium der Offensichtlichkeit kann nach diesen Grundsätzen dann aber so verstanden werden, dass die Grenze der Auslegungsmöglichkeiten erst bei einer offensichtlichen Kompetenzüberschreitung erreicht ist. Die Erheblichkeitsschwelle folgt aus dem Gebot der Europarechtsfreundlichkeit und ist grundsätzlich nicht zu beanstanden.

Die so vom BVerfG aufgestellten Grundsätze stellen daher hohe Anforderungen an die Möglichkeit einen Ultra-vires-Rechtsakt tatsächlich erfolgreich geltend zu machen.

Nach der Entscheidung bleibt aber ungeklärt, welches Gericht am Ende endgültig entscheiden würde.

(2) OMT-Beschluss des BVerfG

Nach dem OMT-Beschluss des Bundesverfassungsgerichts ist auch eine Verfassungsbeschwerde des Bürgers möglich.[816]

Das BVerfG leitet das Recht des Bürgers zur Ultra-vires-Kontrolle aus Art. 38 Abs. 1 Satz 1 GG ab.[817] Der wahlberechtigte Bürger habe zur Sicherung seiner demokratischen Einflussmöglichkeit im Prozess der europäischen Integration aus Art. 38 Abs. 1 Satz 1 GG grundsätzlich ein Recht darauf, dass eine Verlagerung von Hoheitsrechten nur in den dafür vorgesehenen Formen von Art. 23 Abs. 1 Sätze 2 und 3, Art. 79 Abs. 2 GG geschehe. Der Bürger könne deshalb verlangen, dass Bundestag und Bundesregierung sich aktiv mit der Frage auseinandersetzen, wie die Kompetenzordnung wiederhergestellt werden kann, und eine positive Entscheidung

---

[812] Vgl. dazu Pötters/Traut, EuR 2011, 580.

[813] Vgl. Pötters/Traut, EuR 2011, 580, 587.

[814] So auch Pötters/Traut, EuR 2011, 580, 585.

[815] So auch Pötters/Traut, EuR 2011, 580, 585.

[816] Vgl. BVerfG, Beschluss vom 14.01.2014 – 2 BvR 2728/13 u.a. BVerfGE 134, 366, 397, Rn. 53.

[817] Vgl. BVerfG, Beschluss vom 14.01.2014 – 2 BvR 2728/13 u.a. BVerfGE 134, 366, 397, Rn. 53.

darüber herbeiführen, welche Wege dafür beschritten werden sollen. Dies könne mit einer Verfassungsbeschwerde geltend gemacht werden.

bb) Auswirkungen in der Praxis

Diese Grundsätze können aber nur dann zu einer Entscheidung des BVerfG führen, wenn dieses auch tatsächlich mit der Sache befasst wird. Dies kann durch eine direkte Verfassungsbeschwerde eines Bürgers erreicht werden. Fraglich wäre jedoch insoweit, wann eine solche zulässig wäre. Insbesondere problematisch könnte hier nämlich die Rechtswegerschöpfung werden. Durch die Vorlagepflicht der nationalen Gerichte nach Art. 267 AEUV wird regelmäßig bereits faktisch der EuGH die Auslegungs- und Entscheidungshoheit ausüben und behalten. Legt ein deutsches Gericht nicht vor, so kann dies als Verletzung des Prinzips des gesetzlichen Richters angegriffen werden. In dem Fall entscheidet das BVerfG aber lediglich über die Frage, ob tatsächlich eine Verletzung dieses Grundrechts vorliegt. Es geht also nicht um die Frage, ob eine europäische Maßnahme oder Regelung außerhalb der der Europäischen Union übertragenen Kompetenzen liegt. Zusätzlich erfolgt durch das BVerfG auch keine strikte Prüfung, sondern es beschränkt seine Prüfung darauf, ob das nationale Gericht den ihm zukommenden Beurteilungsrahmen in unvertretbarer Weise überschritten hat.[818]

Regelmäßig wird es also erforderlich sein, dass der Steuerpflichtige im Rahmen der Steuerveranlagung gegen die Anwendung der Hinzurechnungsbesteuerung klageweise vorgehen muss. Das Gericht wird dann im Zweifel die Frage dem EuGH vorlegen. Entscheidet der EuGH, dass ein Ultra-vires-Rechtsakt vorliegt, müsste das Finanzgericht das nationale Umsetzungsgesetz in einer abstrakten Normenkontrolle dem BVerfG vorlegen.

Legt das Finanzgericht die Sache dem EuGH nicht vor, könnte der Steuerpflichtige entweder eine Entscheidung des EUGH mit einer Rüge der Verletzung des Gebots des gesetzlichen Richters vor dem Verfassungsgericht erwirken. Der weitere Verlauf wäre wie oben beschrieben.

Sollte der EuGH jedoch entscheiden, dass er in der Richtlinie keinen Ultra-vires-Rechtsakt erkennt, müsste der Steuerpflichtige nach Klageabweisung Verfassungsbeschwerde erheben.

3. Ergebnis

Am Ende steht für den Steuerpflichtigen eine Entscheidung des BVerfG. Der Weg dahin ist jedoch kompliziert und langwierig. Zudem besteht ein Risiko, dass die Entscheidungen von EuGH und BVerfG auseinanderfallen. In diesem Fall hätte

---

[818] BVerfG, Beschluss vom 06.07.2010 – 2 BvR 2661/06, BVerfGE 126, 286, 317; vgl. auch Pötters/Traut, EuR 2011, 580, 590 f.

die Entscheidung des BVerfG Vorrang. Es ist dabei davon auszugehen, dass ein Auseinanderfallen nur in der Art möglich wäre, dass der EuGH einen Ultra-vires-Rechtsakt verneint, das BVerfG jedoch bejaht. Entscheidet der EuGH nämlich, dass ein Ultra-vires-Rechtsakt vorliegt, ist die Folge die Nichtigkeit des Rechtsaktes. Selbst wenn das BVerfG davon ausginge, dass nach deutschem Verständnis insoweit die Hoheitsrechte übertragen wurden, würde das nicht zu einem Wiederaufleben der nichtigen Richtlinie führen, so dass eine abweichende Entscheidung des BVerfG mangels Erheblichkeit ausbleiben würde.

G. Endergebnis

Das internationale Steuerrecht ist geprägt von der Bemühung auf der einen Seite eine Doppelbesteuerung zu verhindern, auf der anderen Seite aber ungerechtfertigte Steuervorteile zu vermeiden. Wann ein steuerlicher Vorteil aber in diesem Sinne ungerechtfertigt ist, ist im Einzelfall schwer zu bestimmen. Letztlich geht es oft auch um die Frage, welcher Staat in welchem Umfang auf potenzielles Steuersubstrat zurückgreifen darf.

In den letzten Jahren wurde vermehrt die Ansicht vertreten, dass die aggressive (wenn auch legale) Vermeidung von Steuern in diesem Sinne „ungerechtfertigt" ist. Ein Mechanismus, um die aggressive Vermeidung für bestimmte Einkünfte und bestimmte Beteiligungsstrukturen zu verhindern bzw. einzuschränken ist die Hinzurechnungsbesteuerung. Damit kann einem Staat ein erweiterter Zugriff auf Steuersubstrat gewährt werden, das diesem Staat eigentlich zugestanden hätte. Es besteht derzeit wohl ein Konsens, dass das Instrument „Hinzurechnungsbesteuerung" grundsätzlich sinnvoll dazu beitragen kann, ungerechtfertigte Steuervorteile zu vermindern und einen Zugriff auf das Steuersubstrat zu ermöglichen.

Hiervon ist jedoch die Frage zu unterscheiden, ob die EU in diesem Bereich verbindliche Vorgaben für ihre Mitgliedstaaten durch Richtlinien setzen darf und ob diese Richtlinien im Einzelfall auch den europäischen Vorgaben entsprechen.

Ob eine Rechtsetzung grundsätzlich oder überhaupt möglich ist, richtet sich danach, ob die Mitgliedstaaten der EU die Kompetenz zur Rechtsetzung übertragen haben. Wie hier dargelegt, ist das im Bereich des direkten Steuerrechts nur sehr eingeschränkt der Fall. Wie die Erwägungsgründe der ATAD bereits selbst feststellen, ist das Steuerrecht ein sehr komplexes Rechtsgebiet. Deshalb sind allenfalls die Mitgliedstaaten selbst in der Lage, Änderungen oder Ergänzungen in diesem System durchzuführen. Eine punktuelle Richtlinie, die von außen in die Steuersysteme der Mitgliedstaaten eingreift, birgt das Risiko, nicht hinreichend durchdacht zu sein. Das ist auch bei der Hinzurechnungsbesteuerung nach der ATAD der Fall. Allein durch die unterschiedlichen Regelungsmöglichkeiten (wie z.B. der Wahl zwischen „Passivkatalog" und „Principle-Purpose-Test") können sich erhebliche Verwerfungen ergeben, die für den „redlichen" Steuerpflichtigen unnötige Komplikationen und eine erhöhte Komplexität mit sich bringen, für den „unredlichen" Steuerpflichtigen, der eigentlich von der Richtlinie erfasst werden soll, jedoch weiteres Gestaltungspotential bieten.

Die Hinzurechnungsbesteuerung nach der ATAD erinnert daher mehr an Aktionismus und Symbolpolitik als an eine sinnvolle Ergänzung für die unterschiedlichen Steuersysteme.

Die EU-Kommission scheint aber Gefallen daran gefunden haben, außerhalb ihrer eigentlichen Kompetenzen zu agieren. So hat sie am 22.12.2021 einen Richtlinienentwurf zur Verhinderung des Missbrauchs von Mantelgesellschaften zu Steuerzwecken und zur Änderung der Richtlinie 2011/16/EU veröffentlicht. Die Regelungen des Richtlinienentwurfs sollen bis zum 30.06.2023 in nationales Recht umgesetzt werden und grundsätzlich ab dem 01.01.2024 anzuwenden sein. Ähnlich wie die Hinzurechnungsbesteuerung soll sie einen Steuerzugriff ermöglichen, wenn bestimmte („passive") Einkünfte über ausländische Gesellschaften mit geringer Substanz erzielt werden. Ein Anwendungsverhältnis zur Hinzurechnungsbesteuerung ist nicht vorgesehen. Die ungenauen Vorgaben der ATAD selbst und die unabgestimmte Planung weiterer Richtlinien durch die EU verdeutlicht, dass die EU derzeit scheinbar nicht in der Lage ist, umfassende Vorgaben für eine erweiterte Besteuerung zu erlassen. Gerade wenn es nicht nur an der kompetenziellen Befugnis zum Erlass von Richtlinien fehlt, sondern auch am rechtlichen Sachverstand über das Steuerrecht sämtlicher Mitgliedstaaten sowie der eigenen Regelungsvorschläge, sollte eine Rechtsetzung durch die EU unterbleiben.

Hier zeigt sich auch ein weiteres Problem der Rechtsetzung durch die EU im Bereich der direkten Steuern gestützt auf Art. 115 AEUV: Die Beseitigung einer Richtlinie kann ebenfalls nur einstimmig erfolgen (oder durch Entscheidung des EuGH bei Rechtswidrigkeit).

Anstelle von derartig kompetenzwidrigen und undurchdachten Maßnahmen wäre es wünschenswert, der EU (so denn tatsächlich von den Mitgliedstaaten gewünscht) weitergehende Kompetenzen zum Erlass von Maßnahmen im Bereich des direkten Steuerrechts einzuräumen. Diese wären dann mit dem Auftrag der Erarbeitung einer Gesamtkonzeption für ein Steuersystem oder einen Teil eines Steuersystems zu erarbeiten. Damit wäre zumindest die Kompetenzfrage klar abgegrenzt und die Chance auf zusammenhängende und folgerichtige Maßnahmen im Gegensatz zu unpräzisen, unabgestimmten Maßnahmen wie der Hinzurechnungsbesteuerung nach der ATAD wäre sicherlich deutlich höher.

Vor dem Hintergrund der aktuellen Rechtslage ist es aber weder rechtmäßig noch sinnvoll, wenn die EU belastende Maßnahmen im Bereich des direkten Steuerrechts erlässt, die nicht zwingend durch die Verwirklichung der Grundfreiheiten bedingt sind.

Das zeigt sich an der Hinzurechnungsbesteuerung nach der ATAD. Die ATAD stellt einen Ultra-vires-Rechtsakt dar, ist nur bedingt geeignet den Richtlinienzweck zu erreichen und verstößt gegen die Grundfreiheiten. Die Existenz der nichtigen Richtlinie hat bereits für viel Wirbel gesorgt und wird sicherlich bis zu einer abschließenden Klärung durch den EuGH und/oder das BVerfG für weiterhin viel Unsicherheit sorgen. Das gilt insbesondere, wenn die EU (ebenfalls kompetenzwidrig) weitere Richtlinien mit nahezu identischem Anwendungsbereich erlässt.

H. Nachwort

Die Arbeit berücksichtigt Rechtsstand und Literatur bis Ende 2019. Die seither eingetretenen Entwicklungen bestätigen die anhaltende Aktualität und Relevanz des Themas.[819]

Die ATAD wurde mit dem ATAD-Umsetzungsgesetz[820] in Deutschland in nationales Recht umgesetzt. Im Bereich der Hinzurechnungsbesteuerung weicht die deutsche Umsetzung an mehreren Stellen von den Vorgaben der ATAD ab und geht damit über den Mindeststandard hinaus.[821] Die ersten Bescheide auf Grundlage der neuen Regelungen dürften mittlerweile ergangen sein. Damit ist auch die Überprüfung der Europarechtskonformität im Rahmen eines Finanzgerichtsverfahrens nunmehr möglich.[822]

Die Entwicklungen im internationalen Steuerrecht schreiten weiter voran. Die hier aufgeworfenen Fragen zur Kompetenzordnung der EU im Bereich der direkten Steuern werden angesichts weiterer Harmonisierungsbestrebungen von anhaltender Relevanz bleiben. Die EU hat seit der ATAD eine Reihe weiterer Richtlinien im Bereich des direkten Steuerrechts erlassen und auf Art. 115 AEUV gestützt. Im Wesentlichen handelt es sich um drei Richtlinien zur Verwaltungszusammenarbeit (DAC 7, DAC 8 und DAC 9)[823], die FASTER-Richtlinie zur Vereinheitlichung von Quellensteuerentlastungsverfahren[824] und die Richtlinie zur Umsetzung von OECD/G20-Pillar Two-Regelungen[825]. Mit der DAC 7-Richtlinie wurde die Verwaltungszusammenarbeit auf Einkünfte aus plattformvermittelten Tätigkeiten ausgedehnt

---

[819] Vgl. z. B. Schönfeld/Sendke, IStR 2024, 633 ff.; Hohenwarter/Mayr, BB 2024, 1559 ff.; Bendlinger/Kofler, IStR 2022, 594 ff.; Schön, EuZW 2020, 637 ff., 685 ff.; Rieck/Fehling, IStR 2023, 77 ff.; Achleitner/Bendlinger, beck.digitax 2021, 2 ff.

[820] ATADUmsG, BGBl. I 2021, 2035, überwiegend in Kraft seit dem 01. 07. 2021, für die Hinzurechnungsbesteuerung erstmals für Wirtschaftsjahre, die nach dem 31. 12. 2021 beginnen. Vgl. dazu Köhler/Staats, ISR 2021, 295 ff.

[821] Vgl. dazu auch Kilincsoy, ISR 2021, 421 ff.; Heckerodt/van Lück, IStR 2020, 857 ff.; Oppel/Wittling, BB 2022, 1495 ff.

[822] Vgl. dazu oben unter F.III.2.b). Vgl. auch Eimler, Ubg 2025, 83, 88; Eimler/Quilitzsch, Ubg 2023, 87, 98.

[823] Richtlinie (EU) 2021/514 vom 22. 03. 2021 (DAC7); Richtlinie (EU) 2023/2226 vom 17. 10. 2023 (DAC8); Richtlinie (EU) 2025/872 vom 14. 04. 2025 (DAC9).

[824] Richtlinie (EU) 2025/50 vom 10. 12. 2024 (FASTER).

[825] Richtlinie (EU) 2022/2523 vom 14. 12. 2022 zur Gewährleistung einer globalen Mindestbesteuerung für multinationale Unternehmensgruppen und große inländische Gruppen in der Union, ABl. 2022 L 328, 1 ff.; vgl. dazu auch Richter/Lentes, IStR 2023, 409 ff.

und gemeinsame Prüfungen gestärkt.[826] Die DAC 8-Richtlinie erweitert die automatische Amtshilfe um Melde- und Austauschpflichten zu Krypto-Assets und schärft bestehende Transparenzkategorien.[827] Ergänzend hat die DAC 9-Richtlinie ein standardisiertes, zentral austauschbares Top-up-Tax-Meldeschema zur Mindeststeuer eingeführt.[828] Da es sich hierbei um Verwaltung handelt und nicht um belastende Maßnahmen, bestehen weniger kompetenzrechtliche Bedenken. Die FASTER-Richtlinie harmonisiert die Entlastung überschießender Quellensteuern auf Dividenden aus börsennotierten Aktien (und optional Zinsen) durch einen EU-weiten digitalen Ansässigkeitsnachweis sowie verpflichtende Relief-at-Source- bzw. Quick-Refund-Verfahren.[829] Auch hier geht es eher um eine Vereinfachung, sodass auch hier weniger Bedenken bezüglich der Ermächtigungsgrundlage bestehen. Weitere Vorhaben wie „Unshell/ATAD 3"[830], DEBRA[831], BEFIT[832] und die Richtlinie zur Harmonisierung des Verrechnungspreisrechts[833] befanden sich bis zum 31. Dezember 2025 noch im Gesetzgebungsverfahren und waren nicht verabschiedet.

Die relevanteste Richtlinie im Kontext dieser Arbeit ist daher die Pillar Two-Richtlinie.[834] Diese verankert unionsweit die OECD/G20-Mindestbesteuerung für große Unternehmensgruppen. Während die anderen Richtlinien ähnlich wie z. B. die Mutter-Tochter-Richtlinie der Vereinfachung oder Verwaltungszusammenarbeit oder den Mitwirkungspflichten der Steuerpflichtigen regeln, enthält die Pillar Two-Richtlinie die Vorgabe zur Implementierung steuerlich belastender Maßnahmen im Bereich des direkten Steuerrechts. Damit handelt es sich um eine parallele Regelung, die sich zum Teil auch mit der durch die ATAD vorgegebenen Hinzurechnungsbesteuerung überschneiden kann.[835] Dementsprechend werden auch hier kompetenzrechtliche Bedenken vorgetragen.[836]

---

[826] Umgesetzt in nationales Recht durch das PStTG. Vgl. Oldiges/Reiners, DStR 2025, 83 ff.

[827] Vgl. dazu Zawodsky/Schuster, DStR 2025, 313 ff.; Schmitt/Acker, ISR 2024, 329 ff.

[828] Vgl. Richtlinie (EU) 2025/872 vom 14. 04. 2025 (DAC9).

[829] Vgl. Tschatsch/Schuska, FR 2025, 677 ff.

[830] Vgl. dazu Herbst/Schuhmann/Heckerodt, Ubg 2022, 402 ff.; Burwitz/Storz, NZG 2022, 596 ff.

[831] Vgl. dazu Ismer, DStR 2022, 1457 ff.

[832] Vgl. dazu Meinecke/Tremurici, IStR 2024, 213 ff.

[833] Vgl. dazu Rasch, ISR 2025, 2 ff.

[834] Vgl. dazu Rieck/Fehling, IStR 2023, 77 ff.; vgl. zur Frage der Ermächtigungsgrundlage Schönfeld/Sendke, IStR 2024, 633 ff.

[835] Vgl. auch Note for discussion on the assessment of the implementation of the ATAD, S. 4. Vgl. dazu auch Richter/Lentes, IStR 2023, 409 ff.; Geiger, Ubg 2023, 558 ff., 687 ff.

[836] Vgl. Schönfeld/Sendke, IStR 2024, 633 ff.; vgl. auch Richter/Lentes, IStR 2023, 409 ff.; Geiger, Ubg 2023, 558 ff., 687 ff.

Die Kommission hat sich zum Ziel gesetzt, europäisches Recht zu vereinfachen und zu verbessern sowie klarer auszugestalten und leichter zu verstehen.[837] Am 11. März 2025 hat der Rat Schlussfolgerungen zu einer Entschlackung der Steuervorschriften angenommen, um zur Wettbewerbsfähigkeit der EU beizutragen.[838] Darin wird unter anderem betont, wie wichtig das Funktionieren des Binnenmarkts für die Wettbewerbsfähigkeit der EU ist und dass es angezeigt wäre, vertieft zu analysieren, wie der steuerrechtliche Rechtsrahmen der Europäischen Union weiterentwickelt werden kann, um Wachstum und Innovation zu fördern und effiziente sowie attraktive Rahmenbedingungen zu schaffen.[839] In diesem Zusammenhang hat die Kommission auch die ATAD untersucht. [840] Der bloße „Mindeststandard" der ATAD hat dazu geführt, dass die Länder die Vorgaben unterschiedlich in nationales Recht umgesetzt haben und dadurch zu einer fragmentierten Steuergesetzgebung beigetragen haben.[841] Weil der Effekt der Hinzurechnungsbesteuerung für kleinere und mittlere Unternehmen gering ist, aber einen hohen Verwaltungsaufwand mit sich bringt, schlägt die Kommission vor, kleine und mittlere Unternehmen vom Anwendungsbereich der Vorschriften der ATAD zur Hinzurechnungsbesteuerung (sowie die Zinsschranke und den Anti-Hybrid-Regelungen) auszunehmen (entweder durch den gesetzlichen Ausschluss der Anwendung der Regelungen auf kleine und mittlere Unternehmen oder de facto durch verpflichtende Anwendung von de-minimis-Safe-Harbour-Regelungen bzw. Ausschlüssen, die derzeit innerhalb der ATAD lediglich als Optionen vorgesehen sind).[842] Spezifisch für die Regelungen zur Hinzurechnungsbesteuerung erkennt die Kommission, dass die Regelungen zur Hinzurechnungsbesteuerung erhebliche administrative Belastungen verursacht hat, während ihre Wirkungen eher moderat ausfallen.[843] Dieses Ergebnis wird durch die Vielfalt der Umsetzungsansätze in den Mitgliedstaaten und die dadurch verursachte Fragmentierung verstärkt, die die Compliance-Kosten erhöht.[844] Dafür soll insbesondere der Principal Purpose-Test als Umsetzungsvariante gestrichen werden, sodass alle Mitgliedstaaten auf den Passivkatalog zurückgreifen müssten. Zudem sollen Überschneidungen von Hinzurechnungsbesteuerung und Mindeststeuer verhindert werden, indem entweder die Regelungen der Hinzurechnungsbesteuerung keine Anwendung finden, wenn die Regelungen der Mindeststeuer Anwendung

---

[837] Vgl. Europäische Kommission vom 11.02.2025, COM(2025) 47 final.

[838] Rat der Europäischen Union vom 11.03.2025, 6748/25.

[839] Rat der Europäischen Union vom 11.03.2025, Council Conclusions on a tax decluttering and simplification agenda which contributes to the EU's competitiveness, 6748/25, S. 2.

[840] Note for discussion on the assessment of the implementation of the ATAD.

[841] Note for discussion on the assessment of the implementation of the ATAD, S. 1. Vgl. auch Kielawa-Buzala, IStR 2021, 55 ff.; Kanduth-Kristen/Müller-Thomczik/Reiter, IStR 2021, 533 ff.

[842] Note for discussion on the assessment of the implementation of the ATAD, S. 2.

[843] Note for discussion on the assessment of the implementation of the ATAD, S. 3.

[844] Note for discussion on the assessment of the implementation of the ATAD, S. 3.

finden oder die Besteuerung unter der Mindeststeuer für die Berechnung der niedrigen Besteuerung herangezogen wird.[845]

Die Analyse der Kommission belegt letztlich, was auch diese Arbeit darlegt. Die Rechtsetzung der EU im Bereich des direkten Steuerrechts führte durch die ATAD und die Mindeststeuer-Richtlinie zu einer Fragmentierung des Marktes und sich überschneidenden Regelungen. Es bleibt abzuwarten, ob die Vorschläge der Kommission umgesetzt werden können. Aufgrund des Einstimmigkeitsprinzips ist die Zustimmung aller Mitgliedstaaten erforderlich. Alternativ könnte Art. 116 AEUV als Rechtsgrundlage in Betracht kommen.[846]

Das Nachwort berücksichtigt Rechtsstand und Literatur bis Dezember 2025.

[845] Note for discussion on the assessment of the implementation of the ATAD, S. 4.

[846] Vgl. dazu auch Becker/Fehling, IStR 2020, 813, mit Hinweis auf die Möglichkeit der Rechtsetzung bei engeren tatbestandlichen Anforderungen.

Literaturverzeichnis

Achleitner, Ranjana Andrea/*Bendlinger*, Valentin: GloBE (Pillar Two) – Kompetenzrechtliche Erwägungen zur Umsetzung eines Mindestbesteuerungssystems innerhalb der Europäischen Union, beck.digitax 2021, 2–13.

Altenburg, Nadja/*Geberth*, Georg/*Gebhardt*, Ronald/*Holle*, Florian/*Oertel*, Eva: Pläne zur Einführung einer internationalen Mindestbesteuerung – Ein Überblick, DStR 2019, 2451–2458.

Bannes, Maximilian/*Cloer*, Adrian: Base Erosion and Profit Shifting (BEPS): Die Aktionspläne im Überblick, BB 2016, 1047–1048.

Baur, Jürgen F.: Wirtschaftliche Integration durch Recht, durch Gemeinschaftsrecht – Probleme, Chancen und Risiken einer solchen Konzeption, in: Festschrift für Karl Heinrich Friauf zum 65. Geburtstag, C.F. Müller, Heidelberg 1996, 3–12.

Becker, Johannes/*Fehling*, Daniel: Art. 116 AEUV im Recht der direkten Steuern – Rechtliche und steuerpolitische Einordnung, IStR 2020, 813–821.

Bendlinger, Valentin/*Kofler*, Georg: Seminar H: Die europäische Steuerpolitik im Wandel – Ausblick auf das IFA/EU-Seminar am IFA-Kongress Berlin 2022, IStR 2022, 594–602.

Bieber, Roland/*Epiney*, Astrid/*Haag*, Marcel: Die Europäische Union, Kommentar, Nomos, Baden-Baden, 14. Auflage 2021 (zit.: Bearbeiter, in: Bieber/Epiney/Haag).

Blumenwitz, Dieter/*Schöbener*, Burkhard: Stabilitätspakt für Europa – Die Sicherstellung mitgliedstaatlicher Haushaltsdisziplin im Europa- und Völkerrecht, 1997.

Bock, Yves: Rechtsangleichung und Regulierung im Binnenmarkt – Zum Umfang der allgemeinen Binnenmarktkompetenz, Nomos, Baden Baden, 2005.

Boehle, Marco/*Scholtholt*, Tobias: Gestaltungsoptionen zur gerechten Besteuerung von Digitalkonzernen – Eine kritische Diskussion zur aktuellen Arbeit des BEPS-Projekts der OECD, IStR 2019, 919–924.

Böing, Christian: Der Begriff des steuerlichen Gestaltungsmissbrauchs im Gemeinschaftsrecht, EWS 2007, 55–64.

Borchardt, Klaus-Dieter: Die rechtlichen Grundlagen der Europäischen Union: eine systematische Darstellung für Studium und Praxis, facultas wuv, Wien, 5. Auflage 2012.

Braams, Beate: Die Kompetenzordnung im Vertrag von Lissabon, in: Pernice, Ingolf (Hrsg.), Der Vertrag von Lissabon: Reform der EU ohne Verfassung? Nomos, Baden-Baden, 2008, S. 115–134.

Braun-Binder, Nadja: Rechtsangleichung in der EU im Bereich der direkten Steuern: Analyse der Handlungsformen unter besonderer Berücksichtigung des Soft Law, Mohr Siebeck 2017.

Bräutigam, Rainer/*Kellermann*, Katharina/*Spengel*, Christoph: Neuordnung der Besteuerungswelt durch den „OECD Pillar One“ – Bedeutungswandel der Kernbegriffe und (unlösbare?) Herausforderungen, IStR 2020, 281–287.

Brodersen, Jan: Digitalisierung und Steuern – Veranstaltungsbericht taxtech.forum 2018, Ubg 2019, 123–128.

Burwitz, Gero/*Storz*, Jonathan: Neuere Entwicklungen im Steuerrecht – Hinzurechnungsbesteuerung nach dem ATAD-Umsetzungsgesetz – Entwurf der ATAD III, NZG 2022, 596–598.

Calliess, Christian: Die europarechtliche Ultra-Vires-Kontrolle des Bundesverfassungsgerichts – Stumpfes Schwert oder Gefahr für die Autorität des Unionsrechts), in: Liber Amicorum für Torsten Stein zum 70. Geburtstag, Nomos, Baden-Baden, 2015, S. 446–474.

Calliess, Christian: Subsidiaritäts- und Solidaritätsprinzip in der Europäischen Union – Vorgaben für die Anwendung von Art. 5 (ex-Art. 3b) EGV nach dem Vertrag von Amsterdam, Nomos, Baden-Baden, 2. Auflage 1999.

Calliess, Christian/*Ruffert*, Matthias: EUV/AEUV, Kommentar, C. H. Beck, München, 5. Auflage 2016 (zit.: Bearbeiter, in: Calliess/Ruffert).

Classen, Claus Dieter: The Draft Treaty Establishing a Constitution for Europe: A Contribution to the Improvement of Transparency, Proximity, and Efficiency of the European Union, GYIL 2003, 323–352.

Conrad, Stefanie: Das Konzept der Mindestharmonisierung – eine Analyse anhand der Verbrauchervertragsrichtlinien, Berlin 2004.

Dehne, Klaus-Jörg: Hinzurechnungsbesteuerung – Bestandsaufnahme und Reformbedarf, ISR 2018, 132.

Desens, Marc: Ist die neue Korrespondenzregel in der Mutter-Tochter-Richtlinie mit dem primären Unionsrecht vereinbar? IStR 2014, 825–832.

Dettmeier, Michael/*Dörr*, Ingmar/*Neukam*, Nico/*Prodan*, Miodrag: Die Anti-Tax-Avoidance-Richtlinie zur Bekämpfung von Steuervermeidungspraktiken – Was kommt auf den Steuerpflichtigen zu? NWB 2016, 3082–3091.

Ditz, Xaver/*Engelen*, Christian/*Quilitzsch*, Carsten: Hinzurechnungsbesteuerung auf dem Prüfstand – Anmerkungen zum Urteil des BFH v. 13.06.2018 – I R 94/15, DStR 2018, 2251, DStR 2019, 361–367.

Dreier, Horst: Grundgesetz, Kommentar, Mohr Siebeck, Tübingen, 3. Auflage 2015 (zit.: Bearbeiter, in: Dreier).

Drüen, Klaus-Dieter: Ein neuer Missbrauchsbegriff im deutschen Internationalen Steuerrecht? In: Lüdicke (Hrsg.), Steuerliche Entwicklung im Kontext der Globalisierung, 2020, S. 121.

Drüen, Klaus-Dieter: Ein neuer Missbrauchsbegriff im deutschen Internationalen Steuerrecht? ISR 2020, 98.

Due, Ole/*Lutter*, Marcus/*Schwarze*, Jürgen (Hrsg.): Festschrift für Ulrich Everling, Nomos, Baden-Baden, 1995 (zit.: Bearbeiter in FS Everling).

Dürig, Günter/*Herzog*, Roman/*Scholz*, Rupert: Grundgesetz, Kommentar, C. H. Beck, München, Loseblatt (zit.: Bearbeiter, in: Dürig/Herzog/Scholz).

Eich, Hans Dieter/*Winkler*, Claas: Das Zweite Corona-Steuerhilfegesetz – massive Verschärfungen im Steuerstrafrecht durch die Hintertür, AO-StB 2020, 256–260.

Eimler, Jörg: Hinzurechnungsbesteuerung: BMF-Schreiben vom 20.12.2024 – Entlastungsbeweis 2.0, Ubg 2025, 83–88.

Eimler, Jörg/*Quilitzsch*, Carsten: Die Substanzerfordernisse im Rahmen von § 8 Abs. 2 AStG – dargestellt anhand von Fallbeispielen, Ubg 2023, 87–98.

Fehling, Daniel: Was ist das Mindestschutzniveau in der „Anti-BEPS-Richtlinie"? DB 2016, 2862–2865.

Fehling, Daniel: Schwerpunkte der deutschen EU-Ratspräsidentschaft bei den direkten Steuern, IStR 2020, 438–442.

Feldgen, Rene: Panama Papers – Zehn-Punkte-Plan gegen Steueroasen und Geldwäsche, StEd 2016, 258.

Flick, Hans/*Wassermeyer*, Franz/*Baumhoff*, Hubertus/*Schönfeld*, Jens: Außensteuerrecht, Kommentar, Otto Schmidt, Köln, Loseblatt (zit.: Bearbeiter, in: Flick/Wassermeyer/Baumhoff).

Frenz, Walter: Ultra-vires-Kontrolle kraft Europarechts – Das Schrems-Urteil des EuGH im Vergleich zum OMT-Beschluss des BVerfG, EWS 2015, 257–261.

Frenz, Walter/*Ehlenz*, Christian: Rechtsangleichung über Art. 114 AEUV und Grenzen gem. Art. 5 EUV nach Lissabon, EuZW 2011, 623–626.

Frotscher, Gerrit/*Geurts*, Matthias: Einkommensteuergesetz, Kommentar, Haufe, Freiburg, Loseblatt (zit.: Bearbeiter, in: Frotscher/Geurts).

Gebhardt, Ronald: Deutsches Tax Treaty Overriding – Steuersystematische und -ökonomische Implikationen, Halle 2012.

Geiger, Florian: Pillar Two – Globale Mindestbesteuerung vs. Hinzurechnungsbesteuerung im Transaktionsumfeld – Teil 1, Ubg 2023, 558–567.

Geiger, Florian: Pillar Two – Globale Mindestbesteuerung vs. Hinzurechnungsbesteuerung im Transaktionsumfeld – Teil 2, Ubg 2023, 687–697.

Glatz, Solvejg: Abgrenzungsmaßstäbe im Abkommensrecht, Veranlassungsprinzip und Fremdvergleich bei der Betriebsstättengewinnabgrenzung, 2021.

Gosch, Dietmar: Körperschaftsteuergesetz, Kommentar, C.H. Beck, München, 4. Auflage 2020 (zit.: Bearbeiter, in: Gosch).

Gosch, Dietmar: Sperrwirkungen – Nationales Recht und Abkommensrecht, allgemeines und spezielles Recht im Widerstreit, ISR 2018, 289–300.

Gött, Henner: Die ultra vires-Rüge nach dem OMT-Vorlagebeschluss des Bundesverfassungsgerichts, EuR 2014, 514–541.

Götz, Volkmar: Die Abgrenzung der Zuständigkeiten zwischen der Europäischen Union und den Mitgliedstaaten nach dem Europäischen Rat von Laeken, in: Götz, Volkmar/Soria, José Martinez (Hrsg.), Kompetenzverteilung zwischen der Europäischen Union und den Mitgliedstaaten, Nomos, Baden-Baden, 2002, S. 83–102.

Grabitz, Eberhard/*Hilf*, Meinhard/*Nettesheim*, Martin: Das Recht der Europäischen Union, Kommentar, C.H. Beck, München, Loseblatt (zit.: Bearbeiter, in: Grabitz/Hilf/Nettesheim).

Groeben, Hans von der/*Schwarze*, Jürgen/*Hatje*, Armin: Europäisches Unionsrecht, Kommentar, Nomos, Baden-Baden, 7. Auflage 2015 (zit.: Bearbeiter, in: von der Groeben/Schwarze/Hatje).

Gsell, Beate/*Krüger*, Wolfgang/*Lorenz*, Stephan/*Reymann*, Christoph: Internationales Personengesellschaftsrecht, beck-online.Grosskommentar, C.H. Beck, München, Loseblatt (zit.: Bearbeiter, in: Gsell/Krüger/Lorenz/Reymann).

Haarmann, Wilhelm: Wirksamkeit, Rechtmäßigkeit, Bedeutung und Notwendigkeit der Hinzurechnungsbesteuerung im AStG, IStR 2011, 565–573.

Haase, Florian: Internationales und europäisches Steuerrecht, C.F. Müller, Heidelberg, 5. Auflage 2017.

Haase, Florian: Zukunft des IStR: Hinzurechnungsbesteuerung und Multilaterales Instrument im Fokus, ISR 2017, 349–357.

Hagemann, Tobias/*Kahlenberg*, Christian: Anti Tax Avoidance Directive (ATAD), Kommentar, 2018.

Haratsch, Andreas/*König*, Christian/*Pechstein*, Matthias: Europarecht, Mohr Siebeck, Tübingen, 12. Auflage 2020.

Härtel, Ines: Handbuch europäische Rechtsetzung, Springer, Heidelberg, 2006.

Heckerodt, David/*Lück*, Nicola van: Die deutsche Hinzurechnungsbesteuerung im Drittstaatenfall – Ein Überblick de lege lata und de lege ferenda, IStR 2020, 857–866.

Helmke, Robin: Die Finanzkompetenzen der Europäischen Gemeinschaft – Unter besonderer Berücksichtigung des Rechts der direkten Steuern, Nomos, Baden Baden, 2009.

Hentschel, Sven/*Hörnicke*, Gabriel/*Kraft*, Gerhard: Die andauernde Suche nach einer Konsenslösung für BEPS-Aktionspunkt 1, Ubg 2019, 673–683.

Herbst, Christian/*Schuhmann*, Sophia/*Heckerodt*, David: Noch eine Anti-Steuer-Missbrauchs-Richtlinie? Die „Unshell-Initiative“ zur Bekämpfung von Briefkastenfirmen in der EU (und darüber hinaus), Ubg 2022, 402–421.

Herdegen, Matthias: Europarecht, C.H. Beck, München, 20. Auflage 2018.

Hidien, Jürgen W./*Versin*, Volker: Digitales Geschäftsmodell als steuerlicher Wettbewerbsfaktor, GmbHR 2019, 759–770.

Hierstetter, Felix: Pillar Two Blueprint – Eine erste Bewertung der GloBE-Vorschläge zu einer globalen Mindestbesteuerung, IStR 2020, 874.

Hindelang, Steffen/*Köhler*, Hannes: Der Einfluss der Grundfreiheiten auf direkte Steuern, JuS 2014, S. 405–408.

Hohenwarter-Mayr, Daniela/*Mayr*, Gunter: ATAD, Pillar Two & BEFIT: Erschütterungen im EU-Binnenmarkt? – Teil I, BB 2024, 1559–1566.

Höveler, Melanie: Die „Teilzeitrichtlinie“ 97/81/EG im Lichte des europäischen und des deutschen Rechts, Nomos, Baden-Baden, 1. Auflage 2003.

Ismer, Roland: Zebra oder Esel? – Der Vorschlag der Europäischen Kommission für eine Debt-Equity Bias Reduction Allowance (DEBRA), DStR 2022, 1456–1462.

Jaeger, Thomas: Fehlstellungen im Verhältnis Steuer- und Beihilfenrecht: Ein Plädoyer für mehr Ausgewogenheit, EuZW 2012, 92–99.

Jürgens, Fabian: Die Kompetenzabgrenzung zwischen der Europäischen Union und den Mitgliedstaaten – Analyse und Bewertung der vertraglichen Ausgestaltung und der Anwendung der europarechtlichen Kompetenznormen durch die Gemeinschaftsorgane vor dem Hintergrund eines materiellen Kompetenzverständnisses, Herbert Utz Verlag, München, 2010.

Kahler, Björn: Abgrenzung der Niederlassungsfreiheit von der Kapitalverkehrsfreiheit: abstrakt (BFH), abstrakt-konkret (BMF) oder konkret-abstrakt (EuGH)? ISR 2013, 57–63.

Kanduth-Kristen, Sabine/*Müller-Thomczik*, Sandra/*Reiter*, Lukas: Die Umsetzung der Hinzurechnungsbesteuerung gemäß ATAD in Deutschland und in Österreich: zentrale Aspekte im Rechtsvergleich, IStR 2021, 533–545.

Kessler, Wolfgang/*Kröner*, Michael/*Köhler*, Stefan: Konzernsteuerrecht, 3. Auflage 2018, Beck, München (zit.: Bearbeiter, in: Kessler/Kröner/Köhler).

Kielawa-Buzala, Greta: Die Hinzurechnungsbesteuerung in Polen, IStR 2021, 55–61.

Kilincsoy, Ege-Aksel: Der unbestimmte Zweck der Hinzurechnungsbesteuerung, ISR 2021, 421–427.

Kischel, Uwe: Die Kontrolle der Verhältnismäßigkeit durch den Europäischen Gerichtshof, EuR 2000, 380.

Köhler, Stefan/*Staats*, Wendelin: Wichtige Änderungen der Hinzurechnungsbesteuerung durch das ATAD Umsetzungsgesetz, ISR 2021, 295–305.

Kokott, Juliane: Das Steuerrecht der Europäischen Union, C.H. Beck, München, 2018.

König, Doris/*Uwer*, Dirk: Grenzen europäischer Normgebung, Bucerius Law School Press, Hamburg, 2015 (zit.: Bearbeiter, in: König/Uwer).

Kraft, Gerhard: Die Abgrenzung der Kapitalverkehrsfreiheit von der Niederlassungsfreiheit – Bedeutung und Standortbestimmung nach der BFH-Entscheidung v. 19.07.2017 – I R 87/15, NWB 2018, 698–702.

Kraft, Gerhard (Hrsg.): Außensteuergesetz, Kommentar, C.H. Beck, München, 2009 (zit.: Bearbeiter, in: Kraft).

Krauß, Sebastian: Richtlinienvorschlag zur Gemeinsamen Körperschaftsteuer-Bemessungsgrundlage vom 25.10.2016, IStR 2017, 479–486.

Kühling, Jürgen/*Buchner*, Benedikt: Datenschutzgrundverordnung, Kommentar, C.H. Beck, München, 3. Auflage 2020 (zit.: Bearbeiter, in: Kühling/Buchner).

Kußmaul, Heinz/*Berens*, Bela: Doppelbesteuerung im internationalen Steuerrecht – Methoden und Maßnahmen zur Vermeidung von Doppelbesteuerung, StB 2016, 136–142.

Leisner, Anna: Europa als Wettbewerbsgemeinschaft von Staaten, in: Festschrift für Klaus Vogel zum 70. Geburtstag, Heidelberg, 2000.

Lenz, Carl Otto/*Borchardt*, Klaus-Dieter: EU-Verträge, Kommentar, Bundesanzeiger-Verlag, Köln, 6. Auflage 2012 (zit.: Bearbeiter, in: Lenz/Borchardt).

Linn, Alexander: Die Anti-Tax-Avoidance-Richtlinie der EU – Anpassungsbedarf in der Hinzurechnungsbesteuerung? IStR 2016, 645–652.

Lüdicke, Jochen/*Oppel*, Florian: Kommissions-Entwurf einer Anti-BEPS-Richtlinie: Grundlegende Änderungen und Verschärfungen des deutschen Rechts, DB 2016, 549–555.

Luttermann, Claus: Ist Panama überall: Mit Briefkastenfirmen über Hongkong, USA, EU zu Transparenzgebot und internationalem Steuerrecht? RIW 2016, 397–405.

Malherbe, Jacques: Harmful Tax Competition and the Future of Financial Centres in the European Union, in: Festschrift für Klaus Vogel zum 70. Geburtstag, Heidelberg, 2000.

Mayer, Franz C.: Die Rückkehr der Europäischen Verfassung? Ein Leitfaden zum Vertrag von Lissabon, ZaöRV 2007, 1141–1217.

Mayer, Franz C./*Heidfeld*, Christian: Europarechtliche Aspekte einer Finanztransaktionsteuer, EuZW 2011, S. 373–378.

Meinicke, Jan/*Tremurici*, Coco Mercedes: Neuer Versuch, neues Glück – oder besser: Aller guten Dinge sind drei? Das BEFIT-Package und der HOT-Richtlinienentwurf – Ein Überblick über die Richtlinienvorschläge der EU-Kommission v. 12.09.2023, IStR 2024, 213–223.

Müller-Graff, Peter-Christian: Binnenmarktauftrag und Subsidiaritätsprinzip? ZHR 1995, 34–77.

Musil, Andreas/*Fähling*, Lars: Neue Entwicklungen bei den europarechtlichen Rechtfertigungsgründen im Bereich des Ertragsteuerrechts, DStR 2010, 1501.

Nickel, Dietmar: Die Kompetenzabgrenzung im Meinungsbild des Europäischen Parlaments, in: Götz, Volkmar/Soria, José Martinez (Hrsg.) Kompetenzverteilung zwischen der Europäischen Union und den Mitgliedstaaten, Nomos, Baden-Baden, 2002, S. 37–50.

Oldiges, Matthias/*Reiners*, Christian: Meldepflichten nach dem PStTG – Praxishinweise zur Meldung für das Kalenderjahr 2024, DStR 2025, 83–88.

Oppel, Florian: BEPS in Europa: (Schein-) Harmonisierung der Missbrauchsabwehr durch neue Richtlinie 2016/1164 mit Nebenwirkungen, IStR 2016, 797–803.

Oppel, Florian/*Wittling*, Leon: Die Hinzurechnungsbesteuerung i. d. F. des ATADUmsG, BB 2022, 1495–1503.

Oppermann, Thomas/*Classen*, Claus Dieter/*Nettesheim*, Martin: Europarecht: ein Studienbuch, C. H. Beck, München, 2018.

Payandeh, Mehrdad: Die Nichtigkeit von EG-Richtlinien: Konsequenzen für den mitgliedstaatlichen Umsetzungsakt im Lichte des Demokratieprinzips, DVBl. 2007, 741–745.

Pechstein, Matthias/*Nowak*, Carsten/*Häde*, Ulrich: Frankfurter Kommentar zu EUV, GRC und AEUV, Mohr Siebeck, Tübingen, 2017 (zit.: Bearbeiter, in: Frankfurter Kommentar).

Pernice, Ingolf: Der Vertrag von Lissabon: Reform der EU ohne Verfassung?; Kolloquium zum 10. Geburtstag des WHI, Nomos, Baden-Baden, 2008 (zit.: Bearbeiter, in: Pernice).

Pinkernell, Reimar: USA: Senatsausschuss untersucht internationale Steuergestaltung des Apple-Konzerns, IStR-LB 2013, 59–60.

Pinkernell, Reimar: Cloud Computing – Besteuerung des grenzüberschreitenden B2B- und B2C-Geschäfts, Ubg 2012, 332–344.

Pötters, Stephan/*Traut*, Johannes: Die ultra-vires-Kontrolle des BVerfG nach „Honeywell" – Neues zum Kooperationsverhältnis von BVerfG und EuGH? EuR 2011, 580–593.

Prokopf, Kai Heinrich: Das gemeinschaftsrechtliche Instrument der Richtline, Eine rechtsdogmatische Untersuchung der Art. 249 Abs. 3 EGV und Art. 161 EAGV, Duncker, Berlin 2007.

Rasch, Stephan: Entwicklungen auf Ebene der EU: Verrechnungspreis- und Streitbeilegungs-Richtlinie, ISR 2025, 2–9.

Rautenstrauch, Gabriele/*Suttner*, Johannes: Die EU Anti-BEPS-Richtlinie: Überblick und künftige Anpassungsnotwendigkeiten im deutschen Recht, BB 2016, 2391–2396.

Rehfeld, Lars: Die Vereinbarkeit des Außensteuergesetzes mit den Grundfreiheiten des EG-Vertrages, Peter Lang, Bochum, 2007.

Reissinger, Bastian: Die Hinzurechnungsbesteuerung gemäß Außensteuergesetz: Grenzen und Möglichkeiten der Gesetzgebung, Kovač, Hamburg, 2007.

Richter, Lutz/*Lentes*, Philipp: Zur Allokation von erfassten Steuern im Spannungsfeld von Pillar Two und Hinzurechnungsbesteuerung, IStR 2023, 409–415.

Rieck, Jan/*Fehling*, Daniel: Neues zur effektiven Mindestbesteuerung in der EU – die Umsetzung von Säule 2 nimmt Gestalt an, IStR 2023, 77–88.

Rodenburg, Georg: Neues zur Besteuerung der digitalen Wirtschaft, Ubg 2018, 249–259.

Röttinger, Moritz: Bedeutung der Rechtsgrundlage einer EG-Richtlinie und Folgen einer Nichtigkeit, EuZW 1993, 117.

Rust, Alexander: Der BEPS Aktionspunkt 2 zur Neutralisierung der Effekte hybrider Gestaltungen und seine Vereinbarkeit mit den Diskriminierungsverboten der Doppelbesteuerungsabkommen und des AEUV, in: Schön/Heber (Hrsg.), Grundfragen des Europäischen Steuerrechts, S. 89–108, Springer, Berlin/Heidelberg, 2015.

Schanz, Deborah/*Sixt*, Michael: Betroffene Geschäftsmodelle des EU-Richtlinienvorschlags zur Digitalsteuer, DStR 2018, 1985–1990.

Schaumburg, Harald/*Englisch*, Joachim: Europäisches Steuerrecht, Otto Schmidt, Köln, 2. Auflage 2020 (zit.: Bearbeiter, in: Schaumburg/Englisch).

Schmidt, Thomas: Außensteuergesetz, Kommentar, Nomos, Baden-Baden, 2012 (zit.: Bearbeiter, in: Schmidt).

Schmidt-Bleibtreu, Bruno/*Klein*, Franz/*Bethge*, Herbert: Bundesverfassungsgericht, Kommentar, C.H. Beck, München, Loseblatt (zit.: Bearbeiter, in: Schmidt-Bleibtreu/Klein/Bethge).

Schmitt, Lukas/*Acker*, Martin: Umsetzung der DAC8-Richtlinie: Reportingpflichten für Bitcoin, Ether und Co. im Rahmen des internationalen Informationsaustauschs, ISR 2024, 329–339.

Schnitger, Arne/*Krüger*, Sebastian/*Berger*, Benn: Anzeigepflichten bei mittelbaren Erwerben und Veräußerungen nach § 138 Abs. 2 S. 1 Nr. 3 oder 4 AO? DStR 2020, 144–150.

Schnitger, Arne/*Nitzschke*, Dirk/*Gebhardt*, Ronald: Anmerkungen zu den Vorgaben für die Hinzurechnungsbesteuerung nach der sog „Anti-BEPS-Richtlinie" – Systematische Würdigung der Implikationen für den deutschen Rechtskreis, IStR 2016, 960–975.

Schön, Wolfgang: Der „Wettbewerb" der europäischen Steuerordnungen als Rechtsproblem, in: Pelka, Europa- und Verfassungsrechtliche Grenzen der Unternehmensbesteuerung, Otto Schmidt, Köln, 2000.

Schön, Wolfgang: Deutsche Hinzurechnungsbesteuerung und Europäische Grundfreiheiten, IStR-Beihefter 2013, Heft 6, 3–23.

Schön, Wolfgang: Neutralität und Territorialität – Gegensätze oder Grundsätze des Europäischen Steuerrechts?, in: Schön/Heber (Hrsg.), Grundfragen des Europäischen Steuerrechts, S. 109–164, Springer, Berlin/Heidelberg, 2015.

Schön, Wolfgang: Rechtsmissbrauch im europäischen (Steuer-)Recht – Eine methodologische und institutionelle Perspektive – Teil 1, EuZW 2020, 637–646.

Schön, Wolfgang: Rechtsmissbrauch im europäischen (Steuer-)Recht – Eine methodologische und institutionelle Perspektive – Teil 2, EuZW 2020, 685–689.

Schönfeld, Jens: Hinzurechnungsbesteuerung und Anti-Tax-Avoidance-Directive, IStR 2017, 721–729.

Schönfeld, Jens: Hinzurechnungsbesteuerung und Europäisches Gemeinschaftsrecht, Otto Schmidt, Köln, 2005.

Schönfeld, Jens/*Sendke*, Thomas: Globale Mindestbesteuerung und EU-Recht (Teil I), IStR 2024, 633–639.

Schrage, Philipp M. P.: Aktienrechtliche Pflichten und Haftung von Vorstand und Aufsichtsrat in Bezug auf Steuergestaltungen, Berlin 2018.

Schulze, Reiner: Dokumente zum Europäischen Recht, Springer, Berlin, 1999.

Schulze, Reiner/*Zuleeg*, Manfred/*Kadelbach*, Stefan: Europarecht, Handbuch für die deutsche Rechtspraxis, Nomos, Baden-Baden, 3. Auflage 2015 (zit.: Bearbeiter, in: Schulze/Zuleeg/Kadelbach).

Schwartz, Ivo: Subsidiarität und EG-Kompetenzen – Der neue Titel „Kultur" – Medienvielfalt und Binnenmarkt, AfP 1993, 409–421.

Schwarz, Magdalena: Report on Pillar Two Blueprint – Endlich mehr Klarheit zur Income Inclusion Rule und zur Switch-Over-Klausel, IStR 2021, 158.

Schwarze, Jürgen/*Becker*, Ulrich/*Hatje*, Armin/*Schoo*, Johann: EU-Kommentar, Nomos, Baden-Baden, 4. Auflage 2019 (zit.: Bearbeiter in Schwarze/Becker/Hatje/Schoo).

Schwemer, Rolf-Oliver: Die Bindung des Gemeinschaftsgesetzgebers an die Grundfreiheiten, Peter Lang, 1995.

Schwerdtfeger, Angela: Europäisches Unionsrecht in der Rechtsprechung des Bundesverfassungsgerichts – Grundrechts-, ultra-vires- und Identitätskontrolle im gewaltenteiligen Mehrebenensystem, EuR 2015, 290–310.

Seer, Roman/*Thulfaut*, Kai/*Müller*, Jörg Peter: Die Rechtsprechung des EuGH auf dem Gebiet der direkten Besteuerung in den Jahren 2005 und 2006, EWS 2007, 289–310.

Soria, José Martinez: Diskussionsbericht zur Göttinger Seminartagung „Verteilung von Aufgaben und Kompetenzen in der Europäischen Union" am 26. Juni 2001, in: Götz, Volkmar/Soria, José Martinez (Hrsg.) Kompetenzverteilung zwischen der Europäischen Union und den Mitgliedstaaten, Nomos, Baden-Baden, 2002, S. 73–82.

Spengel, Christoph/*Stutzenberger*, Kathrin: Widersprüche zwischen Anti-Tax Avoidance Directive (ATAD), länderbezogenem Berichtwesen (CbCR) und Wiederauflage eine Gemeinsamen (Konsolidierten) Körperschaftsteuer-Bemessungsgrundlage (GK(K)B), IStR 2018, 37–44.

Stahl, Rudolf: Themen – Deutsches Steuerrecht zwischen Panama und Paradies: Domizil-, Zwischen- und Drittstaat-Gesellschaften, KÖSDI 2018, 20676–20682.

Stein, Torsten: Keine Europäische „Verbots"-Gemeinschaft – das Urteil des EuGH über die Tabakwerbeverbot-Richtlinie, EWS 2001, 12–17.

Stein, Torsten: Subsidiarität als Rechtsprinzip? In: Merten (Hrsg.) Die Subsidiarität Europas, Duncker & Humblot, Berlin, 1993, S. 23–40 (zit.: Stein, in: Merten, Subsidiarität Europas).

Stettner, Rupert: Grundfragen einer Kompetenzlehre, Dunker, Berlin, 1983.

Streinz, Rudolf: Europarecht, C.F. Müller, Heidelberg, 11. Auflage 2019.

Streinz, Rudolf: EUV/AEUV, Kommentar, C.H. Beck, München, 3. Auflage 2018 (zit.: Bearbeiter, in: Streinz).

Thörmer, Falk: Ein Plädoyer für die weitere Harmonisierung der direkten Steuern in der EU und entsprechende Vorschläge, DStR 2020, 527–534.

Tiedtke, Klaus/*Mohr*, Martin: Die Grundfreiheiten als zulässiger Maßstab für die direkten Steuern, EuZW 2008, 424.

Tipke, Klaus/*Kruse*, Heinrich Wilhelm: Abgabenordnung, Finanzgerichtsordnung, Kommentar, Otto Schmidt, Köln, Loseblatt (zit.: Bearbeiter, in: Tipke/Kruse).

Tipke, Klaus/*Lang*, Joachim: Steuerrecht, Otto Schmidt, Köln, 24. Auflage 2020 (zit.: Bearbeiter, in: Tipke/Lang).

Tippelhofer, Martina/*Lohmann*, Adrian: Niederlassungsfreiheit vs. Kapitalverkehrsfreiheit: Analyse der jüngeren Rechtsprechung des EuGH zu den direkten Steuern – Zugleich Anmerkung zum EuGH-Urteil in der Rechtssache Burda (C-284/06), IStR 2008, 857–864.

Trüe, Christiane: Das System der Rechtsetzungskompetenzen der Europäischen Gemeinschaft und der Europäischen Union, Nomos, Baden-Baden, 2002.

Tschatsch, Marcel/*Schuska*, Frederek: FASTER – Zeitenwende bei der Erstattung von Quellensteuer bei grenzüberschreitenden Dividenden- und Zinszahlungen? FR 2025, 677–691.

Vedder, Christoph: Das System der Kompetenzen in der EU unter dem Blickwinkel einer Reform, in: Götz, Volkmar/Soria, José Martinez (Hrsg.) Kompetenzverteilung zwischen der Europäischen Union und den Mitgliedstaaten, Nomos, Baden-Baden, 2002, S. 9–32.

Vedder, Christoph/*Heintschel von Heinegg*, Wolff: Europäisches Unionsrecht, Kommentar, Nomos, Baden-Baden, 2. Auflage 2018 (zit.: Bearbeiter, in: Vedder/Heintschel von Heinegg).

Vogel, Klaus/*Lehner*, Moris: Doppelbesteuerungsabkommen, Kommentar, C.H. Beck, München, 7. Auflage 2021 (zit.: Bearbeiter, in: Vogel/Lehner).

Wagner, Matthias: Das Konzept der Mindestharmonisierung, Berlin 2001.

Weber-Grellet, Heinrich/*Musil*, Andreas: Europäisches Steuerrecht, C.H. Beck, München, 2019 (zit.: Bearbeiter, in: Weber-Grellet/Musil).

Wendel, Mattias: Kompetenzrechtliche Grenzgänge: Karlsruhes Ultra-vires-Vorlage an den EuGH, ZaöRV 2014, 615–670.

Wetzel, Frank Günter: Ausgewählte Erwägungen im Kreise der deutschen Länder zu Problemen und Lösungsansätzen der Kompetenzordnung der Europäischen Union, in: Götz, Volkmar/Soria, José Martinez (Hrsg.), Kompetenzverteilung zwischen der Europäischen Union und den Mitgliedstaaten, Nomos, Baden-Baden, 2002, S. 61–72.

Wolff-Seeger, Ulrike/*Saliger*, Andreas: Funktionsverlagerung durch Digitalisierung? ISR 2017, 235–241.

Zawodsky, Florian/*Schuster*, Anna: Update Mitteilungs- und Meldepflichten, DStR 2025, 313–318.

Zinowsky, Tim: Die Selektivität der Selektivität – Wie ist es um die Gestaltungsfreiräume der Mitgliedstaaten in der Wirtschaftsförderung bestellt?

Zinowsky, Tim: Abkehr von tradierten Verrechnungspreismethoden und Einführung einer weltweiten Mindestbesteuerung – Diskussion des Arbeitsprogramms für die Verabschiedung einer neuen Weltsteuerordnung, IStR 2019, 811–820.

Stichwortverzeichnis

Schriften zum Steuerrecht

Dorota Aplik

Split-Payment als weiteres Instrument zur Umsatzsteuerbetrugsbekämpfung

Die Arbeit widmet sich den typischen Erscheinungsformen des Umsatzsteuerbetrugs sowie den bislang eingesetzten Gegenmaßnahmen. Im Mittelpunkt steht die Analyse des in Italien und Polen eingeführten, in Deutschland aber bislang unbekannten Split-Payment-Verfahrens und dessen Potenzial als Instrument zur effektiven Bekämpfung des Umsatzsteuerbetrugs.

Band 207, Abb., 276 Seiten, 2026, ISBN 978-3-428-19672-2, € 79,90

Weitere Titel aus der Reihe:

Maximilian Schmittel

Gemeinnützigkeitsbezogene Steuervergünstigungen

Band 206, 289 Seiten, 2026, ISBN 978-3-428-19778-1, € 89,90

Alexander Maximilian Heß

Vorgaben des Beihilfeverbots für nationale Steuerregelungen gerichtet auf Familienunternehmen

Band 205, 355 Seiten, 2026, ISBN 978-3-428-19650-0, € 109,90

Tobias Maximilian Stender

Die Mitteilungspflicht für grenzüberschreitende Steuergestaltungen im Spannungsverhältnis zu den beruflichen Rechten und Pflichten der Intermediäre

Band 204, 353 Seiten, 2026, ISBN 978-3-428-19608-1, geb., € 99,90

Tim Niklas Dapprich

Demokratieprinzip und Internationales Steuerrecht

Taxation without Representation?

Band 203, 1 Tab., 1 Abb., 475 Seiten, 2026, ISBN 978-3-428-19731-6, € 119,90

Laurin Kühn

Sperrfristen nach § 22 UmwStG

Grundtatbestand, Ersatztatbestände und Ausnahmen

Band 202, Tab., 271 Seiten, 2026, ISBN 978-3-428-19743-9, € 89,90

Unsere Titel sind auch als E-Book erhältlich.

ISBN 978-3-428-19856-6